推断力

洪仔全 ◎ 著

写给中国投资者的股市行为学

中国财经出版传媒集团

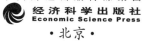

经济科学出版社
Economic Science Press

·北京·

让智慧与成功 始于这份独特的礼物

资本的崛起始终助推着大国的崛起，中国资本市场的蓬勃发展更是一部改革开放、经济腾飞的壮丽史诗。在这个伟大的时代，我们见证了中国资本市场的曲折与发展，感受到了其中所蕴含的辛酸、泪水、光荣与梦想。

　　如今，全面注册制落地，中国资本市场的未来更加充满希望。在以中国式现代化全面推进中华民族伟大复兴的进程中，一个强大的资本市场将迸发出更加磅礴的力量。

股市是一个充满不确定性和风险的世界，投资者需要具备高度的推断力和成本分析能力，才能在这个市场上获得成功。股市行为学作为一门研究投资者心理和股市行为的学科，正是基于这样的需求而产生的。

本书旨在介绍股市行为学的研究内容和应用，探讨投资者在股市中的行为和决策，以及如何运用推断力和推断成本分析范式，识别和评估风险，制定有效的投资策略。

凡推断必有代价或成本。这是不确定性世界隐含的风险。在股市中，投资者需要不断地进行推断和决策，但在这个过程中也会产生成本和风险。本书将会介绍如何降低推断成本和风险，并提高投资者的推断力，进而获得长期稳定的投资回报，让读者更好地理解和应用股市行为学的知识。

在股市中，投资者面对的选择和决策困境通常包括以下几个方面。

（1）风险和收益的平衡：投资者在股市中往往需要在风险和收益之间进行权衡。高风险的投资往往具有更高的收益潜力，而低风险的投资则相对稳定。因此，投资者需要在这两者之间进行平衡，并制定最适合自己的投资策略。

（2）短期和长期的选择：投资者需要决定是进行短期交易，还是进行长期投资。短期交易通常需要更高的风险承受能力和更强的市场洞察力，而长期投资则需要更好的耐心和价值发现能力。

（3）个股和指数的选择：投资者需要考虑是选择投资个股，还是选择投资股票指数。个股投资需要更多的市场研究和股票选择技巧，而指数投资则更注重市场整体表现。

（4）买入和卖出的时机：投资者需要决定何时买入或卖出股票。这需要更好的市场分析和技术分析能力，以便根据市场趋势选择最佳时机进行操作。

（5）投资组合的多样性：投资者需要在自己的投资组合中保持多样性，以降低市场风险。这需要投资者深入了解不同的行业、公司和资产类别，并将投资资金分配到不同的投资类别中。

（6）情绪管理和行为心理学：投资者需要具备一定的情绪管理和行为心理学能力，以便在面对市场波动和投资决策时不受情绪影响，保持理性和冷静。

而这些选择和决策的质量往往取决于投资者的推断力和推断成本。

推断力是指人们在面临不确定性的情况下，从已知信息中通过推理、分析和判断等过程，预测未来的可能情况的能力。推断是一种基于逻辑、经验和常识等知识体系，对信息进行辨别、分类、整合、比较、推理和预测的过程。推断力是一种综合性的能力，需要素质的协调和运用，如思维的灵活性、逻辑的准确性、知识的广度和深度、经验的积累、直觉的敏锐性、判断的客观性和决策的果断性等。

在股市投资中，推断力的表现包括：（1）基于逻辑和经验，判断市场和个股的走势与价值变化；（2）基于市场分析、技术分析、基本面分析等方法，预测市场和个股未来的变化趋势；（3）根据自身的风险承受能力和投资目标，制定合理的投资策略；（4）在面对市场波动和投资决策时，保持冷静和理性，并能够及时调整投资计划；（5）根据市场的实际情况和自身的认知能力，不断改进推断力，提高投资决策的准确性和效率。

因此，推断力是股市投资者必备的一种能力，可以帮助投资者更准确地判断市场和个股的价值，更合理地制订投资计划，提高投资决策的成功率。

推断成本是指在进行决策或推断时所需要付出的代价或成本，这些成本可以是时间、金钱、精力、信息获取等方面的代价。在进行推断时，推断成本是不可避免的，因为任何决策都需要考虑到各种因素的影响。推断成本的高低取决于决策的复杂程度、信息的可获得性、决策的时效性以及决策的重要性等因素。

在股市投资中，推断成本表现为五个方面。（1）时间成本。在进行股票投资决策时，需要花费大量的时间进行市场分析、技术分析、基本面分析等，从而确定投资策略和投资组合。时间成本可能会因为信息获取、分析和决策过程的复杂程度而有所不同。（2）金钱成本。在进行股票投资决策和交易时，需要支付各种费用，如印花税、交易佣金等。此外，投资过程中还需要承担一定的试错风险，因此需要考虑推断的试错代价或成本。（3）精力成本。在进行股票投资决策时，需要全神贯注地进行市场分析、信息获取和决策制定。这可能会消耗投资者的精力，因此需要考虑精力成本。（4）信息获取成本。在进行股票投资决策时，需要获取各种信息，如市场分析报告、股票分析报告、行业研究报告等。信息获取成本可能会因为信息来源的多样化、相关性和可靠性而有所不同。

因此，股票投资者在进行决策时，需要考虑到推断成本，并在保证决策准确性的前提下，尽可能降低推断成本，提高投资效率。

本书内容分为三个部分。

上篇，掌握自己的情绪。包括股市行为学的理论基础、投资者心理和行为、市场效率和反转现象等方面，同时还包括推断力和推断成本分析在股市中的应用，如何通过市场分析和价值判断制定有效的投资策略，以及如何利用股市行为学的知识提高交易的成功率。

中篇，洞悉市场的脉搏。包括股市投资的理论与方法，介绍边际定价效应的理论建构和运用，以及如何结合技术分析和基本分析制定投资策略。同时还回顾了中国股市发展的几个里程碑，总结了中国股市"失落的八年"的背景和原因，着重探究题材、概念炒作的"A杀"现象以及跟风行为。最后介绍了提升推断力的股市顶底推断六步法和投资增效闭环两个实战应用模型，以及一系列辅助看盘、操盘的技术方法，旨在帮助投资者寻底和逃顶，并在实战中提高投资组合和操作能力。

下篇，成就卓越的投资者。包括股价走势的推演与预判，介绍了如何理解股市推断的重要性，指出了财务数据分析推断、行业分析推断、技术分析推断以及宏观经济分析推断的核心和关键要素。介绍了如何建立题材推断的眼光与嗅觉，如何利用轮动推断抓住热点切换，如何通过风险推断保持成功率，以及个性化投资风格的优化和迭代。同时阐明推断力是投资者不可或缺的核心能力，提出了黄金推断链的五个环节和常用的五种推断模式，并以赛力斯为例，通过案例讲解帮助投资者掌握超群的推断力。最后是本书的结论和展望，总结了全书的研究成果和发现，并对推断力理论未来的发展方向和研究重点进行了展望。

希望本书能够为读者提供有益的股市行为学知识，并帮助读者更好地理解股市行为和决策，在股市中获得成功。

目录
CONTENTS

上篇
掌握自己的情绪

中篇
洞悉市场的脉搏

下篇

成就卓越的投资者

上 篇

掌握自己的情绪

股市是一个充满波动和不确定性的地方，它不仅是一个投资市场，更是一个充满人类情感和行为的舞台。股市的涨跌不仅受到经济基本面的影响，更与投资者的心理和行为密切相关。深入理解股市心理与行为，对于投资者来说至关重要。

绪　论

　　股市行为本身非常复杂。能够从大众行为的角度出发，为读者提供更深入的分析和解释，这样的指导书籍是我置身股市30年来一直在找寻的。投资有风险，但多数股票书籍都偏向于介绍成功方法，甚至令读者误以为成功唾手可得。股市书籍主要是以基本分析或者技术分析为投资者提供股市的方法论，而我个人认为，这两种分析方法都存在局限性，比如缺乏对投资者行为本身的分析和把握。

　　股市的复杂性和不确定性决定了股市分析方法需要不断更新和完善。而以基本分析和技术分析为主的传统分析方法确实存在一些盲点和盲区，因为它们只是从公司基本面和市场走势等方面进行分析，忽略了投资者行为自身的情绪偏差和股市自我实现，投资者的情绪和行为往往会导致市场价格波动及风险。因此，加强对股市投资者行为的分析和把握，可以更深入理解股市，更准确地研判股市的走势和趋势。

股市行为学的研究背景是针对传统的投资理论存在的局限性和不足，如传统理论认为，股票价格受到股票本身价值的影响，是以理性的方式反映市场信息的，但实际上市场中股票价格的波动往往受到众多因素的影响，并非全是理性因素引导。影响股价的变量很多，且投资者的理解各不相同。股市行为学正是为了从人性的角度来解释市场中的行为规律，并认识和克服投资者自身的主观偏见、行为偏差和情绪干扰，进而能更客观地预测市场走向、控制风险、优化投资策略。

股市行为学的背景和重要性

股市行为学是一门研究投资者行为、市场心理和行情演变规律的学科，它的研究重点是人类对股市行情的心理反应以及市场参与者的行为模式。随着金融市场的发展和股票交易的全球化，股市行为学逐渐成为金融领域一个重要的研究分支，它旨在分析股票市场中的非理性行为，探究股票市场中人为因素对市场价格和交易量的影响，从而帮助投资者更好地理解市场行为，制定更为科学的投资策略。

在金融市场中，股市行为学的研究与实践被证明是极为重要的，它提供了独特的视角和观点，使得投资者能够更好地了解市场行为和自身的潜在风险，从而更有效地达成投资目标。

当今社会，股票已成为普遍的金融投资方式，人们对股票市场价格变化的关注度越来越高。然而，很多投资者发现，股票市场的价格变化并不总是符合理性预期，而是常常受到人为因素的影响。这种现象引发了一些学者对于股市行为学的研究，着力探究股票市场中的非理性行为、市场心理以及市场参与者的行为模式。

《行为金融学》（*Behavioral Finance*）1991 年首次出版，是一本很有代表性的股市行为学经典著作，由美国经济学家理查德·塞勒（Richard Thaler）撰写。塞勒认为，个人投资者的决策行为并不总是理性的。因此，股市行为学研究的重点是寻找人们的主观决策对股票市场的影响，以及如何利用这一影响来制定更好的投资策略。该书介绍了很多有关人们决策行为的研究成果，包括研究股票市场中的心理误区、情绪影响与群体行为等。这些都揭示了人类主观决策对于股票市场的影响，为投资者提供了更为全面的市场分析和决策的方法。

《市场心理学》（*Market Psychology*）1986 年首次出版，是一本由拉斯·特维德（Lars Tvede）撰写的股市行为学研究的经典著作。特维德认为市场是由人类组成的，而人类的行为是受到心理学因素的影响的。因此，股市行为学研究的重点是分析市场参与者的心理因素与行为模式，以及这些因素如何影响市场价格和交易量。该书介绍了市场心理学的基本原理和方法，以及如何利用市场心理学来预测市场走向和控制风险。此外，该书还介绍了一些实践案例，为投资者提供了更为详细和实用的指导。

《投资者行为学》（*Investor Behavior*）是一本集中探讨投资者心理与行为的著作，作者是 H. 肯特·贝克（H. Kent Baker）和维克多·理查迪（Victor Ricciardi）。该书介绍了有关投资者心理的各种理论和研究成果，有助于投资者更好地理解自己的投资行为，并调整自己的投资策略。该书还涵盖了一些股市行为学的经典理论，如投资者心理误区、情绪影响等，为投资者提供了更多的市场分析和决策方法。

《股票市场行为学》（*Stock Market Behavior*）是一本由唐纳德·马克南（Donald Mackenzie）撰写的股市行为学著作。该书主要介绍了股票市场价格波动的非理性因素，包括市场心理、信息反应速度、机构投资者的行为等。这些因素对股票市场的影响，可能会导致市场价格出现异常波动和人为操纵。该书通过对这些非理性因素的分析，提出了一些有关股市行为学的理论标准，如有关市场情绪、媒体报道和市场微观结构等。

上述著作都是股市行为学领域的经典之作，涵盖了股市行为学的重要理论和研究成果，有助于投资者更好地了解市场行为和交易决策，从而更有效地达成投资目标。

股市行为学的主题和目标

首先，让我们来认识一下什么是股市行为学。简单来说，股市行为学是一门研究人类行为如何影响股票市场表现的学科。它探索了人类情感、认知、偏见和心理因素如何影响股票市场的波动和走势。通过了解人类的行为和思维方式，股市行为学可以帮助我们更好地理解股票市场的运作规律，并制定更有效的投资策略。

股市行为学的研究主题包括人类情感和认知如何影响投资决策、市场波动和价格走势、投资者偏见如何影响风险和回报、市场资讯传递和解释、市场中的群体行为和心理等。

股市行为学是一门非常有趣和实用的学科，它可以帮助我们更好地理解股票市场的运作规律，并制定更有效的投资策略。

股市行为学认为，人类行为对股票市场的表现产生了许多影响。以下是一些常见的人类行为及其对股票市场的影响。

1. 情绪和情感

人类的情绪和情感可以对股票市场产生重大影响。当市场情绪高涨时，投资者往往会更加乐观，更愿意购买股票，导致股票价格上涨；相反，当市场情绪低落时，投资者会更加悲观，更容易卖出股票，导致股票价格下跌。情绪的变化可能是由于一些特定的新闻事件和市场走势引起的。

例如，当股票市场情绪高涨时，投资者往往会更加愿意冒险和投资，导致股市自我实现。这意味着，他们可能会借钱买股票，或者增加杠杆，以扩大投资规模。2015 年中国股市的"杠杆牛"就是赚钱效应让投资者情绪走向癫狂，纷纷使用场内融资和场外配资，结果导致暴涨后又暴跌，无数人失去了理性和冷静。

2. 偏见和错误决策

投资者常常会受到各种偏见和错误决策的影响。例如，锚定偏见是指投资者会过度关注某些参考数据，忽视其他重要的因素，导致错误决策。投资者还可能受到"羊群效应"的影响，即跟随市场大众的决策，而不考虑市场情况是否合适。

想象你在购买电子产品时，可能会被广告、品牌和价格等因素所左右，而忽略了产品的实际性能和质量。例如，当你看到某个品牌的电视机打折销售时，你可能会被销售员的话语所影响，而忽略了与其他品牌电视机的比较，从而作出了错误的购买决策。同样，在股票市场中，投资者可能会受到各种偏见的影响，导致他们忽略了市场的真实情况，作出了错误的投资决策。例如，当某只股票价格一路飙升时，投资者可能会跟风购买，而忽略了公司的实际情况和估值水平，从而作出了过度乐观的投资决策。这种偏见和错误决策，可能会导致投资者的损失或者过度暴露风险。

3. 理性决策

尽管上述情况会影响股票市场的表现，但投资者仍然可以通过理性决策和分析来更好地管理他们的投资组合。投资者可以使用基本分析和技术分析等方法来研究特定公司和市场行为，以制定更好的投资策略。

想象你在购买房产时，你会考虑各种因素，如地理位置、房屋面积、物业管理、社区环境等；你可能会使用各种工具进行研究和比较，如查看房屋报告、参考周边生活配套、咨询专业人士等。同样，在股票市场中，投资者可以使用基本分析和技术分析等方法来研究特定公司和市场表现，以制定更好的投资策略。例如，投资者可以研究公司的财务报告、行业趋势、市场份额等，以了解公司的真实价值和潜力。还可以使用技术分析来观察市场走势和价格趋势，参与有价值的布局机会。这种理性决策，可以帮助投资者更好地管理他们的投资组合，最大限度地实现投资回报。

投资者了解人类行为和偏见需要对心理学和行为经济学有较多的理解。以下是一些投资者可以学习和实践的方法，能够更好地帮助投资者了解人类行为和偏见，并在不确定中寻找可靠的趋势。

（1）学习心理学和行为经济学。通过了解心理学和行为经济学的概念和原理，更好地理解自己和其他投资者的行为，以及市场上的趋势和波动。可以阅读相关的书籍、文章和研究报告等。

（2）分析历史数据。通过分析过去的市场行为和交易数据，可以更好地了解人类行为和偏见对股票市场的影响。可以使用数据分析工具和软件来帮助投资者进行这种分析。

（3）制定投资策略。制定更有效的投资策略，以最小化其负面影响。例如，合理控制建仓节奏和仓位，将投资组合分布到不同的股票和资产类别中，以降低风险。

（4）保持冷静和理性。尽可能保持冷静和理性，避免受到情绪和情感的影响。可以制订投资计划和目标，帮助自己保持冷静和理性。

总之，投资者可以通过学习心理学和行为经济学、分析历史数据、制定投资策略、保持冷静和理性等方法，更好地了解人类行为和偏见的影响。

以下一些案例和观点，支持了股市行为学的主题和目标。

（1）2017年诺贝尔经济学奖得主理查德·塞勒的研究显示，人类的行为和思维方式具有明显的偏见和不理性，这些偏见和不理性会对投资决策产生重大影响。

（2）一项由普林斯顿大学经济学教授马修·克鲁格（Matthew Krueger）和贾斯汀·哈特曼（Justin Hartman）于2015年发表在《美国经济评论》（*American Economic Review*）上的论文指出，投资者更容易投资那些形象宣传做得好的公司，而不是业绩稳健增长的公司。这项研究表明，投资者对于公司的业绩和声誉都有很高的期望，但是他们更倾向于相信那些善于造势的公司能够取得更好的业绩。

（3）马修·克鲁格和贾斯汀·哈特曼于2013年发表在《美国经济评论》的论文还指出：第一，投资者更容易受到其他投资者的情绪和行为的影响，这意味着市场上的大规模交易和情绪波动可能会导致价格出现剧烈波动；第二，投资者往往会在市场繁荣期购买股票，而在市场衰退期出售股票，这种行为会导致投资者错失很多机会，因为在衰退期购买股票往往可以获得更好的价格和更高的回报；第三，投资者往往会忽略较小的风险和概率，而过度担心更大的风险和概率，这种偏见会导致投资者在作出决策时偏向于保守，错过了一些获得高回报的机会。

　　这些案例和研究表明，人类行为和偏见对投资决策和市场表现产生了重大影响。了解这些偏见和行为可以帮助投资者制定更有效的投资策略，避免犯错，并在股票市场上获得更高的回报。

第二章

推断力和推断成本的理论解析

决策科学是由多个学科交叉形成的，主要包括心理学、经济学、统计学、计算机科学等。它的核心思想是在面临复杂的决策问题时，通过集成不同学科的理论和方法，来帮助人们作出更好的决策。

在决策科学的框架下，推断力可以被解释为一种心理学概念，它涉及人类对信息的获取、处理和应用。通过对认知科学和心理学的研究，我们可以了解到人类如何感知和理解世界，并如何将这些信息转化为有用的决策和行为。

同时，推断成本也可以被解释为一种经济学概念，它涉及人类在决策过程中所面临的成本和效益。在经济学中，人类的决策行为通常被看作一种最优化过程，即在资源有限的情况下，人们会尽力使得决策所带来的效益最大化，而推断成本则是影响这种最优化过程的因素之一。

因此，决策科学可以为我们提供一个跨学科的框架，来探讨推断力和推断成本在股市中的应用。通过整合不同学科的理论和方法，我们可以更好地理解人类的决策行为，并在股市投资中提供更好的决策支持。

推断力和推断成本是股市行为学中的两个重要概念。推断力是指人们在面对不确定性时，根据自己的经验、知识和信息来做决策的能力。推断成本则是指为了作出决策，人们需要花费的时间、金钱和精力，这些成本可能来自寻找信息、分析数据或进行研究以及试错的代价或成本。

推断力是一种股市投资的新范式。为了作出理智而明智的投资决策，投资者需要进行大量的研究和分析，以获取足够的信息和了解市场的性质。这些成本可能包括时间、金钱和精力，因此投资者需要平衡推断成本和所得收益来决定要不要作一个投资决策。

简而言之，推断力和推断成本是投资决策中两个相互依存的概念，投资者需要在二者之间寻找平衡点，以作出明智的投资决策，通过推断力在不确定中寻找有价值的主要趋势。

推断力和推断成本的定义和意义

当我们面对不确定性和风险的时候，推断力成为我们作出决策的关键能力。推断力的本质是基于经验、知识和信息来做出决策。推断力自我训练是一个从知识学习、经验反思到事物认知的一个升维过程，从量变到质变。

推断力的重要性在金融市场中尤为明显。金融市场是一个充满着不确定性和风险的环境，投资者需要能够快速而准确地作出投资决策。一个拥有良好推断力的投资者能够更好地理解市场动态和趋势，从而作出更明智的投资决策。

推断力是一种从已知推断未知的能力。人们在投资生活中不断积累经验和知识，这些经验和知识可以帮助人们更好地理解和分析环境中的信息。在金融市场中，投资者需要对市场动态和趋势进行分析和判断，这就需要他们具备一定的经验和知识。一个拥有丰富经验和知识的投资者能够更好地理解市场，准确地分析和判断市场的趋势和动态。

除了经验和知识，推断力还需要信息。信息是推断力的重要组成部分，很多时候，投资者需要占有充分信息才能作出正确的投资决策。但是，金融市场信息的获取成本很高，这对于信息不对称的股市而言，投资者面临一个重要的挑战。

推断力的重要性在于它可以帮助我们更好地理解和分析信息，从而作出正确的决策。但是，推断力也存在一定的局限性。由于人们的认知限制和思维偏差，我们常常会在推断中出现错误。这就需要我们在推断决策中尽可能地减少偏见和决策失误。

推断成本是进行推断所需的所有时间、金钱和精力及其他成本的总和。这些成本包括直接代价和试错代价。直接代价是指进行推断所需的直接资源、时间和精力，并与推断过程直接相关的成本。试错代价是指因推断错误而造成的额外代价或成本，这些代价或成本是通过试错或错误纠正而产生或修复的。由于推断成本不仅包括直接代价，还包括试错代价，因此在进行决策时需要仔细权衡和估计这些成本。这有助于投资者、决策者和其他人更好地理解和评估进行推断所需的成本和风险，从而作出更明智和有效的决策。

推断成本与推断力有密切关系。如果推断成本很低，那么人们就可以在短时间内快速作出决策。这也意味着，人们可以在更短的时间内获取更多的信息和经验，从而提高自己的推断力。然而，如果推断成本很高，人们就需要花费更多的时间和资源来作出决策。这可能会影响他们作出决策的速度和质量，甚至导致错误的决策。

推断成本也与风险和误差有关。当成本很低时，人们可能更愿意承担一些风险或误差，因为他们可以花费更少的代价来纠正错误。但是，当成本很高时，人们可能会更加谨慎，因为他们不能承担错误的代价。这可能会导致他们错过某些机会或者作出过于保守的决策。

推断力股市投资新范式由三个重要步骤来完成。（1）将主观经验和客观理性相结合，通过观察市场、分析数据和信息，识别有价值的前瞻性机会；（2）通过推演和判断，分辨出确定性更高的可靠趋势并付诸行动；（3）通过场景式跟踪和可视化解读，将趋势的未来发展描绘出清晰可见的图景，享受利润的充分增长，或者截断试错的成本代价。

推断力和推断成本的应用场景

推断力和推断成本是决策科学中非常重要的概念，它们被广泛应用于各种领域和场景。在投资和金融决策中，推断力和推断成本的应用尤为广泛，可以帮助投资者作出更加准确和有效的决策，降低投资风险。下面我将重点展开这些应用场景和推演逻辑，并探讨它们在实践中的重要意义。

首先，推断力在投资和金融决策中的应用场景。

（1）预测市场趋势。投资者需要从市场中获取各种数据和信息，以预测市场趋势和走势，包括股票价格、汇率、商品价格、宏观经济指标等。通过对这些数据和信息的分析，投资者可以预测市场的变化，并作出相应的投资决策。

（2）分析公司财务状况。投资者需要了解公司的财务状况，包括利润、营收、资产负债表等。通过对这些数据的分析，投资者可以了解公司的经营状况和财务风险，从而决定是否投资该公司。

（3）分析行业动态。投资者需要了解所在行业的发展动态，包括市场容量、竞争格局、新技术和产品等。通过对这些信息的分析，投资者可以了解行业的发展趋势和未来的机会与挑战。

其次，推断成本在投资和金融决策中的应用场景。

（1）数据获取成本。投资者需要花费时间和资源来获取各种数据和信息，这些数据和信息的获取成本可能很高，包括购买数据、雇佣分析师、进行调研等。

（2）分析成本。投资者需要对各种数据和信息进行分析，以得出结论。这一过程需要投资者花费时间和资源来进行研究和分析，以确保得出的结论准确可靠。

（3）决策成本。投资者需要作出决策并执行，这也需要花费时间和资源来实施，同时可能要承担试错代价。

在实践中，推断力和推断成本的重要意义在于以下方面。

（1）提高决策质量。通过提高推断力，投资者可以从各种数据和信息中筛选出最有价值的信息，以作出最优决策；通过降低推断成本，投资者可以减少资源浪费，提高决策效率。这些都有助于提高决策质量，并使投资者获得更好的投资收益。

（2）降低风险。通过提高推断力，投资者可以更好地理解市场和公司的情况，从而降低投资风险；通过降低推断成本，投资者可以更有效地管理投资风险，减少资源浪费。这些都有助于降低风险并保护投资者的利益。

（3）提高竞争力。投资者需要在激烈的市场竞争中生存和发展。通过提高推断力和降低推断成本，投资者可以更好地把握市场机会，提高竞争力，并取得更好的业绩。

当进行投资和金融决策时，因推断导致的风险或误差的一些具体表现形式如下。

（1）偏见。推断偏见是认知疏忽或主观判断的结果。例如，错误地看待现有信息，或者选择性地忽视或解释数据，以符合自己的观点或偏见。这种偏见可能导致错误的决策。

一个例子是，假设您正在考虑购买一辆新车。您可能希望购买一辆燃油经济性好的车，因为您认为这样可以节省油费，同时也有利于环境。然而，如果您只看重燃油经济性这一指标，而忽略了其他因素，如安全性、维修成本、车辆性能等，那么您可能会作出错误的购买决策。

同样地，在股票市场中，投资者可能会受到推断偏见的影响。例如，如果投资者只关注某个公司的盈利能力，而忽略了其他因素，如公司的财务健康状况、行业竞争力等，那么他们可能会过度乐观地估计公司的价值和潜力，从而作出错误的投资决策。他们也可能会由于偏爱一家公司，而忽视其他公司的潜力，从而失去一些更好的投资机会。这种推断偏见，可能会导致投资者的损失或者错失投资机会。

（2）风险度量错误。投资和金融决策需要对风险进行度量和管理。如果对风险的度量方法存在误差，那么对风险的评估也将存在误差，这可能导致错误的决策。

一个例子是，假设您是一位投资者，想要购买一家公司的股票。在考虑买入股票的时候，您可能会犯下一个风险度量错误，即没有进行充分的调查和分析，就仓促地作出了决策。这种情况下，您可能会忽略一些重要的因素，如公司的财务状况、行业竞争力等。如果公司出现了财务丑闻、行业问题等负面因素，那么您的投资可能会受到影响，从而导致损失。

为了避免这种情况，作为投资者，应该在作出任何投资决策之前进行充分的调查和分析。您需要了解公司的财务报告、业务模式、行业竞争等因素，以便作出明智的决策。如果您在投资之前没有进行充分的调查和分析，那么您的投资可能会受到影响，从而导致损失。

（3）过度自信。在决策过程中，可能会出现过度自信的情况，即对自己的能力和决策过于自信，这可能导致错误的决策和失败。

一个例子是，假设您在股票市场上进行交易，您认为自己有足够的知识和经验，能够准确预测股票价格的走势，从而获得高收益。

然而，如果您过度自信，认为自己能够预测所有股票的价格走势，从而忽略了市场的不确定性和风险，那么就可能会导致错误的决策。例如，您可能会高估某只股票的收益和价值，从而高价买入，但实际上该股票价格下跌，导致您的亏损。

同样地，在股票市场上，如果出手太顺而过度自信，认为自己能够轻松预测市场的走势，从而不考虑市场的风险和不确定性，导致在市场处于上涨期时，频频追高，认为市场将一直上涨，从而不断购买股票，但当市场突然下跌时，可能会亏损惨重。

（4）策略错误。在投资和金融决策中，可能会出现策略错误，例如选择错误的投资策略或获利策略。这种策略错误可能导致损失。

一个例子是，如果选择根据短期走势进行交易，那么投资决策可能会受到市场波动的影响，从而产生错误的决策。例如，您在股票价格大波动时喜欢追涨，当行情很强势时尝到了甜头，可能会导致频繁买入和卖出，但是，这种手法到了行情低迷期，就很难有胜率，从而增加交易成本和税费，降低了总收益率。

在金融决策中，如果选择了错误的获利策略，就可能会产生损失。例如，如果在股票价格上涨时贪图高收益，选择了高风险的投资策略，那么当股票价格下跌时，可能会产生巨大的损失。

（5）数据不准确。在推断过程中，使用不准确的数据可能导致错误的决策和损失。

一个例子是，假设您正在考虑投资一家公司的股票，在评估该公司的风险时，您可能会考虑该公司的财务状况、行业前景、管理层团队等因素。其中，财务状况可能是您用来度量风险的一个重要因素。

然而，在评估该公司的财务状况时，如果所使用的财务报表存在误差或者被操纵，那么就会对该公司的风险作出错误的评估，从而产生错误的投资决策。例如，如果该公司的利润被人为地操控或者包装，那么该公司的财务数据就会出现误差，蕴藏了暴雷的风险。

（6）模型风险。使用模型和算法进行决策和预测时，可能会存在模型风险。这意味着，模型不完美，存在误差。如果误差过大，可能导致错误的决策和损失。

在股票市场中，投资者可能会使用技术分析来预测股票价格的走势，技术分析使用历史股价和交易量等数据来预测未来价格的变化。但是，技术分析模型并不完美，存在误差。例如，您看到持续放量上涨的趋势，但并不代表接下来还会保持高成交量，也很可能消耗过大，开始缩量调整。

另一个例子是，投资者可能会使用机器学习算法来预测股票价格的变化。机器学习算法依赖于大量的数据来学习模型，并预测未来价格的变化。但是，如果训练数据不足或不准确，那么机器学习模型可能会存在误差和偏差，导致投资者作出错误的交易决策，那么他们可能会在错误的时机买入或卖出股票，从而导致损失。

（7）未考虑外部因素。在投资和金融决策中，可能存在未考虑外部因素的情况。例如，未考虑政治、经济、环境等因素的影响，可能导致错误的决策和损失。

例如，投资者可能会在某个国家或地区的股市中进行投资，但是未考虑该国或地区的政治、经济、环境等因素的影响。如果该国或地区发生政治动荡、经济下滑或环境灾难等不可预测的情况，那么投资者可能会遭受损失。

另一个例子是，投资者可能会在某个行业或企业中进行投资，但是未考虑该行业或企业的环境和社会责任等因素的影响。如果该行业或企业的环境和社会责任问题引起公众关注，导致公众对该企业的信任度下降，那么该企业的股价可能会下跌，从而导致投资者损失。

这些是因推断导致的风险或误差的一些具体表现形式，投资者和金融决策者需要注意这些风险和误差，并采取相应的措施来降低它们的风险。

推断力和推断成本对股市行为的影响

推断力和推断成本对股市行为也有着重要影响。在股市中，投资者需要利用推断力进行信息分析和处理，从而进行投资决策。同时，推断成本也是股市行为中需要考虑的重要因素。投资者需要考虑投资决策的成本和效果，从而选择最优的投资策略。

1. 推断力对股市行为的影响

在股市中，投资者的推断力受到很多因素的影响，如市场信息的真实性、投资者的专业知识、投资者的经验和直觉等。当推断力强的投资者进入市场，他们往往能够更准确地预测股市走势，从而赚取更多的收益。这反过来又会吸引更多的投资者进入市场，进一步促进了股市的繁荣和发展。反之，当推断力较弱的投资者进入市场时，他们可能会作出错误的决策，导致损失。这反过来又会降低他们的推断力，使他们更容易受到其他投资者的影响，从而产生"羊群效应"，进一步加剧市场的不稳定性。

2. 推断成本对股市行为的影响

在股市中，推断成本受到很多因素的影响，如信息获取的难易程度、投资者的金融素质、市场信息的真实性等。当市场信息比较透明和易于获取时，投资者的推断成本也会更低。相反，当市场信息比较不透明和难以获取时，投资者的推断成本也会更高。

当投资者的推断成本较低时，他们可以更好地理解市场信息，从而作出更明智的投资决策。这反过来又会吸引更多的投资者进入市场，从而提高市场的有效性和效率。然而，当推断成本较高时，投资者可能会减少他们的交易活动，从而降低市场的流动性和效率。

3. 推断力和推断成本对股价变化的影响

推断力和推断成本不仅对投资者的决策和行为有影响，还对股价的变化产生影响。当投资者的推断力较强时，他们能够更准确地预测股价的变化趋势，从而使市场更加稳定。相反，当投资者的推断力较弱时，他们可能会作出错误的决策，导致市场出现波动和不稳定。

同时，推断成本也对股价的变化产生影响。当投资者的推断成本较低时，他们可以更容易地获取市场信息，从而更容易地作出正确的决策。这可能会导致股价的稳定和上涨。相反，当投资者的推断成本较高时，他们可能会作出错误的决策，导致股价的波动和下跌。

需要注意的是，推断力和推断成本并不是唯一影响股价变化的因素，还有很多其他的因素，如政策变化、经济环境、国际形势等。但是，推断力和推断成本在股市中的重要性是不可忽视的。

4. 结论

推断力和推断成本对股市的影响是复杂的，它们相互作用，对市场的稳定性、流动性和有效性产生影响。在股市中，我们需要不断提升自己的推断力和降低推断成本，从而更好地理解市场信息，作出更明智的投资决策。同时，政府和监管机构也需要加强监管，提高市场信息的透明度和真实性，从而促进股市的稳定和发展。

推断力和推断成本的优化方法

市场效率指股市价格能够充分反映所有可用信息。如果投资者群体的总体推断能力较强，那么他们可以更好地理解市场情况和企业财务数据，从而作出更准确的决策。这样市场将更有效地反映所有可用的信息，从而使效率更高。

但是，如果投资者群体的总体推断能力较低，那么他们可能无法有效地解读市场信息和企业财务数据，这可能导致市场不充分反应，从而导致价格无序波动，市场效率降低。因此，投资者的推断能力对市场效率有着重要的影响。越是高素质的投资者，市场效率也就越高。

推断力的强弱受到多方面因素的影响。首先，投资者群体自身的综合能力是一个重要的因素。经验和知识丰富的投资者能够更好地处理信息、理解市场、分析市场趋势，从而作出更明智的投资决策。相反，推断力较弱的投资者可能更容易受到情绪和媒体影响，导致作出不理智的投资决策，他们也更容易陷入一些投资陷阱。

其次，推断力还受到获取信息的难易和信息的及时性、完整性与可靠性的影响。如果市场信息披露不及时、不完整、不可靠，那么在同样水平条件下，决策和推断质量将会下降，从而影响推断力水平的发挥。因此，要提高推断力水平，除了个人的努力和积累，还需要市场信息披露的完善和及时。只有信息透明度和质量得到提高，才能更好地提升市场效率和投资者的长期收益。

从决策和推断成本角度看，推断成本包括直接代价和试错代价。直接代价是进行推断所需的时间、金钱和精力等成本，而试错代价则是因推断错误而造成的额外代价或成本，如投资损失等。如果推断成本很低，人们可以在短时间内获取更多的信息和经验，从而提高自己的推断力。反之，如果推断成本很高，人们就需要花费更多的时间和资源作出决策，这可能会影响决策质量和速度，甚至导致错误的决策，从而增加试错代价和风险。因此，降低推断成本、提高推断效率是提高投资者推断力的重要手段，有助于实现更好的市场效率和长期收益。

除了影响市场效率和长期收益，推断力和推断成本还直接影响投资者参与市场的风险程度和误差率。当推断成本很低时，人们可能更容易承担一些风险和误差，因为他们可以花费更少的代价来纠正错误。相反，当推断成本很高时，人们可能会更加谨慎，因为他们不能承担错误的代价。这将导致他们错过某些机会或者作出过于保守的决策，甚至退出市场或不愿意进入市场。

因此，推断力的高低以及推断成本的直接代价和试错代价的高低，对于投资者群体或个体的生存状况、对股市信心和预期的影响也是极其重要的。在这个过程中，降低推断成本、提高推断效率以及增强推断力都是提高投资者决策水平和市场效率的重要手段，有助于实现更好的长期收益和市场效率。

从我国股市现实情况看，投资者获取信息进行决策和推断时，面临下列挑战。

（1）财务数据不透明。一些公司的财务状况不透明，这使得投资者很难获得准确的财务信息来进行投资决策。

（2）信息不对称。一些公司和机构可以获得比普通投资者更多的信息，这导致信息不对称，使得一些机构和投资者可以利用这些信息来从中获利，但其他普通投资者却很难作出完全正确的决策。

（3）媒体报道不准确。一些媒体报道可能不准确或带有误导性，这会对投资者的决策产生负面影响。

（4）操纵市场。一些不法分子可能会利用各种手段来操纵市场，如散布不实信息、假新闻等，这会让投资者陷入困境。

这些挑战意味着投资者面临较高的决策与推断代价和成本。由于市场信息的及时性、完整性和可靠性存在的问题，并且我国股市中中小投资者普遍缺乏专业知识，难以理解财务数据和市场趋势，这就形成了投资者群体总体上决策与推断能力亟待提高的现实要求。与此同时，政府和监管机构也应加强监管，进一步规范信息披露，打击市场操纵、虚假信息等违法行为，进一步完善市场机制，为投资者提供更为"公开、公平、公正"的环境，以保护投资者的利益。

在股票市场中，如何提高自己的推断力和生存竞争力一直是投资者的关注点。推断力新范式作为一种全新的股市观和方法论，以其简洁明了的原理和工具，为投资者提供了一种高效严谨的思维框架，下面我们来对本章作出一个提纲挈领和小结。

首先，推断力股市观认为，股票市场是一个由市场参与者的意愿和行为相互作用和影响的场所。市场参与者的决策和行为会引起供求的变化，通过边际买家和边际卖家共同决定股票价格的走势。股票价值是一个可变现的边际价格的概念，价值等于边际上卖家和买家的供需平衡，即价值的实现取决于边际上可变现的价格。

其次，推断力新范式包含了股市自我实现原理、边际价格原理和均价回归原理。自我实现原理指出市场参与者的决策和行为会对市场产生影响，因此市场是一个自我实现的过程。边际价格原理认为价值有赖于边际上可变现的价格。均价回归原理表明股票价格具有一定的趋势和周期性，会向着均衡的价格回归。

最后，推断力新范式在本书中将为投资者提供一种基于国家宏观政策和产业发展方向的战略思维能力，帮助投资者建立大局观，它通过深入分析信息和数据，识别出高质量高水平的自主科技创新的发展机会，并将产业趋势和有价值的个股趋势结合起来，在逻辑自洽的推断中发现确定性较好的前瞻性布局良机。

简而言之，股票世界是一个"意愿场"。投资者的信念和行为也可以产生类似于物理世界量子纠缠中粒子间相互关联的效应。当足够多的投资者相信市场将上涨或下跌时，他们的决策和行为可能会相互影响，从而形成市场潮涌或趋势。这个"意愿场"是一个看不见但实际存在的网络，虽然这些意愿和预期本身是看不见的，然而，它们通过市场交易带来的客观结果来体现。推断力新范式强调了市场的运动和变化可以通过这个网络来解读和理解，通过观察和分析市场参与者的竞争行为，我们可以更准确地理解股市运动变化和价格行情走势。这对传统股市理论提出了挑战。

推断力新范式的核心思想是将复杂的整体问题分解为部分可解决的问题，并通过分析这些部分问题的因果关系，逐步推断整体问题的解决方案。在股市领域，这意味着我们需要将股市涨跌、行业因素、经济指标、政策等众多因素进行细致分析，并探索它们之间的关系。通过发掘这些因果关系，我们可以发现蕴藏的规律和变量之间的相互影响，从而更好地理解股市的运行机制。

推断力新范式将问题视为一个由多因果关系交织在一起的网络，而不仅仅是一系列独立的事件。这种视角下，我们可以通过推断的方式，逐步揭示这个网络中的关联和模式。例如，我们可以通过分析过去几年的股市走势和相关数据，推断出某个行业因素对股市的影响程度；或者通过分析特定政策的实施以及对应股票的表现，推断该股市的整体影响。比如，中国政府"活跃""提振"资本市场的重大部署，让我们看到了中国资本市场进入积极股市政策的黄金窗口期，管理层空前重视舆情民意，纠错堵漏"组合拳"紧锣密鼓，我们推断，这是我们 A 股市场迎来的又一个春天。

第三章

信息获取和处理机制

　　推断力的两个支点是充分信息和正确逻辑。本章的主要内容是信息获取和处理机制的研究，其中包括信息获取的方法和策略、信息处理的流程和技术，以及信息质量的评估和保证等。本章的目的是帮助读者了解如何高效地获取和处理信息，并保证信息的完整性、准确性和可用性。

一、信息获取的方法和策略

　　信息获取是指获取和收集各种形式的信息，包括文本、图像、音频和视频等。几种常见的信息获取方法和策略如下。

　　（1）搜索引擎。搜索引擎是获取信息的最常见的方法之一。投资者需要熟练掌握搜索引擎的基本原理和使用技巧，包括关键词搜索、高级搜索和筛选等。

（2）社交媒体。社交媒体是获取信息的另一种重要方法。投资者需要掌握社交媒体的分类和使用技巧，包括社交网站、微博、微信和博客等。重点关注一些有价值的信息和评论。

（3）数据库和文献。数据库和文献是获取专业信息的主要方法。投资者需要了解数据库和文献的分类和使用技巧，包括数据库的检索和文献的阅读。

（4）调研和参会。调研和参会是获取原始信息的主要方法。投资者有条件要学会调研和参会的策略和技巧，包括实地调研、分析师电话会议和上市公司业绩说明会及股东大会等。

（5）人工智能。生成式大模型提供 24 小时不间断的在线服务和答疑解惑，快速响应投资者咨询。生成式 AI 在提供海量信息和答案的同时，也为投资者打开知识边界，提高思考力、推断力产生积极影响。

二、股市信息三种分类和特性

股票市场中，信息分为内部信息、公开信息和历史信息，其对股价影响的重要性依次递减。

（1）内部信息。内部信息对股价影响最为强烈。股市是一个信息不对称的场所。先得到信息的投资者具有信息差优势。掌握一手信息的通常是资金实力较强的群体，他们利用信息差更早采取行动并强烈影响股价。

（2）公开信息。当内部信息成为公开信息时，股价可能率先反映了这些信息，此时信息对股价的作用力减弱，因为先知先觉者可能已获利丰厚并采取反向操作。因此投资者对公开信息要理性评估，如股价是否提前作出了反应，或者是否有超预期和可持续性的价值。

（3）历史信息。历史信息无论利好利空都反应在股价走势中了。因此历史信息对股价的影响最弱，边际买家或卖家通常依据最新信息采取行动，因此投资者更要重视最新动态而非执念于历史信息。

三、信息质量的评估和保证

信息质量是指信息的准确性、完整性和可靠性等方面。投资者要掌握信息质量的评估和保证方法。

（1）信息准确性评估。信息准确性是指信息是否真实和正确。信息准确性评估的方法和工具包括事实核查、多方求证和实验验证等。

（2）信息完整性评估。信息完整性是指信息是否全面和详尽。信息完整性评估的方法和技术包括信息分类、信息补充和信息比对等。

（3）信息可靠性评估。信息可靠性是指信息的真实性和可信度。信息可靠性评估的方法和策略包括来源鉴别、信息比对和专家评估等。

在相对稳定的基本因素上，动态信息是影响股价变化的新变量。我们应该了解、学习和掌握信息获取和处理的基本原理和方法，以提高我们获取和处理信息的能力，从而提高推断力和推断成本分析能力，进而提高我们的决策和推断效率和水平。

信息获取和处理机制在股市行为中的作用

当投资者在股市中作出决策时，他们依赖于各种信息来源，如新闻、公司财务报告、分析师报告、社交媒体、经纪人评论等。这些信息来源涵盖诸多方面，包括公司基本面、行业趋势、宏观经济指标、地缘政治风险等。

在这个信息爆炸的时代，投资者需要能够快速、准确地获取和处理信息，以便作出明智的投资决策。因此，信息获取和处理机制在股市行为中扮演着至关重要的角色。投资者需要选择适当的信息筛选和处理方法，以更好地理解市场和作出更好的投资决策。

在信息获取和处理方面，投资者需要注意一些重要的事项。首先，要选择可靠的信息来源，并对信息的真实性、准确性和及时性进行评估。其次，要开发适当的信息筛选和处理机制，以便从大量信息中识别出重要的信息，过滤掉噪声信息，并与其他信息整合起来，以便更好地理解市场和作出投资决策。

以下列举股市行为中信息获取和处理机制的几种场景。

1. 新闻和媒体报道

新闻和媒体报道是投资者获取信息的重要来源之一。这些报道通常包括公司财务报告、行业趋势、宏观经济指标、政治和地缘政治风险等信息。但是，投资者需要谨慎对待新闻和媒体报道，因为它们可能存在偏见或不准确的内容。

为了避免被误导，投资者需要使用多种信息来源，以便比较和确认信息的准确性。此外，投资者还应该注意新闻报道的时间和发布者，以确定它们对市场的影响和信誉度。

2. 公司财务报告和分析师报告

公司财务报告和分析师报告通常是投资者获取关于公司基本面信息的重要来源。这些报告包括公司的财务状况、业务模式、市场份额、竞争对手和潜在风险等方面的信息。

投资者需要注意财务报告的准确性和可靠性，并使用多种信息来源进行比较和确认。此外，投资者还需要注意分析师报告的来源和分析师的信誉度，以确定它们对市场的影响和可信程度。

3. 社交媒体和网络论坛

社交媒体和网络论坛已成为投资者获取信息的另一渠道。这些平台上的信息可能包括公司基本面、行业趋势、市场情绪和投资者观点等方面的信息。但是，这些信息的准确性和可靠性可能存在更大的风险和挑战。

投资者需要使用多种信息来源以进行比较和确认，并注意信息的来源和发布时间。此外，投资者还需要注意社交媒体和网络论坛的交互性和非正式性，以避免被误导或受到不必要的影响。

4. 经纪人评论和研究报告

经纪人评论和研究报告通常是投资者获取投资建议和市场趋势的重要来源。这些报告包括股票推荐、市场预测和行业研究等方面的信息。

投资者需要注意经纪人评论和研究报告的来源和发布时间，并使用多种信息来源进行比较和确认。此外，投资者还需要注意经纪人的利益关系和分析师的信誉度，以避免受到误导或不必要的影响。

5. 数据分析和技术分析

数据分析和技术分析是投资者获取市场趋势和价格走势的另一种方法。这些分析通常涉及统计数据、图表和指标等方面的信息。

投资者需要使用多种数据分析和技术分析方法进行比较和确认，并注意它们可能存在的风险和局限性。此外，投资者还需要确保他们的分析基于可靠的数据来源和正确的数据解释。

信息获取和处理机制影响股市行为表现的场景有很多，以下是一些常见的例子。

（1）新闻事件。公司宣布收购、发布财报、遭遇诉讼、发生事故等，这些都会对公司的股价产生影响。

（2）国家政策。政府货币政策（利率变化）和财政政策、产业政策、股市政策等的变化也会对股市产生影响。

（3）经济数据。例如，国内生产总值（GDP）、消费者物价指数（CPI）、生产者物价指数（PPI）、社会融资规模、社会消费品零售额、经济前瞻数据（如用电量、货运量、节日人口流动及消费等）等也会影响股市。

（4）技术分析。通过股价、成交量等技术指标来分析股票的走势，从而预测未来的走势。

（5）市场情绪。市场情绪是指投资者对市场的看法和预期，这种情绪也会影响股市的走势。

（6）营业许可。一些公司的股票价格可能会受到其营业许可是否受到限制的影响。比如一些医美公司因为政策问题导致其执照受到限制，其股票价格也会受到影响。

以上仅是一些常见的例子，股市行为受影响的因素非常多，需要根据具体情况进行分析。

人类信息处理的局限性和错觉

当谈到人类处理信息的局限性和错觉时，有很多的例子。以下是一些常见的情况。

1. 记忆偏差

人们往往更容易记住一些具有情感色彩或个人意义的事件，而忽略其他更为普遍或重要的信息。而且，人们的记忆会随着时间的推移而发生变化。

在金融投资中，记忆偏差可能会导致投资者忽略重要的信息或作出错误的决策。投资者可能会过于依赖过去的投资经验或成功案例，而忽略当前市场的变化和风险。例如，如果一个投资者在过去的投资经验中取得了不俗的回报，那么他们可能会过于自信，并忽略当前市场的风险和变化。这可能会导致他们在市场不利的情况下继续持有股票，而没有及时调整投资组合。

另一个例子是，如果投资者记忆偏差严重，他们可能会过度关注媒体报道或专家分析，而忽略自己的投资经验和研究。这可能会导致他们在作出投资决策时，过度依赖媒体报道或专家分析，从而忽略了其他重要的信息，如公司的财务状况和竞争环境等。

因此，在金融投资中，投资者应该谨慎对待记忆偏差，关注当前市场的变化和风险，并根据自己的投资经验和研究作出投资决策。同时，投资者也应该关注其他重要的信息，如公司的财务状况和竞争环境等，以避免受到记忆偏差的影响。

2. 确认偏差

人们往往更容易相信那些符合自己已有观点或信仰的信息，而忽略那些与自己的信仰相反的信息。这种偏见可能会导致人们闭门造车，不愿接受新的理念或观点。例如，如果一个投资者相信某个特定行业会持续增长，那么他们可能会忽略该行业的风险和竞争情况，而只关注该行业的好消息。

另一个例子是，如果一个投资者相信某个公司的业绩将持续增长，那么他们可能会忽略该公司的风险和财务状况等信息，而只关注该公司的好消息。这可能会导致投资者在投资时作出错误的决策，从而遭受损失。

确认偏差还可能导致投资者对于市场走势的误判。如果一个投资者相信市场会持续上涨，那么他们可能会忽略市场中已经存在的风险和不确定性，从而作出错误的投资决策。

因此，在金融投资中，投资者应尝试接受不同的观点和信息，并根据不同的信息来作出投资决策。同时，关注市场的风险和不确定性，并适当调整自己的投资组合，以减少风险和避免损失。

3. 群体性错觉

当人们处于某个群体中时，往往会受到群体中他人的影响，导致自己的看法产生改变，这种现象被称为群体性错觉。

在金融投资中，群体性错觉是一个很常见的问题。例如，如果投资者听到了某个消息，而且这个消息被广泛传播，他们可能会跟风作出投资决策，而没有进行充分的研究和分析。

另一个例子是，如果一只股票的价格开始上涨，那么一些投资者可能会认为这只股票有很好的前景和潜力，从而开始购买该股票。这可能会导致其他投资者跟风购买，最终导致该股票的价格被推高。

群体性错觉也可能导致投资者忽略风险和不确定性。例如，如果一只股票的价格一直上涨，那么一些投资者可能会认为该股票没有风险，并且会一直上涨。这可能导致他们忽略该股票的风险和不确定性，从而在市场变化时遭受损失。

因此，在金融投资中，投资者应该注意群体性错觉的影响，进行独立思考和充分研究与分析，以避免盲目跟风，忽略风险和不确定性。投资者应该坚持自己的投资策略和原则，并根据市场的变化和风险适时调整自己的投资组合。

4. 选择偏差

人们在决策时，往往会受到自己的偏好和情感的影响，从而导致选择偏差。例如，当人们购买汽车时，可能更愿意选择自己熟悉的品牌，而忽略其他更为经济、环保或性能更好的车型。

在金融投资中，选择偏差也是一个很常见的问题。例如，投资者可能会出于个人喜好和情感因素，更愿意选择那些他们熟悉和喜欢的股票，而忽略其他更为优秀的投资机会。

另一个例子是，投资者可能会出于情感因素，更愿意购买有关自己所在国家或地区的股票，而忽略其他更有潜力和机会的投资品种。这可能会导致他们失去更好的投资机会，最终导致投资收益的下降。

选择偏差还可能导致投资者忽略风险和不确定性。例如，如果一个投资者喜欢某个行业或公司，那么他们可能会忽略该行业或公司的风险和不确定性，从而在市场变化时遭受损失。

因此，在金融投资中，投资者应该尽可能客观和理性地进行投资决策，避免受到个人喜好和情感因素的影响。投资者应该进行充分的研究和分析，了解市场的情况和风险，以作出更为准确和合理的投资决策。同时，投资者也应该保持开放的心态，关注市场上的新机会和新趋势，以获取更高的投资收益。

5. 后认知偏差

当人们得到某个结论或结果后，可能会产生一种后认知偏差，即认为这种结果是显而易见或必然的。这种偏差可能会导致人们忽略其他可能的解释或因素。

在金融投资中，后认知偏差也是一个很常见的问题。例如，一个投资者在某只股票上获得了很高的投资回报，那么他可能会认为这是自己聪明和技能的体现，而忽略市场上其他因素对投资回报的影响。这可能导致他过度自信，并在后续的投资决策中忽略其他因素，最终导致投资收益下降。

另一个例子是，如果一个投资者发现某只股票在市场上表现不佳，那么他可能会认为这是该股票本身的问题，而忽略市场上其他因素的影响，如宏观经济环境、行业趋势和竞争对手的表现。这可能导致他过度悲观，并在后续的投资决策中忽略其他因素，最终导致投资收益下降。

因此，在金融投资中，投资者应该保持开放的心态和灵活的思维，避免过度自信或悲观，并认真分析和评估市场上的各种因素和因素的影响，以作出更为准确和合理的投资决策。

要克服信息处理中的局限性和偏见，我们可以采取以下措施。

（1）扩大信息来源。尽可能多地收集和比较不同来源的信息，包括来自不同人群、不同领域、不同国家和地区的信息，从而得出更全面的结论。

（2）保持客观。尽量摒弃主观偏见，采取客观的态度去分析和评估信息，从不同角度考虑问题，尽可能遵循证据和事实。

（3）采取科学方法。采用科学方法，例如实验、观察和数据分析法，从而消除个体和群体的主观偏见，确保结论准确和可靠。

（4）承认自身偏见。承认自身的偏见并努力避免其影响，有助于更客观地分析信息。可以采用外部反馈、与他人交流、反思自身等方式来减少个人偏见。

（5）审视决策过程。审视决策过程，理性分析可能的偏见和局限，从而提高决策的准确性和可靠性。

总之，克服信息处理中的局限性和偏见需要我们保持开放的心态和客观的态度，尽可能多地收集和比较不同来源的信息，并采用科学方法进行分析和评估。

信息获取和处理机制对股市决策的影响

在股市中，投资者需要根据市场信息作出决策，而这些信息的获取和处理机制直接影响着投资者对股市的认知和决策。

首先，信息获取的方法对投资者的决策产生影响。在股市中，投资者可以通过多种方式获取信息，例如新闻、分析师报告、公司公告等。这些信息来源的可靠性和及时性也不同，这直接影响了投资者对信息的信任度和决策的准确性。

其次，信息处理的方式也对投资者的决策产生影响。投资者需要对收集到的信息进行综合分析，以作出相应决策。不同的投资者可能会有不同的信息处理方式，例如基于技术分析或基于基本面分析。这些不同的处理方式可能会导致不同的决策结果，也可能会因为个人或群体的偏见而引发错误的决策。

最后，信息获取和处理的速度对决策的影响也非常重要。在现代股市中，信息获取和传播速度越来越快，投资者需要更快地获取和处理信息才能作出正确的决策。在这种情况下，投资者需要使用高效的信息获取和处理工具，同时也需要拥有快速反应的能力，才能在市场中保持竞争优势。

提高股市决策水平的途径包括以下几个方面。

（1）学习股票投资知识。投资者需要了解股票的基本知识，包括如何分析公司基本面、技术面和市场趋势等方面。学习股票投资知识可以帮助投资者更好地获取和处理信息，从而提高决策水平。

（2）学习投资心理学知识。投资者应该了解投资心理学知识，包括风险承受能力、情绪控制、投资偏见等方面。学习投资心理学知识可以帮助投资者更理性地决策，减少决策中的偏见和情绪干扰。

（3）使用信息获取和处理工具。投资者可以使用各种信息获取和处理工具，如股票分析软件、金融新闻媒体、社交媒体等。这些工具可以帮助投资者更快地获取和处理信息，提高决策速度和准确性。

（4）联系股票投资专业人士。投资者可以联系股票投资专业人士，如证券分析师、投资顾问、基金经理等。这些专业人士可以提供专业的投资建议和分析，帮助投资者作出更好的决策。

（5）建立投资组合。投资者可以建立投资组合来分散风险。投资组合应该包括不同行业、不同公司规模和不同风险等级的股票，以最大限度地降低整个投资组合的风险。

总之，提高股市决策水平需要投资者不断学习和实践，在获取和处理信息的过程中保持理性和客观，同时也需要利用各种工具和资源来提高决策水平。

人工智能和量化投资的应用

人工智能可以帮助投资者更快速、准确地获取和处理信息，从而提高股市决策的效率和准确性。以下是一些利用人工智能提高信息获取和处理机制的方法。

（1）自然语言处理。自然语言处理技术可以帮助投资者更快速地处理大量的新闻、公告、分析报告等文本信息，通过自然语言处理技术，可以快速自动化的将这些信息分类、提取关键信息和生成文本摘要，以便投资者更快速地浏览和分析。

（2）机器学习。机器学习技术可以帮助投资者更快速地处理海量数据，包括股票价格、公司财务数据、市场数据等。通过机器学习技术，可以自动化识别数据模式和趋势，并预测未来的走势，以便投资者作出更准确的决策。

（3）人工智能投资机器人。人工智能投资机器人是一种基于人工智能技术的投资工具，可以自动化地获取和处理信息，生成投资策略并执行交易。投资者可以通过设定一些参数和策略，让投资机器人在股市中自动化地进行投资和交易，从而更好地获取和处理信息，并提高决策的效率和准确性。

（4）数据可视化。数据可视化技术可以帮助投资者更好地理解和分析数据，包括股票价格、交易量、财务数据等。通过数据可视化技术，可以将数据以表格、图像等形式直观地呈现出来，以便投资者更好地理解和分析数据。

目前主要的量化投资模式包括基于统计学和机器学习的模型。这些模型都利用了大量的历史和实时市场数据来分析现有市场情况，并预测未来的走势，以便更好地作出投资决策。

基于统计学的模型通常利用一些统计学分析方法，如回归分析、时间序列分析等来分析市场数据。这些模型主要关注市场趋势、波动情况、交易量等因素，并通过分析这些因素的关系来预测未来走势。其优点是运算速度快，适用于处理一些简单的市场数据。但是，这些模型对于非线性的市场关系或者复杂的市场情况并不适用。

机器学习模型则利用了人工智能技术，如神经网络、支持向量机、决策树等来分析市场数据。这些模型可以自动识别和学习市场数据中的模式和关系，并预测未来的走势。其优点是可以处理大量的非线性和复杂的市场数据，并且能够适应市场的变化和波动。但是，这些模型需要较多的数据和计算资源，并且需要不断地更新和优化。

利用人工智能提高量化投资的效率和胜率，主要体现在以下几个方面。

（1）数据处理和分析。人工智能可以帮助投资者更快速、准确地处理和分析大量的历史、实时市场数据。通过自然语言处理、机器学习等技术，可以自动化地提取关键信息和预测未来走势，以便投资者更好地作出决策。

（2）模型优化和预测。人工智能可以自动化地优化和更新量化投资模型，并预测未来的走势。通过机器学习、深度学习等技术，可以自动适应市场的变化和波动，从而提高胜率和效率。

（3）交易策略生成和执行。人工智能可以自动化地生成和执行交易策略。通过投资机器人、智能交易系统等技术，可以自动化地执行交易策略，并及时调整和优化策略，以便更好地适应市场情况。

主观策略和量化投资都有其独特的优势和劣势，下面分别从几个方面进行比较。

（1）投资决策过程。主观策略的投资决策过程通常是由投资者根据自己的经验、知识和直觉来作出决策。这种方法具有灵活性和主观性，可以根据市场变化和投资者的判断进行调整和优化。但是，主观策略的决策过程也容易受到情绪和偏见的影响，决策结果可能不够客观和可靠。

量化投资则是建立在大量数据和科学模型的基础上，通过自动化的程序来作出投资决策。这种方法具有客观性和稳定性，自动化的程序可以避免情绪和偏见的影响。但是，在复杂和不确定的市场情况下，量化模型的预测可能不够准确和全面，需要不断地优化和更新。

（2）投资效率和风险控制。主观策略的投资效率取决于投资者的经验和能力，如果投资者具有较好的市场感和决策能力，可以取得较好的投资效果。但是，主观策略也容易受到投资者的情绪和偏见的影响，决策效果可能不够稳定和可靠。

量化投资可以通过自动化的程序来提高投资效率和风险控制。程序可以快速、准确地处理大量的数据，并根据科学模型来做出投资决策。这种方法可以大大降低人为错误和决策偏差，提高投资效率和风险控制能力。

（3）适用范围和灵活性。主观策略通常适用于较小规模的、相对简单的投资项目。投资者可以根据自己的经验和感觉来作出决策，灵活性较高。但是，在处理大量数据和复杂市场情况时，主观策略的效果可能不够理想，需要不断地调整和改进。

量化投资则适用于大规模、复杂的投资项目。通过自动化的程序和科学模型，可以处理大量数据和复杂市场情况，同时保持稳定和客观。但是，量化模型通常需要较多的数据和计算资源，并且需要不断地优化和更新，灵活性较低。

第四章

群体决策和心理效应

本章主要介绍群体决策和心理效应在股市中的作用，分析群体决策中的信息传递和信息扭曲，以及探讨心理效应对股市决策的影响。

（1）群体决策的定义和特征。群体决策是指多个个体在一起作出决策的过程。群体决策在股市中表现为个体易受市场趋势和媒体舆论的影响，即市场自带引导功能影响个人决策。

（2）群体决策中信息传递和信息扭曲的作用。信息传递是指个体之间传递信息的过程。在群体决策中，信息传递可以帮助个体获得更多的信息，提高决策的准确性。但是，信息传递也可能导致信息扭曲，即信息在传递过程中失真或被误读。信息扭曲会影响个体的决策，导致群体决策的失误。

（3）群体决策中的"羊群效应"和锚定效应。"羊群效应"是指个体受到群体行为的影响，从而放弃自己的判断和决策。锚定效应是指个体受到现有信息的影响，从而对新信息作出错误的判断和决策。这两种效应都会影响群体决策的准确性。

（4）心理效应在股市中的作用。心理效应是指个体在决策过程中出现的心理偏差。在股市中，投资者受到过度自信、损失厌恶、情绪化决策等心理效应的影响，从而产生股市决策的误判和损失。

（5）如何避免心理效应产生的股市决策误判和损失。为了避免心理效应对股市决策的影响，投资者可以采取一些措施，如制订明确的投资计划、监控投资组合、确定止损点和止盈点、避免过度交易、学习市场分析等。

股市是由许多个体组成的群体，群体决策和心理效应的作用不可忽视。通过了解群体决策和心理效应的作用，投资者可以更好地理解股市的运作，并采取相应的措施来降低投资风险和提高投资收益。这也是提高推断力和推断成本分析能力极其重要的一环。

群体行为和心理效应在股市中的作用

群体行为和心理效应对股市的影响是十分显著的。在股市中，投资者的决策和行为往往受到其他投资者的影响，因此，群体行为和心理效应往往会导致股市的波动和价格的变化。

例如，当股市价格上涨时，投资者往往会感到兴奋和乐观，会更多地购买股票，这又进一步推动了股市价格的上涨。反之，当股市价格下跌时，投资者往往会感到恐慌和担忧，会更多地卖出股票，这又进一步推动了股市价格的下跌。

此外，群体行为和心理效应还可以导致股市中的"羊群效应"，即投资者会跟随其他人的决策和行动而不是依据个人分析和判断作出决策。这种效应可能导致投资者忽略了市场中的基本面因素，而只是关注他人的行为，从而使得股市价格出现异常波动。

在群体行为和心理效应方面，最著名的案例之一是荷兰郁金香泡沫。在 17 世纪的荷兰，郁金香成为一种非常流行的投资品种，人们开始疯狂地购买郁金香，以期在未来的市场中获得更高的价格。这种投机行为导致郁金香的价格不断上涨，直到郁金香泡沫崩溃，许多人因此破产。

另一个例子是 2008 年美国次贷危机。在这场危机中，许多银行和投资公司在没有进行充分风险评估的情况下，大量地发放次级抵押贷款，这导致了住房市场的泡沫。当泡沫最终破裂时，全球经济陷入了一场大规模的经济危机。这表明"羊群效应"不仅使个人投资者陷入其中，即便是专业投资机构也难以逃脱。

这些案例表明，群体行为和心理效应可以在股市中产生巨大的影响，导致股市价格的不稳定性和市场的风险暴露。因此，对于投资者来说，了解这些效应的作用可以帮助他们更好地评估市场趋势和决策，从而减少风险并提高投资回报。

投资者可以采取以下措施来克服群体行为和心理效应的影响。

（1）学习市场基本面。学习市场基本面，如公司财务状况、市场供求关系等，可以帮助投资者作出更独立和明智的投资决策，避免受到群体行为和心理效应的影响。

（2）制订投资计划。制订投资计划，包括具体的投资目标、投资策略和止损点等，有助于投资者在市场中保持冷静和理智，避免受到市场情绪的影响。

（3）保持独立。投资者应该保持独立思考，不要盲目跟随市场中的其他投资者，而应该根据自己的判断和分析进行投资决策。

（4）避免过度交易。过度交易容易导致情绪化的投资决策，从而使投资者受到市场情绪的影响。因此，投资者应该避免过度交易，保持稳定的投资节奏。

（5）建立投资组合。投资者应该建立多样化的投资组合，包括股票、债券、黄金、房地产等不同类型的投资品种，以降低风险并稳定回报。

群体决策中的信息传递和信息扭曲

在群体决策中，信息传递和信息扭曲是两个非常重要的概念。信息传递是指投资者之间分享和传递信息的过程，而信息扭曲则是指信息被扭曲或变形的过程，从而影响投资者的决策。

在信息传递方面，投资者通常通过媒体、分析师、经纪人和其他投资者来获取信息。当某个投资者拥有一些新信息时，他可能会分享给其他投资者，以帮助他们作出更好的投资决策。这种信息传递可以帮助投资者更好地了解市场和投资品种，并帮助他们作出更准确的投资决策。

然而，信息传递过程中也存在着一些问题。例如，当某个投资者分享信息时，他可能只分享一部分信息，而不是完整的信息。这可能导致其他投资者作出错误的决策或遗漏重要信息，从而影响投资回报。

信息扭曲是指信息被扭曲或变形的过程，从而影响投资者的决策。信息扭曲可能是有意的或无意的，例如分析师可能会有意扭曲信息来推销某只股票，或者其他投资者可能会无意扭曲信息，如因为误解或错误解读信息作出错误的决策。

因此，投资者在进行群体决策时，应该非常谨慎地考虑信息传递和信息扭曲的问题，并采取相应措施来确保得到的信息完整、准确，从而更好地作出投资决策。

在股市中，由于投资者的决策和情绪会影响股票价格的波动，群体决策的影响尤为重要。在这种情况下，信息传递和信息扭曲的问题可能会导致投资者在作出决策时以错误的信息为依据，从而导致投资失败。

（1）群体决策中的信息传递不充分。信息传递不充分可能会导致投资者在作出决策时缺乏必要的信息，从而作出错误的决策。例如，一家公司的股票价格下跌，但是投资者不知道这是由于公司内部问题还是外部因素导致的，那么他们可能会作出错误的决策。此外，信息传递不充分还可能导致投资者缺乏对市场整体趋势的了解，从而无法作出正确的决策。

（2）群体决策中的信息扭曲。信息扭曲可能会导致投资者依据错误的信息作出决策，从而导致投资失败。例如，一些投资者可能会选择根据媒体报道作出决策，而这些报道可能不准确或有偏见。同样，一些投资者可能会因为听到了其他投资者的观点作出决策，而这些观点可能不是基于准确的信息。

在股市中，这些问题可以通过加强信息披露和透明度来解决。公司应该及时公布其财务状况和业务绩效，以便投资者能够作出明智的决策。此外，媒体也应该注意报道的准确性，并提供多样化的观点，以便投资者能够得到更全面的信息。最后，投资者需要时刻保持警觉，不要轻信不可靠的信息，而是依靠可靠的数据和信息作出决策。

以下是一些投资者在股市中作出投资决策时可以使用的解决信息传递和信息扭曲的实际方法。

（1）研究公司的基本面。一个公司的基本面通常是指它的财务状况、业务运营和管理团队等方面的情况。了解一家公司的基本面可以让投资者更好地了解其长期前景和风险。这可以通过查看公司的年报、季度报告和股东信息来实现。

（2）研究行业和竞争对手。在股市中，不仅需要了解特定公司的情况，还需要了解该公司所处的行业和竞争对手的情况，这有助于投资者更好地了解市场整体趋势和该公司在市场中的地位。可以通过查看行业报告和分析等途径来实现。

（3）了解市场情绪。市场情绪是投资者的信心、恐惧和期望的总体反映。这可以通过查看股票交易量、市场指数和市场新闻等途径来实现。了解市场情绪可以帮助投资者更好地了解市场的整体情况，从而制定更好的投资策略。

（4）寻找可靠的信息来源。投资者应该尽量避免从不可靠或有偏见的来源获取信息。他们应该寻找可靠的信息来源，如财经新闻、公司公告和行业报告等。此外，一些投资者可能会选择使用专业投资研究机构提供的报告和建议，以获得更深入和全面的信息。

（5）学习数据分析。数据分析是一种可以揭示隐藏在大量数据背后的有用信息的技能。对于投资者来说，学习数据分析可以帮助他们更好地理解并利用可用数据，从而作出更明智的投资决策。这可以通过在线课程学习、阅读相关图书和培训来实现。

（6）交流和分享。投资者可以通过与其他投资者交流和分享信息来了解更多信息。这可以通过参加投资者会议、加入投资者论坛或参与社交媒体群来实现。当然，投资者需要时刻保持警觉，不要轻信不可靠的信息，而是应该依赖于可靠的数据和信息作出决策。

心理效应对股市决策的影响

心理效应对股市决策的影响是显而易见的。投资者通常会受到情绪的影响，这些情绪可能导致他们作出不理智的决策。以下是五种心理效应及案例分析，帮助投资者更好地了解这些心理效应对股市决策的影响。

（1）损失厌恶。投资者普遍表现出损失厌恶心理，这意味着他们更倾向于避免损失而不是追求收益。因此可能导致他们过早地出售获利股票或继续持有亏损股票，而不是承认亏损并出售股票。

例如，投资者老王在购买一只股票后，股票价格开始下跌。由于他的损失厌恶心理，老王并不愿意承认自己的投资决策出现了问题，并且坚持认为股票价格会反弹。他继续持有该股票，直到股票价格跌至比原来更低的价格，最终亏损。

（2）羊群效应。如果一只股票价格上涨，其他投资者可能会追逐涨势，购买该股票，即使它们的基本面并不支持这样的投资决策。反之，如果一只股票价格下跌，其他投资者可能会惊慌失措，抛售该股票，即使它们仍具备投资潜力。

例如，投资者小李看到一只股票的价格正在上涨，并且许多其他投资者正在购买它。由于"羊群效应"的影响，小李决定也购买该股票，并且在股票价格达到峰值时购买了更多。但该股票的价格很快就开始下跌。由于没有考虑到股票的基本面，小李最终遭受了损失。

（3）过度自信。投资者可能会因为自己的投资能力而感到过度自信，而不是谨慎地评估股票的风险和潜在回报。过度自信的投资者可能会过于关注他们投资组合中成功的股票，而不是考虑整个股市中的潜在风险和机会。

例如，投资者小赵因为自己的投资能力而信心满满，并且认为自己能够预测所有股票价格的波动。他在一个新兴市场的股票上下了重注，但由于该市场的政治环境不稳定性和经济困难，该股票的价格开始下跌。然而，由于过度自信，小赵并没有考虑到这些风险，而是坚持认为股票价格会反弹，最终损失惨重。

（4）锚定效应。"锚定效应"是指投资者会根据最初的决策或信息点形成固定的看法，而不考虑后续的信息和分析。这可能导致他们固执己见地坚持某个投资观点，而不是重新评估股票的价值和潜在风险。

例如，投资者林某在购买一只股票之前，看到了该股票的初始价格，尽管后来的分析显示该股票的价格已经下跌，但由于锚定效应的影响，林某仍然坚信该股票的价值与之前相同，并继续持有该股票。最终，当股票价格进一步下跌时，林某遭受了损失。

（5）情绪化决策。情绪化决策是指投资者在情绪上过度反应，从而作出不理性的决策。这可能包括追逐涨势或害怕下跌，或因为个人偏见而选择或避免某些股票。

例如，投资者孙某听到了一些关于某只股票的负面消息，并且开始害怕该股票的价格会下跌。由于情绪化决策的影响，孙某决定立即出售该股票，即使这并不符合他的投资计划。最终，该股票的价格上涨，孙某错失了获利的机会。

以上例子表明，心理效应对股市决策的影响是不可忽视的。投资者应该认识到这些心理效应并努力避免它们的负面影响。通过采取冷静的、理性的投资决策，投资者可以更好地利用股市中的机会，并在风险控制方面更为成功。

投资者可以采取一些措施来避免心理效应对股市决策的影响。以下是一些建议。

（1）制订明确的投资计划。投资者应根据自身的投资目标、风险承受能力和预期收益率，制订明确的投资计划。在计划中，应包括投资目标、预算、风险管理、投资周期等方面的详细内容。这样可以避免情绪化决策和过度自信等心理效应的影响。

（2）监控投资组合。投资者应定期监控投资组合的表现，并根据市场情况进行必要的调整。这样可以避免"羊群效应"和"锚定效应"等心理效应的影响。

（3）确定止损点和止盈点。投资者应在投资计划中明确止损点和止盈点。当投资组合达到止损点或止盈点时，应立即采取行动。这样可以避免损失厌恶和情绪化决策等心理效应的影响。

（4）避免过度交易。投资者应避免过度交易，因为这会增加投资成本并增加风险。投资者应坚持长期投资策略，并避免频繁地买卖股票。这样可以避免过度自信和过度悲观等心理效应的影响。

（5）理性应对市场。投资者应保持客观和理性应对市场的能力，以便更好地理解股市的基本面和技术面及行情变化。这样可以帮助投资者作出更有根据的决策，避免情绪化决策和过度自信等心理效应的影响。

第五章

风险管理和交易策略

本章将对风险管理和交易策略进行深入探讨。首先，介绍风险管理的基本概念和意义，强调风险管理在投资过程中的重要性，以及在风险管理中需要考虑的因素和方法，如资产组合分散、止损和止盈等。其次，讨论量化分析的要领，包括数据收集和清洗、建立量化模型、策略回测和优化、风险管理、实时监测和调整等要素的组合，以及如何通过量化分析来制定更加准确的投资策略，并提高投资效率和收益。

总的来说，风险管理和交易策略是投资过程中不可或缺的两个方面。在风险管理中，投资者需要根据自己的投资目标、风险承受能力和市场情况等因素，制定相应的风险管理策略，以减少投资风险，并确保投资收益。在交易策略中，投资者需要根据市场情况和自身投资经验等因素，选择适合自己的交易策略，并在实践中不断探索和调整，以实现长期的投资成功。

在实践中，风险管理和交易策略的探索需要不断地学习和积累经验。投资者需要了解市场规律和投资风险，掌握技术分析、基本分析及量化分析和交易策略的基本原理和方法，并根据自身实际情况进行调整和优化。同时，投资者还需要保持冷静和理性，避免盲目跟风和情绪化决策，以确保投资成功和风险控制。

总之，风险管理和交易策略是投资过程中的核心要素，需要投资者不断进行探索和学习。通过风险管理和交易策略的综合应用，投资者可以制定更加准确的投资策略，并实现长期的投资成功。这同时也是提高推断力和推断成本分析能力的途径之一。

风险管理和交易策略在股市中的作用

风险管理和交易策略在股市中起着至关重要的作用。在股市中，投资者面临的风险非常大，因此必须采取措施来管理这些风险。风险管理是指在投资过程中使用各种手段来降低投资风险的过程。风险管理的手段包括跟踪和优化投资组合、设置止损点、使用期权等。

交易策略则是指在股市中制定的一系列投资策略和方法。交易策略可以帮助投资者更好地进行操作，获得更高的收益。交易策略包括技术分析、基本面分析、波动率分析等。通过技术分析，投资者可以对股票价格走势进行预测和分析，根据分析结果进行交易。而基本面分析则是研究公司的基本面情况，如财务状况、经营业绩等，来预测股票价格的走势。波动率分析则是通过分析股票价格波动来确定最佳的买入和卖出时机。

综上所述，风险管理和交易策略在股市中扮演着关键的角色，能帮助投资者降低风险、优化投资组合、提高收益。

当涉及风险管理时，投资者可以采取多种手段来降低投资风险。下面是一些常见的风险管理手段。

（1）多样化投资组合。这是降低投资风险的常用方法之一。通过在多个市场、行业、资产类别中分散投资，可以有效减缓投资组合的波动。在投资组合中，不同的投资标的具有不同的风险水平，因此投资者可以将资金分配到低风险、中风险和高风险资产中，以平衡风险和收益。

（2）设置止损点。在交易中，设置止损点是一种非常有效的风险管理工具。止损点是指在股票价格下跌到一定程度时，自动（主动）卖出股票以限制亏损。通过设置止损点，投资者可以在股票价格下跌时及时止损，避免进一步的亏损。

（3）使用期权。期权（股指期货）是一种金融工具，投资者可以通过购买或出售期权或股指期货来对冲风险。例如，投资者可以购买看跌期权来保护自己在股票价格下跌时的投资组合。

（4）投资黄金。投资黄金也是一种对冲风险的策略，可以为投资者提供一定的保障，保护投资者的资金安全。投资者可以购买黄金交易型开放式指数基金（exchange traded fund，

ETF）或实物黄金来对冲投资风险。

在实践中，投资者应采取多种风险管理手段，以实现投资组合的多样化和风险控制。此外，风险管理也需要与投资者的投资目的和风险承受能力相匹配。因此，投资者需要根据自己的投资目标和风险承受能力来选择适合自己的风险管理策略。

多样化投资组合的构建要考虑多方面因素，如资产种类、市场行情、行业分布、投资风格等。下面是一些实用的投资组合手段。

（1）资产配置。资产配置是投资组合构建的第一步。投资者可以将资金分配到不同的资产类别中，如股票、债券、黄金、商品、房地产等。不同的资产类别具有不同的风险水平和收益特点，因此投资者可以根据自己的风险偏好和收益目标来分配资金。

（2）行业分散。投资者可以将资金分配到不同的行业中，以实现投资组合的行业分散。在投资组合中，不同的行业具有不同的风险和收益特点，因此投资者可以通过分散投资来降低特定行业的风险。

（3）地理分散。投资者可以将资金分散到不同的地区或国家，以实现投资组合的地理分散。地理分散可以降低特定地区或国家的政治、经济和金融风险。

（4）技术分析。技术分析是一种分析市场价格趋势和交易量的方法。投资者可以使用技术分析来识别市场走势和交易机会，以构建优化的投资组合。

（5）基本面分析。基本面分析是一种分析公司或行业基本面的方法。投资者可以使用基本面分析来评估公司或行业的财务状况、经济环境和市场竞争力，以选择优质的投资标的。

最后，投资者在构建投资组合时，需要有系统性、计划性和科学性，并根据自身的投资目标和风险承受能力来选择最合适的投资组合手段。同时，投资者还需要密切关注市场动态，及时调整投资组合，以实现长期的资产增值。

构建投资组合的目标是降低非系统性风险，即通过组合选择和资产配置达到平衡个股或资产风险的目的。"不要把鸡蛋放在一个篮子里"是投资组合理论的一个生动比喻。

（1）行业分散。投资者可以将资金分配到不同的行业中，以实现投资组合的行业分散。例如，投资者可以选择在科技、金融、医疗等不同行业中配置资金，以降低特定行业的风险。

（2）收益与成长。投资者可以在股票投资组合中平衡收益型和成长型股票。例如，投资者可以选择具有稳定股息和较低估值的稳健型股票，以及具有高成长性和较高估值的成长型股票，以实现收益和成长的平衡。

（3）市场风格分配。投资者可以根据市场风格的变化调整股票投资组合的分配比例。例如，在牛市中，投资者可以增加成长型股票的比例，而在熊市中则可以增加稳健型股票的比例，以降低市场风险。

（4）价值投资。投资者可以选择具有低估值和高股息的股票，以实现价值投资。例如，投资者可以选择具有稳定盈利和高股息的蓝筹股，以获得长期稳健的收益。

（5）分散投资。投资者可以将资金分散到不同的股票中，以降低特定股票的风险。例如，投资者可以选择具有不同行业、不同市值和不同地理位置的股票，以实现投资组合的分散。

当投资者在持有股票时，设置止损点是非常重要的。它可以帮助投资者在股票价格下跌时保护投资，并避免过度损失。以下是一些设置止损点的具体条件和方法。

（1）确定止损点的百分比。投资者可以根据自己的风险承受能力和投资目标来确定止损点的百分比。例如，一些投资者可能会选择将止损点设定在股票价格下跌5%～10%的范围内，以保护其投资。

（2）考虑股票的技术指标。投资者可以使用技术分析工具来确定止损点。例如，投资者可以根据股票的移动平均线、相对强弱指数等技术指标来设置止损点。

（3）考虑市场走势。投资者可以根据市场走势来设置止损点。例如，在股票市场下跌时，投资者可能会选择将止损点设置得更加激进，以避免更大的损失。

（4）考虑公司基本面。投资者可以根据公司的基本面来设置止损点。例如，如果公司的财务状况恶化或者有重大事件发生，投资者可能会选择将止损点设置得更加激进，以保护其投资。

（5）谨慎操作。投资者应该根据实际情况设置止损点，不要盲目跟风或者追涨杀跌。同时，他们也应该注意及时调整止损点的位置，以适应市场变化。

风险管理和交易策略的优化方法

以下是一些具体的，如何优化风险管理和交易策略的建议。

（1）制订风险管理计划：优化风险管理的关键是制订合适的计划。包括确定投资目标、评估风险水平、识别潜在的风险因素、制定应对策略等。一个好的风险管理计划可以帮助交易者在投资中更好地控制风险，并最大限度地减少损失。

（2）使用量化分析。量化分析是一种将数据和统计分析应用于交易决策的方法。交易者可以使用量化分析来确定最佳的交易策略，以及在何时买入和卖出股票。这种方法可以帮助交易者更好地了解市场趋势和价格变化。

（3）采用动态风险管理策略。动态风险管理策略是一种根据市场情况调整风险管理计划的方法。这种方法可以帮助交易者在不断变化的市场环境中更好地控制风险。

（4）交易员的心理素质。交易员的心理素质对于交易策略的优化非常重要。交易员应该掌握正确的心态，包括冷静、客观、有耐心、坚持策略等。这种心态可以帮助他们在市场波动和风险中保持镇定，并更好地执行交易策略。

（5）利用人工智能。人工智能技术可以用于风险管理和交易策略的优化。一些交易者使用机器学习和自然语言处理等技术，以识别市场趋势、预测价格变化和识别风险。这种方法可以帮助交易者更好地理解市场并制定更好的交易策略。

交易策略和风险管理对股市决策的影响

交易策略和风险管理对股市决策有着重要的影响。

（1）交易策略的作用。交易策略是指交易者用来识别和执行买入和卖出股票的方法和规则。当交易者能够制定出有效的交易策略时，他们就可以更好地控制投资风险并实现更好的投资回报。例如，一些交易者可能会选择基于技术分析、基本分析或量化分析等策略来作出决策。

（2）风险管理的作用。风险管理是指交易者通过识别、评估和控制风险来最大限度地减少损失。当交易者能够制订出有效的风险管理计划时，他们可以更好地控制投资风险，保护自己的投资资本并实现更好的投资回报。例如，交易者可能会采用动态风险管理策略、使用止损单或其他复杂的风险管理技术来控制风险。

（3）交易策略和风险管理的联合作用。交易策略和风险管理通常一起使用，以帮助交易者更好地执行股市决策。当交易者能够制定出有效的交易策略和风险管理计划时，他们就可以更好地控制投资风险，最大限度地减少损失并实现更好的投资回报。例如，交易者可以使用技术分析来识别最佳的买入和卖出时机，并采用动态风险管理策略在交易过程中不断调整风险管理计划。

投资者还可以采用量化分析来提高股市决策的能力和效

率。以下是量化分析的要领。

（1）数据收集和清洗。量化分析的基础是数据分析，因此首先需要收集和清洗大量的市场数据。这些数据包括股票、期货、外汇、债券等各种投资品种的历史价格、成交量、财务指标等数据。在收集数据的过程中，需要注意数据的准确性、完整性和可靠性，同时需要进行数据清洗和处理，以去除异常值和数据缺失等问题。

（2）建立量化模型。量化分析需要建立数学模型和算法来分析数据，识别投资机会和风险。常用的量化模型包括统计模型、机器学习模型、神经网络模型等。其中，机器学习和人工智能技术在量化分析领域得到了广泛应用，可以通过学习历史数据来预测未来价格走势和市场趋势。

（3）策略回测和优化。在建立量化模型后，需要对模型进行策略回测和优化。策略回测是指通过历史数据来测试模型的有效性和稳定性，以验证模型的可行性；同时，需要对模型进行优化，以提高模型的预测准确性和稳定性。

（4）实时监测和调整。量化分析需要进行实时监测和调整，以跟踪市场变化和调整投资策略。同时，需要考虑市场数据的实时性和准确性，以确保模型的有效性和稳定性。比如，投资者可以在股票软件建立投资组合的指数化跟踪，通过该指数和大盘、个股指数的强弱比较，进行有效的收益率曲线管理。具体方法我们在后面章节会详细介绍。

市场效率和反转现象

　　本章的主题是市场效率和反转现象。股价受多变量影响，是一个非线性的复杂系统。股价的波动受到经济基本面、政治局势、市场情绪等多个因素的共同作用。这些因素之间相互影响、相互作用，并且受到外部环境的不断变化而产生复杂的反馈效应，从而导致股价的非线性波动。

　　因此，股票市场的有效性可以看作是一个强弱问题。在某些情况下，市场可能较为有效，即股价较为准确地反映了所有已知信息。而在其他情况下，市场可能存在一定程度的无效性，即股价可能受到未知信息、投机行为或者其他非理性因素的影响而产生偏离。

　　市场效率和反转现象是金融领域中的两个基本概念。投资者可以选择采用被动投资策略或者价值投资策略，这些策略均是基于市场效率的理论。同时，投资者也可以考虑采用动量投资策略或对冲基金策略，这些策略是基于反转现象的理论。

市场效率和反转现象的概念

市场效率是指市场上的价格是否反映了所有可得到的信息，包括基本面因素、技术面因素和市场情绪等。如果市场是有效的，那么价格将始终与最新的信息相匹配，因此交易者无法获得超额利润。反转现象则是指资产价格短期内朝相反的方向变化的趋势。这表明市场价格可能不是完全有效的，因为交易者可以利用短期价格波动获得超额利润。反转现象通常与市场的情绪和投资者行为有关，而不是与基本面因素相关。

市场效率通常有三种形式：弱效市场、半强效市场和强效市场。弱效市场是指市场上只反映了历史价格信息，而没有反映任何其他信息，因此交易者可以通过分析历史价格来获得超额利润。半强效市场是指市场上反映了所有公开信息，但没有反映非公开信息，因此交易者可以通过获得非公开信息来获得超额利润。强效市场则是指市场上已经反映了所有的信息，包括公开信息和非公开信息，因此交易者无法获得超额利润。

评价一个市场效率通常需要考虑市场的信息获取成本、信息披露和交易成本等因素。信息获取成本越低，信息披露越充分，交易成本越低，市场效率就越高。

市场效率理论有很多，如有效市场假说、行为金融学理论等，其中最有代表性的是有效市场假说。有效市场假说认为，市场上的价格反映了所有可得到的信息，因此交易者无法获得超额利润。这个理论支持强效市场的概念，并且认为市场是自我纠正的，因为交易者会根据新信息来调整价格。

除了理论，市场效率的评价标准还包括交易者是否能够获得超额利润、交易者是否能够预测市场价格、市场价格是否符合统计学分布、市场波动是否稳定，等等。这些标准可以用来评价市场效率的不同形式。

有效市场假说的优点在于它提供了一种简单、明确的解释市场价格形成的机制，并鼓励投资者进行长期投资，而不是通过短期的交易来获得超额利润。此外，有效市场假说还有助于保护投资者免受欺诈和操纵。

然而，有效市场假说也存在不足之处。首先，市场并不总是反映所有可得到的信息，特别是一些非公开信息，这可能导致市场的不完善性。例如，内幕交易者可以利用其掌握的非公开信息获得超额利润。其次，有效市场假说假设投资者是理性的，能够准确地估计资产的价值。但是，实际上投资者可能会出现诸如过度自信、情感影响等的行为偏差，从而影响他们的投资决策。最后，有效市场假说忽略了市场中的交易成本，这可能会影响交易者的决策和市场价格的形成。

综上所述，有效市场假说有其合理的成分，但它并不能完美地描述市场的真实情况。我们需要考虑其他因素，如信息不对称、投资者的行为偏差、交易成本等，来更好地理解市场的运作。

反转现象是指市场并非总是有效的。对于投资者来说，必须以价格为根本出发点。事实多次证明，无论多好的股票，如果买进价格过高，那么都会变成失败的投资。同时，很少有资产差到以足够低的价格买进都不能转化为成功投资的地步。反转现象的理论和逻辑可以从不同的角度进行解释。

一种解释是基于市场过度反应的假设。当某些资产表现出色时，投资者可能会过度买入这些资产，导致它们的价格被推高。比如"喝酒吃药"行情中，以贵州茅台为代表的白酒股价格被推上了历史巅峰，随后出现了较为明显的踩踏下跌，"药茅"片仔癀同样也从股价巅峰出现大幅下跌。同样，当某些资产表现不佳时，投资者可能会过度卖出这些资产，导致它们的价格被推低。随着时间的推移，市场可能会逐渐意识到这些过度反应，并开始逆转这些趋势。比如中央企业长期受市场冷落，中国特色估值体系提出后，其股价出现了较好的修复行情走势。

另一种解释是基于市场风险和回报的权衡。市场上表现良好的资产通常具有较高的价格和较低的风险，但是这些资产的回报也可能较低。比如新能源板块被市场充分发掘后，纷纷见顶回落。相反，表现不佳的资产通常具有较低的价格和较高的风险，但是这些资产的回报也可能较高。比如保险股2020年以来经过两三年的风险释放，又进入了价值修复的区域。随着时间的推移，市场可能会重新平衡这些不同的风险和回报，导致反转现象的出现。

无论哪种解释，反转现象的出现都意味着投资者不能仅仅依靠过去的表现来作出投资决策。他们需要考虑更多的因素，如基本面分析、市场风险、投资组合多样化等，来帮助他们作出更准确的预测和更明智的投资决策。

反转现象与均值回归定理有一定的联系。均值回归定理是指，如果一个资产价格偏离了其长期平均价值，那么它最终会回归到这个平均值。这个定理适用于许多资产，包括股票、商品、货币等。

与均值回归定理类似，反转现象也是指价格偏离其长期趋势并最终回归到这个趋势。这个趋势可以是市场平均值，也可以是其他基本面因素。因此，反转现象可以被视为均值回归定理的特定情况，其中价格偏离长期平均值的资产最终会回归到这个平均值。这是一个重要的概念，它解释了好股票也并非只涨不跌，受制于均值回归和反转现象，"贵州茅台"同样可以出现大幅下跌的现象。

需要注意的是，反转现象与均值回归定理之间并不完全重叠。反转现象可能涉及更多的短期价格波动和市场情绪的影响，而均值回归定理则更注重长期的基本面因素。因此，投资者需要综合考虑这些因素，以制定有效的投资策略。

在股票市场中，一些股票可能在一段时间内表现良好，吸引投资者的关注并推高它们的价格。然而，这些股票的价格可能因为市场过度反应而被推高，而在未来的一段时间内可能会出现反转现象。同样，一些股票可能由于市场情绪或基本面因素的影响而表现不佳，但在未来的一段时间内可能会出现反转现象。

市场效率和反转现象的原理和证据

市场效率理论的核心是信息对称和完美理解。这意味着市场中有许多投资者，他们分享着大致相同的信息渠道。他们聪明、客观、有高度的积极性并且辛勤地工作。他们的推断逻辑广为人知并被广泛采用。由于参与者的共同努力，信息得以完全并且迅速地在股票市场的价格上反映出来。由于市场参与者会立即买进价格过低的资产，并卖出价格过高的资产，因此资产的绝对价格以及彼此之间的相对价格是公平的。因此，市场价格代表了对资产内在价值的准确估计，任何参与者都不能连续识别市场的错误并从中连续获利。

但是，反转现象表明，市场并非总是有效的。价格可以出现偏离其真实价值的情况，从而提供了投资机会。例如，当市场情绪过度悲观时，股票价格可能会低于其真实价值。反之，当市场情绪过度乐观时，股票价格则可能高于其真实价值。投资者可以通过发现这些价格偏离来获得超额收益。

市场效率和反转现象的证据来自大量的经验研究和学术研究。下面分别介绍市场效率和反转现象的证据。

1. 市场效率的证据

（1）随机漫步理论。随机漫步理论认为未来的股票价格是不可预测的，因为它们基于随机事件和信息。这意味着，投资者无法通过分析历史价格来预测未来价格。

（2）市场的自我纠正机制。市场上的投资者根据其个人的信息和利益作出决策，并且市场上的交易活动可以帮助价格逐渐接近其真实价值。这种自我纠正机制可以使市场更加有效。

（3）资产的回报与风险相关。长期来看，资产的预期回报与其风险是相关的。这意味着，投资者可以通过承担更高的风险来获得更高的回报，而不是通过寻找市场不足来获得超额回报。

2. 反转现象的证据

（1）价值投资策略的成功。价值投资策略是一种寻找被市场低估的股票的投资策略。研究表明，价值投资策略在长期投资中是成功的，即在市场情绪过度悲观时，反而可以利用市场错误买入被低估的股票获得超额利润。

（2）动量投资策略的成功。动量投资策略是一种寻找市场上表现良好的资产的投资策略。研究表明，动量投资策略在短期交易中是成功的，即使在市场情绪过度乐观时，也可以利用市场惯性获得超额利润。

（3）风险溢价的存在。风险溢价是指高风险资产的预期回报高于低风险资产的预期回报。这表明市场并不总是有效的，因为投资者可以通过接受更高的风险来获得超额收益。

总之，市场效率和反转现象的证据来自大量的经验和学术研究。虽然市场效率理论认为市场是有效的，但反转现象证明市场并不总是有效的，因此投资者仍然有机会在市场上获得超额回报。

如何利用市场效率和反转现象

利用市场效率和反转现象制定投资策略，需要根据自己的投资目标和风险偏好，选择适合自己的投资策略，理解这两个重要概念能够帮助投资者建立自己的个人投资风格，在本书的下篇将重点展开阐述。以下是一些常见的投资策略。

（1）被动投资策略。被动投资策略是指投资者通过持有市场指数基金等被动投资工具，实现市场平均回报。这种策略适合那些希望获得市场平均回报、不想花费太多时间和精力管理投资组合的投资者。

被动投资策略的代表人物是约翰·博格尔（John Bogle），他是美国资深的投资家和商业领袖。他于 1975 年创建了第一个指数基金，并成为被动投资策略的先驱者。博格尔创立的旗下公司先锋领航集团（Vanguard Group）是目前世界上最大的指数基金供应商之一，管理着数千亿美元的资产。先锋领航集团的指数基金以低廉的费用和简单的操作方式闻名，它们的表现通常能够跑赢大多数主动管理基金。

（2）价值投资策略。价值投资策略是指投资者寻找市场上被低估的股票，购买它们并等待市场意识到它们的真实价值。这种策略适合那些寻找长期投资机会、有耐心和足够风险承受能力的投资者。

价值投资策略的代表人物是沃伦·巴菲特（Warren Buffett），他是世界上最著名的投资家之一。巴菲特是伯克希尔哈撒韦（Berkshire Hathaway）的创始人和董事长，他的投资哲学强调价值投资和长期持有。巴菲特通过选择被低估的股票，并持续持有它们多年，获得了巨大的收益。他曾经在伯克希尔哈撒韦的股票中获得了超过 20% 的年化回报率。

（3）动量投资策略。动量投资策略是指投资者寻找市场上表现良好的资产，购买它们并希望它们在未来继续表现良好。这种策略适合那些寻找短期交易机会、有足够风险承受能力和能够快速作出决策的投资者。

动量投资策略的代表人物是安德鲁·洛（Andrew Lo），他是一位杰出的金融学家和投资管理人。洛是麻省理工学院金融工程实验室主任，他的研究领域包括资产定价、市场微观结构和风险管理等。他的研究表明，动量投资可以在一定程度上产生超额收益，并且可以在不同市场和行业之间有效地切换。他也是一位成功的投资者，他的对冲基金阿尔法简单投资组合（AlphaSimplex Group）在过去 10 年里获得了年均回报率超过 10% 的良好表现。

（4）对冲基金策略。对冲基金策略是指投资者利用复杂的金融工具、技术和策略，以获得绝对回报并对冲市场风险。这种策略适合那些寻找高风险高回报、对市场情况有独到见解和足够资金承受能力的投资者。

总之，利用市场效率和反转现象制定投资策略需要根据自

推断力：写给中国投资者的股市行为学

己的投资目标和风险偏好选择适合自己的策略。无论选择哪种策略，都需要进行充分的市场研究和风险评估，以最小化投资风险并获得最大的回报。

对冲基金策略的代表人物是雷·达里奥（Ray Dalio），他是全球最大的对冲基金——桥水基金（Bridgewater Associates）的创始人和共同董事长。达里奥是一位成功的投资家和企业家，他的投资哲学强调风险控制和多元化。他利用复杂的金融工具和数据分析，帮助桥水基金在过去几十年里获得了良好的表现，其旗舰基金纯粹阿尔法（Pure Alpha）的年化回报率超过10%。

以上是这四种策略和代表人物及成果的简要介绍，虽然每个人的投资风格和表现都有所不同，但他们的成功经验值得投资者借鉴和学习。

投资者可以利用市场效率和反转现象来建立自己的投资风格，以下是一些建议。

（1）确定自己的投资目标和风险偏好。投资者应该首先确定自己的投资目标和风险偏好，以制定适合自己的投资策略。

（2）研究市场效率和反转现象。投资者需要深入研究市场效率和反转现象的概念、原理和应用，以便能够更好地理解市场并制定相应的投资策略。

（3）制定投资策略。投资者可以考虑采用被动投资策略或者价值投资策略，这些策略基于市场效率的理论。同时，投资者也可以考虑采用动量投资策略或对冲基金策略，这些策略均基于反转现象的理论。

（4）选择合适的投资工具。投资者可以选择指数基金、价值股票、对冲基金等不同的投资工具，以实现自己的投资策略。

（5）定期检查和调整投资组合：投资者应该定期检查和调整自己的投资组合，以确保其符合自己的投资目标和风险偏好，并且能够适应市场的变化。

总之，投资者应该深入理解市场效率和反转现象的概念，并制定适合自己的投资策略，选择合适的投资工具，并定期检查和调整自己的投资组合，以实现自己的投资目标。

第七章

如何提高交易的成功率

在股市投资中，推断力新范式的核心任务是在不确定中发现有价值的可靠趋势并付诸行动。股市的价格波动虽然变幻莫测，但也不是无迹可寻。投资者的潜能可以在不断学习和实战磨炼中得到有效激发。股市行为学正是提供了一条提升认知的路径。利用股市行为学知识提高交易成功率的方法如下。

（1）了解股市行为学基本原理。投资者需要了解股市行为学的基本原理，如市场情绪、投资者群体心理等。这有助于投资者更好地理解股市变化，制定合适的投资策略。

（2）精通技术分析。技术分析是一种基于股票价格走势的分析方法，它可以帮助投资者识别市场趋势和价格波动，掌握交易时机。

（3）避免"羊群效应"。投资者需要避免"羊群效应"，保持理性思考，制定合适的投资决策。

（4）控制情绪波动。投资者的情绪波动会影响投资决策的准确性和成功率。投资者需要控制自己的情绪波动，保持理性思考，以便更好地利用股市行为学的知识。

（5）了解投资者心理偏差。投资者心理偏差是指投资者在投资过程中由于心理原因作出的错误决策。了解投资者心理偏差，可以帮助投资者更好地理解自己的行为和思考方式，从而避免心理偏差对投资决策的影响。

综上所述，利用股市行为学的知识可以帮助投资者更好地理解股市变化，制定合适的投资策略，从而提高交易成功率。投资者需要了解股市行为学的基本原理、精通技术分析、避免"羊群效应"、控制情绪波动、了解投资者心理偏差等，以提高交易成功率。这更是提高推断力和推断成本分析能力的重要一环。

如何有效制定投资策略

利用股市行为学的知识制定投资策略的主要思路是，根据投资者的心理和行为特点制定相应的投资策略。以下是一些常用的策略。

（1）反向思考。投资者可以通过反向思考，即假设市场出现反常现象，来寻找投资机会。例如，当市场出现过度买入的情况时，投资者可以考虑卖出股票。

沃伦·巴菲特是反向思考策略的一个典型代表。他在投资时常常关注市场中的反常现象，如过度买入或过度卖出的情况，并在此基础上制定投资决策。例如，在 2008 年金融危机期间，巴菲特在市场下跌时大举购买股票。

（2）能力圈。投资者可以利用个人能力圈的原理，即倾向于寻找自己熟知并与自己观点相符的信息，来制定投资策略。例如，如果一个投资者看懂某个行业并相信该行业前景看好，他可以寻找相关的信息来证实自己的观点。

彼得·林奇是利用能力圈策略的经典投资者。他在投资时喜欢寻找与自己观点相符的信息，并将其作为投资决策的依据。例如，他曾经看好美国的农业行业，并在此基础上投资了美国的农业股票。这意味着投资自己看得懂的股票至关重要。

（3）长期投资。长期投资是一种避免行为偏差的策略。投资者可以通过长期持有股票来规避短期市场波动，从而获得更加稳定的收益。

沃伦·巴菲特是长期投资策略的代表。他常常选择持续增长的优秀企业进行投资，并且持有这些股票数年甚至数十年。例如，他在 1965 年购买了可口可乐的股票，至今仍然持有。

（4）多元化投资。多元化投资是一种分散风险的策略。投资者可以将资金分配到不同的股票、行业和地区，从而降低投资风险。

雷·达里奥是多元化投资策略的代表。他在管理投资组合时喜欢将资产分散到不同的行业和资产类别中，并且不断调整投资组合，以适应市场变化。例如，他在 2008 年金融危机期间将部分资产从股票转移至黄金等避险资产。

（5）投资组合理论。投资组合理论是一种基于风险和收益之间的关系，投资者可以根据不同的风险偏好和收益目标，选择不同的投资组合。

哈里·马科维茨是投资组合理论的创立者之一。他认为，通过优化投资组合，可以在保持风险不变的情况下提高收益。他提出了资产组合理论（modern portfolio theory），并开发了投资组合优化模型，为投资者提供了有效的资产配置方法。

综上所述，利用股市行为学的知识制定投资策略，需要对投资者的心理和行为特点有深刻的理解。投资者应该根据自己的风险偏好和投资目标，选择适合自己的投资策略，并且在实践中不断总结经验，不断完善。投资者应该时刻保持冷静和客观，避免过度自信和确认偏差的影响，多元化投资，并且对所投资的对象进行充分的研究。这些策略可以有效地预防投资偏差，提高投资成功的概率。

股市行为学是一门研究投资者心理和市场行为的学科。它研究的是投资者的心理状况、预期、决策方式和行为模式等因素对股市走势和股票价格的影响，旨在帮助投资者深入了解市场的本质和内在规律，从而制定更加科学和有效的交易策略，提高交易成功率。

以下是一些基于股市行为学的交易策略。

（1）趋势交易策略。趋势交易策略是一种基于价格趋势的交易策略。股市行为学认为，趋势是市场中最基本的规律之一。投资者可以通过观察股票价格的趋势，发现市场的方向并顺应趋势进行交易。

（2）逆势交易策略。逆势交易策略是一种与趋势交易相反的策略，它是基于反向思考的。逆势交易认为，当大多数投资者都认为价格会上涨或下跌时，市场可能已经出现了转折。因此，逆势交易者会在市场达到极端位置时进场。

（3）均值回归交易策略。均值回归交易策略是基于股票价格的波动特性来制定的。股市行为学认为，股票价格会随机波动，但它们总是围绕着其均值波动。均值回归交易者会在价格偏离其均值时进场，以便获得回归的利润。

（4）前瞻性交易策略。前瞻性交易策略基于对股票市场未来走势的预测。股市行为学认为，投资者的情绪和情感可以影响股票价格的走势。因此，前瞻性交易者会根据市场情绪和情感，预测未来的股票价格走势，并制定相应的交易策略。

（5）短线交易策略。短线交易策略是基于短期市场波动特性而制定的。这种策略通常依赖于技术分析和市场趋势的观察，以便在短期内获得利润。

如何管理情绪和预防投资偏差

投资者情绪化和投资偏差的具体表现如下。

（1）过度自信。情绪化的投资者可能会过度自信，认为自己能够预测市场的走向或者预测某些股票的表现。

（2）恐慌。当市场出现波动时，情绪化的投资者可能会失去耐心和信心，从而作出恐慌式的投资决策。

（3）依赖某些信息。情绪化的投资者可能会忽略与自己观点不符的信息，并且过度依赖与自己观点相符的信息。

（4）过度集中投资。情绪化的投资者可能会过度集中投资于某些行业或个股，从而增加投资组合风险。

投资者的情绪和偏见是导致错误决策和投资亏损的主要原因之一。情绪化和投资偏差可能导致以下后果。

（1）错误的投资决策。当投资者受到情绪影响时，他们可能会作出错误的投资决策。例如，当市场出现剧烈波动时，情绪化的投资者可能会过度反应，从而导致损失。

（2）投资损失。当投资者作出错误的投资决策时，他们可能会面临损失。例如，如果投资者过度集中投资于某个行业或个股，当该行业或个股出现问题时，他们可能会损失严重。

（3）错误的投资判断。情绪化的投资者可能会高估或低估某些投资对象的价值。例如，当投资者情绪低落时，他们可能会低估某些股票的价值，从而错失机会。

（4）风险增加。当投资者过度集中投资于某些行业或个股时，他们的投资组合风险会增加，因为当这些行业或个股发生问题时，他们的投资组合可能会受到重创。

以下是一些帮助投资者克服情绪和偏见的方法。

（1）制订明确的投资计划。投资者应该制订明确的投资计划，包括投资目标、风险承受能力、投资策略和时间周期等。这样可以帮助投资者在决策时更理性、更客观，并避免冲动行为。

（2）学习投资心理学。投资者可以学习投资心理学，了解自己的投资偏好和情感反应，并学习如何控制情绪和偏见，以便作出更明智的投资决策。

（3）科学分析数据。投资者应该学会科学分析和利用数据，而非凭借主观感受和偏见进行决策。这包括对公司基本面、经济指标、市场走势等数据的准确分析和评估。

（4）避免跟风投资。投资者应该避免跟风投资，因为跟风投资可能导致投资者决策受到其他人的影响，而非自己的判断。投资者应该保持独立思考和分析的能力，避免盲目跟从市场热点。

（5）保持冷静和耐心。投资者应该保持冷静和耐心，不要因为市场波动或投资亏损而过度情绪化或失去耐心。这样可以帮助投资者更好地控制情绪和偏见，以便作出更明智的投资决策。

如何应对股市波动和风险

识别风险往往从投资者意识到掉以轻心、盲目乐观并因此对某项资产出价过高时开始。换句话说，高风险主要伴随高价格而出现。无论是对被估价过高从而定价过高的个股，还是对在看涨情绪支持下价格高企的整体市场，在高价时不知规避反而蜂拥而上都是风险的主要来源。以下是几种应对股市波动和风险的方法，可以帮助投资者保持投资成功。

（1）分散投资。分散投资是指投资者将资金分散到不同的投资品种中，包括股票、债券、房地产等，以减少投资组合的风险。分散投资可以帮助投资者降低投资组合的波动性，从而保持长期的稳定回报。

（2）长期投资。长期投资是指把资金投入长期增长的潜在股票和基金中，能够帮助投资者在市场波动期间保持稳定。持有股票和基金的时间越长，风险就越低，因为市场波动和风险在长期内平均分布。

（3）做好投资规划。投资者应该制订一份全面的投资规划，包括投资目标、风险承受能力、资产分配和退出策略等。有一份明确的投资规划可以帮助投资者避免情绪化的投资决策，并且保持投资组合的稳定。

（4）关注基本面。投资者应该关注所投资公司或产业的基本面，了解其财务状况、管理层、市场竞争力等，以便能够作出更明智的投资决策。

（5）控制情绪。投资者应该学会控制情绪，保持冷静和客观。当市场出现剧烈波动时，投资者不应该恐慌或过度反应，而应该保持冷静，根据自己的投资规划调整投资组合。

（6）调整投资组合。投资者应该根据市场情况及时调整投资组合，以适应市场变化。例如，在市场下跌期间可以增加持有现金的比例，以保护投资组合。

股市波动和风险有很多具体表现形式，以下是一些主要的表现形式。

（1）股价波动。股价波动是股市最为显著的表现形式，它是指股票价格在一定时间内发生的涨跌幅度。股价波动可能是由于公司业绩、市场环境、政策调整等多种因素导致的。

（2）市场情绪变化。市场情绪是指投资者对市场走势的心理感受和预期。当市场情绪转向悲观时，投资者通常会采取抛售股票等措施，导致股市下跌；反之，当市场情绪转向乐观时，投资者通常会采取购买股票等措施，导致股市上涨。

（3）资金流动。资金流动是指投资者资金在股市中的变动。当投资者大量抛售股票时，股市中的资金流动速度会加快，股市可能会出现下跌趋势；反之，当投资者大量购买股票时，股市中的资金流动速度会减慢，股市可能会出现上涨趋势。

（4）经济环境变化。经济环境是指宏观经济形势的变化，包括通货膨胀、利率、失业率等方面的变化。当经济环境恶化时，股市可能会出现下跌趋势；反之，当经济环境好转时，股市可能会出现上涨趋势。但股市和经济并非完全同步，股市可能出现提前或滞后反映经济的现象。

（5）政策变化。政策变化是指政府发布的各种经济政策、财政政策、货币政策等的变化。政策变化可能会对股市产生影响，例如政府实施刺激经济政策时，股市可能会出现上涨趋势。

投资者面对股市波动和风险时，往往会出现贪婪和恐惧的情绪，从而导致投资失败。贯穿长期投资成功之路的，是风险控制而不是冒进。以下是一些帮助投资者克服贪婪和恐惧的方法。

（1）明确合理预期。包括理性理解股市、避免追求完美，更不能试图"一夜暴富"等方面，以便在决策时更理性、更客观，并避免冲动行为。

（2）合理配置资产。不要将所有资金集中于某一股票或某一行业，而应该将资金合理配置于多只股票和行业以分散风险。

（3）本金安全第一。如要力图做到买入谨慎，分批建仓，而卖出要坚决，切不可拖泥带水。

（4）学习投资心理学。了解自己的投资偏好和情感反应，并学习如何控制情绪和偏见，以便作出更明智的投资决策。

（5）谨慎跟风投资。投资者应该保持独立思考和分析的能力，及早认知市场风潮，避免高位跟从市场热点，盲目接盘。

（6）保持冷静和耐心。不要因为市场波动或投资亏损而过度情绪化或失去耐心。这样可以帮助投资者更好地控制情绪和偏见，以便作出更明智的投资决策。

第八章

案例分析和实证研究

　　股市行为学是一门涉及心理学和经济学的交叉学科，它通过研究投资者的行为和决策方式来解释股市的行为和波动。在股市行为学中，投资者的情绪和认知偏差被认为是导致股市价格波动的主要原因，这些偏差包括过度自信、羊群效应、损失厌恶等。本章主要内容是，股市行为学案例分析和实证研究的内容和意义。

　　在股市行为学的研究中，实证研究是非常重要的一部分。实证研究可以帮助我们验证理论和模型的准确性及其在实践中的应用。实证研究通常包括数据收集、假设检验和模型建立。

　　我们以投资者情绪对股市价格的影响为例。研究采用了大量的历史数据并通过回归分析来建立情绪指数和股市价格之间的关系模型。情绪指数是通过对市场板块的新闻报道进行情感分析得到的，包括正面情绪、负面情绪和中性情绪。研究结果表明，投资者负面情绪与股市价格之间存在显著的负相关关系，而正面情绪与股市价格之间的关系相对较弱。这个结论表明，情绪对投资者决策和股市波动有着重要的影响，尤其是当投资者情绪偏向负面时，股市价格会受到明显的影响。

实证研究具有重要的意义。首先，它为我们深入理解股市行为学提供了实证依据。其次，它揭示了投资者情绪对股市行为的作用，这可以帮助投资者更好地理解市场行情和制定更合理的投资策略。最后，它还为金融学和行为科学的交叉研究提供了新的思路和方法。

总之，股市行为学的案例分析和实证研究是解释股市行情和波动的重要工具。通过研究投资者的行为和决策方式，我们可以更好地理解股市价格波动的原因和规律，从而更好地应对市场风险和机遇。

股市行为学的案例和实证

通过案例分析和实证研究，我们可以更深入地了解股市行为学的主题和相关理论。

首先，我们可以通过案例分析和实证研究来探讨投资者的心理和行为对市场走势的影响。例如，我们可以研究投资者的情绪和预期对市场的影响，以及他们的投资决策如何受到市场信息和社交因素的影响。这些研究可以揭示投资者行为的规律和趋势，以及市场的反应和波动。

其次，我们可以通过案例分析和实证研究来探讨投资策略和市场的效率。例如，我们可以研究股票市场上的价值投资和技术投资策略，以及它们的优缺点和适用条件。我们还可以研究市场的效率和有效性，以确定是否存在股票市场的异常收益和投资机会。

最后，我们可以通过案例分析和实证研究来探讨投资风险和收益的关系。例如，我们可以研究投资组合的风险和收益之间的关系，以确定最优的投资组合和风险控制策略。我们还可以研究市场的风险和收益之间的关系，以确定投资者应该如何平衡风险和收益，并制定相应的投资策略。

当谈到投资者的心理和行为对市场走势的影响时，许多研究都提出了有趣的案例和发现。以说明投资者的心理和行为如何影响市场走势。

（1）"羊群效应"。例如，当一些投资者开始大量购买某只股票时，其他投资者也可能会跟随购买，从而导致股票价格的暴涨。相反，当一些投资者开始抛售某只股票时，其他投资者也可能会跟随抛售，从而导致股票价格的暴跌。这种"羊群效应"对市场行为的影响已经在许多研究中得到证实。

当投资者看到其他人对某只股票的购买行为时，他们自己也会更有可能购买这只股票。当某只股票的交易量增加时，投资者更有可能跟随其他人的行为进行交易。投资者的心理和行为可以对市场走势产生重大影响，并加剧市场价格的波动。

（2）过度自信。过度自信是指投资者过于自信地估计自己的能力和知识，从而导致错误的投资决策。例如，当投资者过度自信时，他们可能会高估自己的投资能力，低估风险的存在，从而导致投资组合的不均衡和收益的下降，进而影响市场的走势。

当投资者遭受损失时，他们的投资决策更加冒险和不稳定。他们更有可能进行过度交易，从而导致投资组合的不稳定和收益的下降。表明投资者的心理和行为可以对市场走势产生重大影响，并导致市场的不稳定和收益的下降。

（3）确认偏差。确认偏差是指投资者寻找和接受与自己观点相符的信息，而忽略与自己观点不符的信息。例如，当投资者对某只股票持有特定的观点时，他们可能会寻找和接受支持这种观点的信息，而忽略与这种观点不符的信息。这种确认偏差会导致投资者忽略重要信息和作出错误的投资决策。

当投资者只接受与自己观点相符的信息时，他们更有可能进行过度交易，从而导致投资组合的不稳定和收益的下降。

（4）趋势跟随。趋势跟随是指投资者倾向于跟随市场的趋势进行投资决策。这种心理现象在市场中非常普遍，尤其是在技术分析投资中。例如，在股市价格处于上涨趋势时，许多投资者会认为市场处于牛市，会把资金投入股市；而在股市价格处于下跌趋势时，许多投资者会认为市场处于熊市，会选择抛售股票。

这些案例和实证研究表明，投资者的心理和行为对市场走势产生了深远的影响。这些影响因素可以导致市场的波动和价格的变化，投资者需要理性对待市场，避免情绪化的投资决策。

价值投资和技术投资是两种常见的投资策略，它们都有自己的优缺点和适用条件。以下是对价值投资和技术投资的详细阐述，以及它们之间的比较。

（1）价值投资策略。价值投资是一种投资策略，它的核心理念是购买低估的股票，即股票价格低于其内在价值。价值投资者相信市场会短暂地低估一些股票，因此他们会尽可能地找到这些市场低估的机会，购买这些股票并长期持有。

· **优点**

长期稳定收益：价值投资策略通常注重长期持有股票，可以获得长期稳定的投资回报；

风险控制：由于价值投资者关注的是内在价值，而不是市场价格，因此他们可以更好地控制风险，避免过度投资；

稳健的回报：价值投资策略通常注重基本面分析，因此可以获得相对稳健的回报。

· **缺点**

缺乏灵活性：由于价值投资策略通常需要长期持有股票，因此缺乏灵活性，不能快速应对市场变化；

依赖基本面：价值投资策略需要进行基本面分析，如果公司的基本面产生变化，则可能导致策略的失败。

· **适用条件**

适合长期投资者，注重稳健回报的投资者；

适合那些喜欢基本面分析的投资者。

· 案例分析

巴菲特是价值投资领域的代表人物。他在伯克希尔哈撒韦公司的投资策略中采用了价值投资策略，长期持有投资组合中的股票。

· 实证研究

根据历史数据，价值投资策略通常可以获得相对稳健的回报。这项研究是由美国普林斯顿大学的经济学教授罗伯特·F. 法马（Robert F. Fisher）和麻省理工学院的经济学教授约瑟夫·E. 弗伦奇（Joseph E. French）于 1934 年提出的。他们发现，市场上的低估股在长期内可以获得超过市场平均水平的回报。

（2）技术投资策略。技术投资是一种投资策略，它的核心理念是通过分析历史价格和交易量数据，预测市场走势并制定投资决策。技术投资者相信市场会出现一些规律性走势，因此他们通过技术分析来寻找这些规律，并制定投资策略。

· 优点

灵活性：技术投资策略通常可以快速应对市场变化，灵活调整投资策略。

盈利机会：技术投资策略可以发现短期内的市场走势，可以获得短期内的盈利机会。

技术含量高：技术投资策略需要进行技术分析，因此技术含量高，需要具备相应的技术分析技能。

· 缺点

风险较高：由于技术投资策略注重短期投资，因此风险较高，容易出现交易失误。

依赖历史数据：技术投资策略依赖于历史价格和交易量。

技术分析方法简单易懂，容易上手。它能够直接反映市场的供需关系，避免了基本面分析中存在的信息滞后问题。技术分析方法能够有效避免情绪化决策、依靠数据和指标进行决策，提高了决策的客观性。

然而，技术分析方法存在着过度拟合的风险，因为技术指标的设置和参数的选择会直接影响到分析的结果；技术分析方法只能反映市场的技术面，忽略了市场的基本面，因此不能完全确定股票的价值，只能作出短期预测，不能长期预测股票的走势。下面是技术分析方法的适用条件。

·适用条件

适用于股票市场趋势性行情的情况，对于横向震荡的情况不太适用；

适用于对市场走势敏感的投资者，对于长期持股的投资者不太适用；

适用于对技术分析方法有较为深入了解的投资者，对于初学者存在易学难精的挑战。

针对某只股票，投资者可以通过技术分析方法制定买入策略，比如当某个指标突破了某个关键位时，预示着股票价格即将上涨，投资者可以及时调整持仓，获得更多的收益。

实证研究成果方面，有一些研究表明，在一定条件下，技术投资策略能够实现超额收益。但是，由于市场的复杂性和多变性，技术投资策略的实证研究结果存在很大差异，投资者在使用技术投资策略时应当保持谨慎，并结合自身的投资经验和风险承受能力，制定合适的投资策略。

不同市场和股票的行为特征和规律

不同市场和股票具有不同的行为特征和规律，主要包括以下几个方面。

（1）不同市场之间的行为特征和规律。不同国家的股市之间存在着不同的行为特征和规律。例如，美国股市通常被认为是全球最为活跃、最为成熟的股市之一，其行情受到全球投资者的密切关注。而欧洲、亚洲等地区的股市则有着各自的特点和规律。

（2）不同股票之间的行为特征和规律。不同的股票之间也存在着不同的行为特征和规律。例如，一些成长型股票通常会有较高的收益，但也伴随较高的风险和较大的波动。而一些价值型股票则通常被认为有较为稳定的业绩和较低的风险。

（3）行情周期性波动。股市行情通常会周期性地波动。例如，经济萧条时期股市通常表现疲弱，而经济复苏时期股市则通常表现强劲。此外，季节性因素、政策因素等也可能影响股市行情波动。

（4）投资者情绪影响。投资者情绪对股市行情也有一定影响。例如，市场热点、恐慌情绪、市场情绪等都可能引起股市行情短期内的剧烈波动。

（5）其他因素。除了以上因素，股市行情还受到多种因素的影响，如公司财务状况、宏观经济环境、政治环境等。

中美股市之间存在着不同的行为特征和规律，主要表现在以下几个方面。

（1）市场规模和成熟程度不同。美国股市规模大、市值体量高、市场流动性好、交易成本低、参与者众多、信息透明度高，因此市场成熟程度高、波动性相对稳定；而中国股市的规模较小、市值体量相对较小、交易成本较高、参与者相对较少，市场规范性和信息透明度仍有待提高，因此相对不稳定。

（2）行业结构不同。美国股市的行业结构相对分散，各行业的市值占比相对平衡，而中国股市的行业结构相对单一，金融、地产、资源等板块占比较大，因此中国股市的行业集中度高，行业周期性较强，波动性也比较大。

（3）市场情绪影响不同。中国股市的情绪影响相对较大，市场热点和投资热情变化较快，而美国股市的情绪影响相对较小，投资者更加理性，市场走势也较为稳定。

（4）监管政策不同。美国证券监管机构相对独立，监管力度较大，对违法违规行为打击力度较大，市场透明度和公正性相对较高；而中国股市监管机构独立性不足，监管力度相对较弱，市场透明度和公正性有待提高。

（5）国家政策因素不同。中美两国在政策方面也存在差异，例如美国政府对于民营企业、高科技企业等给予支持，中国政府则对于国有企业、国家重点产业给予支持，这也会影响两国股市的表现和走势。

成熟股市和新兴市场之间存在着不同的行为特征和规律，主要表现在以下几个方面。

（1）市场成熟度不同。成熟股市的市场成熟度高，投资者对市场有更多的认知和了解，市场透明度和规则性较高；新兴市场由于发展历程短、参与者较少、信息不透明等原因，市场不够成熟，波动性较大。

（2）市场结构不同。成熟股市的市场结构相对较稳定，行业结构分散，行业之间相互独立性较强；新兴市场的市场结构相对较为单一，市场集中度较高，行业之间相关性较强，波动性也较大。

（3）投资者行为不同。成熟股市的投资者相对稳健，更加注重价值投资和长期投资；新兴市场的投资者则更加关注短期获利，更容易受到市场情绪和热点的影响。

（4）监管政策不同。成熟股市的监管政策相对更加完善、透明，对于市场的干预力度也相对较小；新兴市场的监管政策相对较弱，市场容易受到政策风险的影响。

中国股市热衷题材概念炒作的原因主要有以下几个方面。

（1）投资者心理因素。许多投资者缺乏长期投资的理念，更加追求短期利益，容易受到市场的情绪影响，对于热门题材和概念容易产生追涨杀跌的行为。

（2）资金面因素。资金的流动性较强，市场容易扎堆跟风炒作，而所谓的题材概念炒作往往需要较大的资金量，因此，一些热门品种会通过短期的题材炒作来吸引更多资金。

（3）媒体宣传因素。中国股市中，媒体的影响力较大，投资者也容易受到媒体的宣传影响，对于热门题材和概念的报道容易引起市场的关注和炒作。

然而，题材概念炒作也存在着一定的风险。

（1）风险较高。热门题材往往具有较高的投资风险，特别是一些新兴产业，因为其技术水平、市场需求和政策环境等方面都处于不稳定的阶段。

（2）炒作周期短。热门题材的炒作往往只持续很短的时间，如果投资者不能及时把握，就容易错过最佳的投资时机，造成投资损失。

（3）容易受到市场情绪影响。在热门题材和概念的炒作中，投资者往往受到市场情绪的影响，容易产生贪婪和恐惧心理，从而作出错误的投资决策。

因此，投资者在参与题材概念炒作时需要注意风险，控制好资金风险和心理风险，同时也要根据具体的市场情况和投资需求，制定合适的投资策略。

2015年6～8月，中国股市大幅度下跌，这场"股灾"导致中国股市市值蒸发了数万亿元人民币，其影响范围广，影响程度深。

笔者认为，股灾的成因主要是以下几个方面。

（1）杠杆资金推动股市上涨。在2015年"股灾"之前，得益于杠杆资金的大量涌入，中国股市经历了一轮上涨，但是这种上涨是不稳定的。

（2）股市泡沫因素。在上述大幅上涨的过程中，中国股市出现了泡沫，许多股票的价格明显超出了其实际价值，这也加剧了市场的不稳定性。

（3）政策因素。中国政府在 2015 年 6 月发布了一系列股市稳定政策，包括降息、降准、放宽融资等，这些政策反而加剧了股市的不稳定性和波动。

"股灾"造成的后果主要有以下几个方面。

（1）投资者损失严重。许多投资者在"股灾"中遭受大幅损失，配资爆仓的投资者损失惨重。

（2）经济影响。"股灾"对中国经济产生了巨大的负面影响，减缓了经济增长，影响了就业和社会稳定。

（3）政府干预。"股灾"发生后，中国政府采取了一系列措施来稳定股市，包括限制股票做空、财政支持、加强监管等。

总之，2015 年"股灾"是中国股市历史上的重要事件，也是一次重要的教训。它提醒着投资者和政府必须认识到股市风险和股市稳定的重要性，必须采取有效的措施来引导股市发展和保护投资者的利益。

中国股市投资者短期化行为严重的原因有多种，以下是其中的一些。

（1）相对单一的市场。中国股市相对于成熟市场来说还比较单一和不成熟，很多投资者只能通过股票市场来投资，这使得股票市场成为投机的场所。

（2）缺乏良好的信息披露机制。中国公司的信息披露机制不够完善，很多公司甚至存在着虚假宣传和财务造假等问题，这使得投资者难以获取真实的信息，容易被误导。

（3）缺乏长期投资意识。中国投资者普遍缺乏长期投资意识，更倾向于进行短线投机，这导致股市价格的大幅波动。

（4）外部因素的影响。外部因素，如政策变化、国际经济形势等也会对中国股市产生影响，导致投资者的短期化行为。

因此，加强股市监管、完善信息披露机制、推动投资者长期化投资意识的培养等是解决中国股市投机盛行、投资者短期化行为严重的重要途径。

中国股市的投资者存在推断力较低、推断成本过高的问题。这些问题的产生主要有以下几个方面。

（1）缺乏必要的知识和技能。很多中国股市投资者缺乏必要的财经知识和投资技能，导致他们在进行决策时缺乏足够的信息和分析能力。

（2）环境复杂性高。中国股市环境复杂，受政策、经济、社会和文化等多种因素的影响，这使得投资者进行推断和决策时面临较高的成本和风险。

（3）心理因素的影响。投资者的心理因素也往往会影响他们的推断力和决策能力。例如，投资者可能会因为追涨杀跌、跟风炒作等心理因素而作出不理性的决策。

为了改善这些问题，我们可以采取以下措施。

（1）提高投资者的投资知识和技能。加强投资者的培训和教育，提高他们的投资知识和技能，使其能够更加理性地进行投资决策。

（2）完善信息披露和监管机制。加强信息披露和监管机制的建设，提高市场的透明度和公平性，遏制虚假宣传和投机行为。

（3）引导投资者长期化投资。通过各种政策和措施，引导投资者形成长期化的投资理念，减少短期投机行为的发生。

（4）注重心理因素的调节。加强对投资者心理因素的研究和了解，采取相应的措施减少心理因素对投资决策的影响。

综上所述，改善中国股市投资者推断力较低、推断成本过高的问题需要全社会的共同努力，只有通过制度建设、教育培训和心理调节等多种途径的综合治理，才能有效地解决这些问题。

中国股市大众行为模式与特征

中国股市的大众行为模式可以概括为两个关键特征：情绪化和"羊群效应"。

首先，中国股市投资者的行为往往受到情绪因素的驱动，而不是基本面因素。这是因为中国股市投资者普遍缺乏基本面分析的知识和技能，导致他们更容易受到媒体报道、股市走势和其他投资者的情绪影响。

其次，中国股市投资者往往表现出"羊群效应"，即大量投资者会跟随市场趋势和其他投资者的决策，而不是进行独立思考和分析。这种行为可能导致市场出现过度波动和价格失真的情况，从而给投资者带来更高的风险和不确定性。

除此之外，中国股市的投资者也存在一些加杠杆的特征，如融资融券、借钱炒股等，这些特征也可能会影响投资者的行为模式，导致股票价格和市场波动性的变化。例如，融资融券的规模和平仓可能导致股票价格的异常波动。

因此，投资者需要了解这些模式和特征，并采取相应的投资策略和风险控制措施，以最大限度地减少风险并获得更好的投资回报。这包括根据基本面数据进行投资、避免跟随市场趋势和其他投资者的决策、掌握独立的分析技能以及采取适当的风险管理措施等。

在中国股市中，情绪化决策通常表现在以下几个具体场景中。

（1）跟风抄底或抛售。当某只股票出现大幅下跌或上涨时，一些投资者可能情绪化地决定跟随市场趋势买入或抛售该股票，而不是进行独立思考和分析。

（2）盲目追高或杀低。一些投资者可能情绪化地追逐股票的涨势，不顾股票的基本面和价值，盲目追高、打板并希望股价能够一直上涨。同样地，当股票价格下跌到跌停板时，一些投资者也可能情绪化地恐慌抛售该股票。

（3）偏重媒体报道。随着社交媒体、新闻媒体和财经媒体的普及，一些投资者可能会受到媒体报道的影响，而忽略基本面数据和其他重要信息，情绪化地作出投资决策。

（4）过度乐观或悲观。一些投资者可能会因为过度乐观或悲观而情绪化地作出决策。例如，当市场出现波动时，乐观的投资者可能会认为这是一次机会，而悲观的投资者则可能会认为市场将会崩溃。

在股市投资中，"羊群效应"是指投资者在决策时跟随其他投资者或市场趋势，而不是依据独立的分析或判断。以下是"羊群效应"的一些具体表现形式。

（1）大幅波动时投资者的反应。当股票价格出现大幅波动时，一些投资者可能会情绪化地作出决策，跟随市场趋势买入或卖出股票，而不是根据基本面数据进行分析和判断。

（2）媒体报道的影响。一些投资者可能会受到媒体报道的影响，而跟随市场趋势作出决策。例如，当媒体普遍报道某只股票时，一些投资者可能会跟随市场风向买入或卖出该股票。

（3）股票热点的影响。当某只股票成为市场热点时，一些投资者可能会跟随市场趋势买入或追高该股票，而不是根据公司的基本面和价值进行分析和判断。

（4）投资者情绪的影响。一些投资者可能会受到投资者情绪的影响，而跟随市场趋势作出决策。例如，当市场出现恐慌情绪时，一些投资者可能会情绪化地抛售股票，而不是进行独立分析和判断。

投资者入市的欲求和挑战

每个人都怀揣着自己独特的梦想和无限的潜能，但实现这些梦想需要不断地克服各种挑战。股市是一个自我挑战的平台，常常让人感到自卑和自信的交织。股市是风险和机会的

"放大镜"，它为人们追求财富和不确定下的成功提供了一种可能性。所以，股市成了许多人寻求自我实现感亦喜亦悲的场所。

然而，人们往往高估自己的能力和低估股市的风险水平。这种乐观的倾向让人们愿意冒险，选择进入股市。股市具有缩短不确定性即时反馈的独特属性，让人们极易被成功的诱惑所吸引，同时也让人们深深地畏惧失败。

在股市中，每个人都想通过学习和实践来提升自己的投资能力。因为人天生就有一种追求自我价值感的需要。股市提供了一个让个人能力自由发挥的平台，让人们能够通过不断地挑战自我来实现自我价值的追求。

这是一个充满机遇和挑战的世界，但并非所有人都适合进入这个领域。只有那些有着强烈个人求知欲和求胜欲的人才能在股市中历练成功。只有在不断地学习和实践中，才能强化自己的投资能力，实现自我升华。因此，进入股市真正的意义或许不在于成功或失败，而在于它让个人在不断挑战和实践中实现自我潜能，走出平凡，探索不甘庸常的人生。

投资者进入股市的欲求和图谋主要有以下几个方面。

（1）追求财务收益。股市的高风险和高收益特性吸引了许多投资者。他们希望通过投资股票等金融产品来提高自己的财务收益。

（2）追求自我实现感。股市提供了一个让个人能力自由发挥的平台，让人们能够通过不断地挑战自我来实现自我价值的实现。投资者希望通过不断学习和实践，提高自己的投资能力，在股市中挖掘自我潜能。

（3）追求成为专业投资者。有些投资者希望通过进入股市，成为一名专业的投资者。他们希望通过研究市场动向和公司基本面，抓住投资机会，从而获得更多的投资回报。

（4）追求风险管理。股市具有缩短不确定性即时反馈的独特属性，让人们极易被成功的诱惑所吸引，同时也让人们深深地畏惧失败。一些投资者希望通过投资股票等金融产品，实现风险管理实践，提升自己管理风险和财务收益的能力。

然而，投资者进入股市面临许多挑战，包括以下几个方面。

（1）风险管理。股市具有高度不确定性和风险，投资者必须学会如何评估和管理风险。他们需要了解不同的投资工具和策略，以最大限度地减少损失。

（2）资金管理。投资者需要学会管理自己的资金，以确保有足够的余地来承担股市的风险。他们应该制订合理的投资计划，并在投资前进行充分的预算。

（3）信息获取。投资者需要了解市场和公司的基本面，因此需要不断地获取和分析信息。他们需要了解行业和市场趋势，以及公司的财务状况和前景。

（4）心理管理。投资者需要学会控制情绪，以克服股市波动和不确定性带来的情感压力。他们需要保持冷静和理性，避免冲动的决策。

（5）知识管理。投资者需要不断学习和提高自己的知识水平，以应对复杂的股市环境。他们需要了解各种投资工具和策略，并不断探索新的投资机会。

以下是一些进入股市后典型的成功或失败的投资案例。

·**成功案例**

沃伦·巴菲特：他是世界上最著名的股票投资者之一，以长期持有股票而闻名。他的投资哲学是选择稳健、有竞争力和有利润的公司，并以合理的价格购买其股票。他的投资策略为自己带来了巨大的成功。其在 2008 年的福布斯排行榜上财富超过比尔·盖茨，成为世界首富。

彼得·林奇：他是一位著名的基金经理，管理着弗吉尼亚州立大学的马格南基金。他的投资策略是选择稳健的成长型公司，并以合理的价格购买它们的股票。他的投资策略已经带来了巨大的成功，他管理的基金的回报率已经超过了大多数基金。

·**失败案例**

亚瑟·安德森：他是一位著名的投资者和基金经理，曾经管理着纽约州立共同退休基金。他的投资策略是选择高风险的股票，并采用杠杆交易来增加回报率。然而，他的投资策略最终失败了，在 2001 年的互联网泡沫破灭中损失惨重。

约翰·卡特：他是一位著名的股票投资者，曾经管理着弗吉尼亚州立大学的马格南基金。他的投资策略是选择高风险、高回报的股票，并采用杠杆交易来增加回报率。然而他在 2008 年的金融危机中损失惨重。

股市行为学的应用前景和挑战

股市行为学是一门研究投资者心理、行为和决策的学科。

1. 应用前景

（1）更好地理解投资者决策。股市行为学的理论可以帮助我们更好地理解投资者的决策过程和思考方式，这对于制定有效的投资策略和监管政策都非常有帮助。

（2）提高投资收益和风险控制。理解投资者的心理和行为可以帮助投资者更好地掌握市场情况，制定科学的投资策略，从而提高投资收益和风险控制能力。

（3）促进市场的稳定发展。通过研究投资者的心理和行为，可以更好地了解市场的动态和演化规律并及时纠错，从而有助于维护市场的稳定和健康发展。

2. 挑战

（1）数据采集和处理困难。股市行为学需要大量的投资者行为数据和市场信息数据，但这些数据的采集和处理都非常困难，因此限制了股市行为学的应用。

（2）理论的适用性和普适性有限。股市行为学的理论和方法往往是基于某些特定的情境和市场环境建立的，因此其适用性和普适性有一定的限制。

（3）没有确定的标准和方法。股市行为学是一门相对年轻的学科，其研究对象和方法都还在不断探索和完善中，因此没有确定的标准和方法，这给应用带来了一定的挑战。

（4）对投资者心理和行为的理解还不够深入。股市行为学的研究还在起步阶段，对于投资者心理和行为的理解还不够深入，需要进一步深入研究和探索。

综上所述，股市行为学作为一门新兴的学科，具有广阔的应用前景，但同时也存在一些挑战和限制。只有通过不断的研究和探索，加强数据采集和处理，完善理论和方法，才能更好地应用股市行为学，提高投资者的决策能力和市场的稳定性。

中 篇

洞悉市场的脉搏

　　市场犹如一座迷宫，错综复杂的供需关系和不可预测的变化，使得每一位市场参与者都在寻找着正确的方向。洞悉市场的脉络，就像是一位智慧的旅行者，在这个充满谜题的迷宫中，用思维的大局观念和敏锐的洞察力，找到隐藏的机会。

影响股价涨跌的因素及分析方法

　　股市的波动是不可避免的，投资者面临的挑战也是层出不穷的。股价总是围绕其内在价值涨跌无常，形成连绵不断、高低起伏的峰谷和趋势。

　　价值是指商品或服务所具有的满足人们需求和带来福利的特征或特性。价值与人们对商品或服务的需求有关，当一个商品或服务能够满足人们的需求并带来福利时，它就具有了价值。价值不仅是物质的，还可以是非物质的，如艺术品、文化、品牌等。

　　价格则是指商品或服务在市场上的交换价值。它是通过供求关系和市场竞争来决定的。价格通常用货币来表示，是交易双方协商或市场竞争下的结果。价格可以是相对稳定的，也可以是波动的，取决于市场供需关系、生产成本、竞争程度等因素。

尽管价值和价格在某些情况下可能相互关联，但它们并不是完全相同的概念。价值是与商品或服务本身相关的，而价格是与交易过程和市场相关的。价格是由市场供求关系决定的，而价值则是由人们对商品或服务的需求和满足程度决定的。

在经济学中，价值理论有很多不同的学派和观点，如劳动价值论、边际效用理论等，它们试图解释价值的来源和决定因素。然而，价格往往是实际交易中的结果，涉及市场供求关系、生产成本、竞争程度等因素的影响。

总之，价值和价格是经济学中两个相关但不完全相同的概念，在股市中，价值和价格也是两个重要的概念，但它们在股市中的含义和表达方式略有不同。

股市中的价值通常指的是股票的内在价值或企业的真实价值。它是通过对企业基本面和财务状况的分析来确定的。价值投资者通常会关注企业的盈利能力、市场地位、竞争优势、未来增长潜力等因素，以确定股票的价值。价值投资者认为，股票的市场价格可能会低于或高于其内在价值，他们会寻找被低估的股票来进行投资。

股市中的价格是指股票在市场上实际交易的结果。股票的价格是由市场供求关系决定的，受投资者对企业和市场的情绪、投资者的预期、市场流动性等因素的影响。股票的价格可能会波动很大，有时可能会脱离其内在价值。

在理想情况下，股票的价格会趋向于其内在价值。当股票的价格低于其内在价值时，被视为被低估，可能会吸引投资者购买股票；当股票的价格高于其内在价值时，被视为被高估，可能会导致投资者出售股票。

然而，在股市中，投资者对价值和价格的认识和判断可能会有所不同，这也是市场上存在买入和卖出的原因。因此，在股市中，价值和价格并非总是完全一致的。

在股市中，供需受到多个因素的影响，以下是一些常见的因素。

（1）公司基本面。公司的财务状况、盈利能力、市场地位等都会对供需产生影响。如果一家公司的业绩出色，投资者可能会对其股票表现出更高的需求，从而推动股价上涨。

（2）经济环境。宏观经济环境也会对供需产生重要影响。如果经济增长强劲，市场普遍预期企业的盈利能力会提高，投资者可能会增加对股票的需求，导致股价上涨；相反，如果经济放缓或衰退，投资者可能会减少对股票的需求，导致股价下跌。

（3）利率和货币政策。利率水平和货币政策的改变也会对供需产生影响。较低的利率和宽松的货币政策可以刺激经济发展，提高企业盈利能力，从而推动股价上涨；相反，较高的利率和紧缩的货币政策可能会抑制经济增长和企业盈利能力，导致股价下跌。

（4）政策和法规变化。政策和法规的变化也可能对供需产生影响。例如，某些行业的监管政策发生变化，可能会影响企业的盈利能力和市场前景，从而影响股票的供需关系。

（5）投资者情绪和预期。投资者情绪和预期也会对供需产生影响。如果投资者对市场的信心高涨，可能会增加对股票的需求，推动股价上涨；相反，如果投资者情绪低迷或对市场前景持悲观态度，可能会减少对股票的需求，导致股价下跌。

（6）国际金融市场和汇率。当国际金融市场出现较大波动，投资者受外围股市影响也可能对供需产生影响。当人民币汇率升值时，以本币计价的股票资产可能受到提振而上涨；相反，当贬值时可能会下跌。

这些因素通常相互交织，相互影响，对供需产生复杂的影响。因此，在股市中，供需的决定因素是多样的，投资者需要密切关注这些因素并进行分析，以更好地理解股价走势。

边际定价效应的定义和意义

边际定价效应是指在市场上，边际买家或卖家的参与对价格产生的影响。边际定价效应通常与供求关系和市场的竞争程度有关。

当市场上的边际买家增加时，他们愿意支付较高的价格购买股票或资产，这会推高市场价格。反之，当市场上的边际卖家增加时，他们愿意接受较低的价格出售股票或资产，这会推低市场价格。

边际定价效应是股价形成机制中重要的理论基础，它不仅反映了市场上对股票或资产的需求和供给的变化，还对股票或资产的定价和估值产生直接影响。

边际定价效应也与市场竞争度密切相关，竞争激烈的市场往往能够通过边际定价效应实现更接近边际成本的价格。

边际定价效应使得股票市场价格可以通过最后一笔交易价格来定价或估值，这意味着市场上只需少量的交易活动即可对整个市场的股票或资产进行价值衡量。这种机制在市场的价格形成和运动规律中发挥了重要作用。

此外，边际定价效应的存在也导致市场上股票或资产的增值或减值存在杠杆效应。当在竞争激烈的市场中，边际买家或卖家的交易行为引起价格的变动时，这种价格变动往往被传导到整个市场，从而对股票或资产的价值产生重要影响。

对于研究和分析股票市场的价格形成和运动规律，以及风险管理，理解和运用边际定价效应的机理是推断力关键要素。通过对边际定价效应的分析，可以更准确地理解市场价格的变动，提前预测价格趋势，以及制定更有效的投资和风险管理策略。

边际定价效应的形成涉及投资者的行为和市场参与者之间的供需关系。投资者的行为受到多方面因素的影响，包括基本因素（如经济数据、公司业绩等）、技术因素（如图表分析、技术指标等）以及心理因素（如投资者情绪、信心等）。

投资者根据对这些因素的总体认识和总体反应，形成边际上的买卖决策，并且根据自身立场和利益形成买家阵营和卖家阵营。通过供需关系的变化和双方力量对比，最终形成了市场上的价格行情走势。

这个价格行情走势反映了市场上可利用的所有信息，包括公司财务、市场情况、宏观经济环境等方面的信息，以及市场参与者的心理和情绪的影响。边际定价效应能够将这些因素综合考虑，通过供求关系的调节来决定价格或趋势的形成。

因此，理解边际定价效应对于分析股票市场和资产定价的机制非常重要。只有通过了解和分析投资者的行为和供求关系的变化，才能更准确地理解市场价格的形成和波动，从而进行更有效的投资决策和风险管理。

同时，边际定价效应对于经济增长和财富创造也有重要影响。市场中的价格反映了经济和企业的价值，通过边际定价效应，市场能够反映出经济增长和财富创造的情况。因此，对于了解经济增长和财富创造的趋势，边际定价效应和财富乘数效应一样，是一个股市政策制定和调整的重要指标和工具。为采取积极股市政策还是稳健股市政策提供了决策依据。

边际定价效应如何影响股市涨跌

边际是指某一经济变量发生微小变动引起的效应或变化。边际交易价格是最新一笔成交价格。在股市中，边际交易价格的变动可能会引发即时反馈和链式传导，进而影响股价的上升或下降。

边际运动则指随着时间的推移，边际交易价格的变动所引发的供需关系的变化。当边际交易价格持续上升时，投资者的买入意愿增强，供给减少，从而推动股价上升。这种变动可能会引发更多的投资者参与，形成投资热潮，进一步推高股价。

　　然而，边际运动方向不一定会一直持续下去。随着边际交易价格的不断上涨，投资者可能会逐渐对高位买入失去信心，供给逐渐增加，市场需求可能会减弱，从而导致股价的下跌；相反，随着边际交易价格的持续下跌，投资者可能会逐步增加对低位买入的兴趣，需求逐渐增加，市场供给可能会减弱，从而导致股价的上涨。

　　在股市中，边际运动是一个动态的过程，需要不断观察市场的供需变化和投资者行为的变化。投资者需要谨慎评估风险，根据不同的市场情况制定合理的投资策略。

　　在股价变动过程中，边际买方和边际卖方对于股价变化产生影响。在牛市中，边际交易价格产生的边际定价效应可以导致杠杆增长。在一定换手率的情况下，即使较少的资金交易，也可以显著影响股价和市值的变动。这种情况下，较小的资金流入市场会导致股价上涨较多，从而市值也会增加更多。相反，在熊市中，边际交易价格产生的边际定价效应可能是负面的，因为较小的边际抛售会导致股价下跌和市值损失。

　　边际定价杠杆作用还可以扩大到个股对板块和大盘的影响。某只个股的边际交易价格变动可能会引起其所属板块或整个市场的价格波动，并进一步影响其他股票的价格。这种溢出效应可以加大市场的波动性和杠杆效应。

　　假设某公司市值 1000 亿元，股价 50 元，总股本 20 亿股，理论上股价上涨 10 元需要 200 亿元增量资金。实际交易中，假定换手率 10%，只需 20 亿元就可以推高股价上涨 10 元，市值增加 200 亿元，边际交易价格成为衡量全部流通股的估值或定价，这就是边际定价效应的市场效果。

股价上涨需要成交量配合，但下跌不需要。在上述例子中，可能仅需要1%的换手率，即2亿元的抛售可能导致股价下跌10元，市值损失200亿元。这是因为下跌趋势中市场承接力较弱。边际定价效应的杠杆作用还体现在个股对板块和大盘的影响，形成更大的效应溢出效果。如龙头股上涨可以带动整个板块买气而上涨，进而推动总体市场做多意愿，带动大盘上扬。

边际定价效应还体现在促使投资者更倾向于长期持有股票，而不急于出售，倘若长期持股的比重增加。这样一来，市场上的卖压就会减少，换手的压力也会降低。当换手的压力降低时，边际上产生价格所需的资金量就会减少。换句话说，股票价格的上涨只需要更少的资金就可以维持，因为相对较少的投资者愿意出售股票，而较多的投资者愿意持有或继续购买。

这种情况下，只要有适量的增量资金进入市场，就可以维持股价的稳定上涨节奏。因为投资者的持有意愿增加，所以股票市场上供给的股票相对较少，而需求相对较多，推动股价持续上涨。比如，在美国股市，苹果公司的长期持有者众多，投资者惜售，买入并持有获利丰厚，股价表现为一个抛物线型的长期上升通道。

这样的情况下，股价往往会形成抛物线型的震荡上涨趋势，即股价持续上涨，上涨的速率逐渐稳定，形成斜率平缓的上升曲线。这种抛物线走势是由于长期持股者的持有意愿和市场求大于供而产生的。

　　然而，需要注意的是，股票市场的走势受到众多因素的影响，包括宏观经济形势、行业发展状况、公司业绩等。边际定价效应只是其中之一，不能单独解释股价的变动。投资者在进行投资决策时，还需要综合考虑各种因素，以作出合理的判断和决策。

技术分析和基本分析的代表人物

　　提起技术分析和基本分析，我们首先要致敬两位开山鼻祖——"道氏理论"的发明者查尔斯·亨利·道（Charles Henry Dow）和《证券分析》的作者本杰明·格雷厄姆（Benjamin Graham）。

1. 道氏理论——查尔斯·亨利·道

　　道氏理论是股票市场技术分析领域的重要理论之一，以查尔斯·亨利·道命名，是他率先提出并应用于他的《华尔街日报》中。这一理论提供了一种基于价格趋势的股票市场分析方法，强调市场趋势的重要性，对于识别市场趋势和制定投资策略有着重要意义。

　　道氏理论提出了三个基本前提：（1）市场对所有已知信息作出反应；（2）市场具有趋势；（3）历史会重演。

　　这些前提为道氏理论提供了一个分析市场的框架，而道氏理论应用了几个基本概念，例如市场指数、三重波动结构、价格趋势和交易量等，来识别市场趋势以及制定投资策略。

道氏理论的贡献可以总结为以下几点。

（1）道氏理论提出"经济晴雨表"，强调个股受大盘影响的重要性，通过编制道·琼斯指数，为投资者提供了一种分析市场的方法，帮助他们建立股市的大局观。

（2）道氏理论提供了基于价格趋势的分析方法，强调价格趋势的重要性，并提出了牛市、熊市的概念，在很大程度上影响了股票市场技术分析领域的发展。

（3）道氏理论在整个投资领域占有重要地位，他提出的"三个基本前提"成为技术分析发展的参考依据之一。

（4）道氏理论提出了一些重要的概念，例如三重波动结构、支撑和阻力，为股票市场技术分析领域的发展作出了贡献。

总之，道氏理论的影响力不仅体现在股票市场技术分析领域，还影响了整个投资领域。它的贡献是为投资者提供了一种分析市场的方法，帮助他们制定投资策略，并对股票市场技术分析领域的发展做出了重要贡献。

2. 《证券分析》——本杰明·格雷厄姆

《证券分析》是由"价值投资之父"本杰明·格雷厄姆所著，首次出版于1934年。这本书是价值投资领域的经典之作，被誉为价值投资圣经，对于价值投资的理论体系和实践方法做出了重要贡献。

《证券分析》最重要的贡献之一是提出了"安全边际"的概念。安全边际是指股票市场价格与公司内在价值之间的差值，即投资者购买股票时的折扣率。格雷厄姆认为，投资者应该购买具有足够安全边际的股票，以保证投资的安全性和回报率。

此外，格雷厄姆还提出了许多其他价值投资的原则，如长期投资、分散投资、考虑通胀等。这些原则为投资者提供了一种更加理性和安全的投资方法，强调了投资者应该关注企业的内在价值，而不是简单地关注市场价格。市场的短期表现实际上是报价的结果，就好像在一群人的投票下，产生了"涨"或"跌"的结果。有"利多"或"利空"的消息，市场应声而上或应声而下，都体现了这种"投票"结果。

长期来看，市场是一台称重机。股票价格在长期上看，还是会遵从价值的原则，价值就是股票的质量，或者称重量。股价短期可以过分高或低，但从长远看，不会离开其价值太远。它有多少价值，就有多少重量，就趋向于有多少的市场价格。

格雷厄姆的《证券分析》在投资领域具有重要地位，他认为，股价短期看是一个投票器，长期看是一台称重机，影响了整个投资行业的发展。这本书影响了许多成功的投资者，如巴菲特和芒格等，他们基于格雷厄姆的价值投资理念，取得了惊人的投资回报。此外，格雷厄姆的思想和方法也为后来的投资者提供了重要的灵感和指导，如约翰·内夫（John Neff）、欧文·卡恩（Irving Kahn）等。

总之，《证券分析》对于价值投资理论的发展和推广做出了巨大贡献，是一本经典的投资书籍，被广泛认为是投资领域的指南和经典之作。

技术分析和基本分析的概念和基本原理

（一）技术分析

1. 概念

技术分析是一种用来研究股票价格和交易量的方法。它主要的理论基础是市场行为，认为市场价格是由供求关系和市场心理决定的。技术分析通过研究过去的价格和交易量的走势，来预测未来的价格走势。

2. 基本原理

技术分析的基本原理是市场价格和交易量的变化是有规律的，并且这种规律是可以被预测和利用的。通过技术分析，投资者可以较为准确地预测价格走势，制定相应的投资策略，从而获得更好的收益。

需要注意的是，技术分析并不是完美的，它有其局限性，因为市场行为可能受到各种因素的影响，不能简单地通过历史数据来预测未来的价格走势。因此，在使用技术分析时，投资者需要结合基本分析等其他方法，进行综合分析和判断。

3. 技术分析的代表人物及其著作

查尔斯·亨利·道。查尔斯·亨利·道是技术分析领域的开创者之一，他所著《技术分析之道》被誉为技术分析的"圣经"，至今仍然被广泛使用。

约翰·墨菲。约翰·墨菲是技术分析领域的知名人士，他所著《技术分析之书》是一本被广泛使用的技术分析入门书籍。

史蒂夫·尼森。史蒂夫·尼森是著名的日本蜡烛图专家，他所著《日本蜡烛图技术分析》是介绍和应用日本蜡烛图的经典著作。

罗伯特·埃德温。罗伯特·埃德温是技术分析研究的先驱之一，他所著《技术分析解密》是介绍技术分析理论和实践的重要著作。

以上是一些比较有代表性的技术分析人士和著作，他们的理论和方法对技术分析的发展和应用有着重要的影响。

4. 技术分析的理论支点

技术分析方法的理论支点主要是市场行为假设和图表假设。

市场行为假设认为，市场价格是由供求关系和市场心理决定的，而供求关系和市场心理是可以被反映在价格走势中的。因此，通过研究过去的价格和交易量的走势，可以预测未来的价格走势。

图表假设认为，所有的市场信息都可以反映在价格走势中，而价格走势的形态和趋势是可以被研究和预测的。通过观察价格走势的形态，可以判断未来的价格走势，并制定相应的投资策略。

这些理论支点都是基于历史数据和市场行为的分析与预测。需要注意的是，市场行为和价格走势受到各种因素的影响，技术分析并不能完全准确地预测未来的价格走势，投资者需要结合其他分析方法进行综合判断。

（二）基本分析

1. 概念

基本分析是一种研究股票价值的方法，其基本原理是通过分析市场上各种经济和财务因素，以判断一个公司或行业的实际价值和未来的发展趋势，进而预测股票价格的走势。

2. 基本原理

基本分析的核心思想是价值投资，即基于对市场上各种经济和财务因素的分析，选择那些被低估的、有潜力的证券进行投资。因此，在基本分析中，投资者需要注重长期投资价值，关注公司的基本面，而不是短期的价格波动。

需要注意的是，基本分析是一种相对较为复杂的分析方法，分析过程需要考虑众多复杂的因素，因此需要投资者具有一定的财务和经济学知识背景，以及深入的市场分析经验。

3. 基本分析的代表人物及其著作

《证券分析》。由本杰明·格雷厄姆和戴维·杜杜罗撰写的一本经典的书籍，首次出版于 1934 年，被视为价值投资的"圣经"，是证券分析领域中最为著名的书籍之一。

本杰明·格雷厄姆。被誉为价值投资的创始人之一，他提出了许多证券分析的经典理论，包括安全边际、市场的疯狂程度等。

菲利普·费雪。美国经济学家和投资者，他提出了许多现代投资理论，如股票的现金流量折现模型、股票的市盈率等。

约翰·博格尔。著名的投资经理人，他创立了博格尔基金公司，提出了指数基金等投资理念。

彼得·林奇。著名的股票投资者，他提出了长尾理论、双重成长理论等，被誉为成长股之王。

戴维斯家族。戴维斯家族是美国史无前例且最成功的投资家族之一，斯尔必·科伦·戴维斯提出了著名的戴维斯双击理论。

总之，以上这些经典著作和代表人物对证券分析领域的发展做出了杰出的贡献，他们的理论和思想对于投资者的投资选择具有启发性和指导性。

4. 基本分析的理论支点

基本分析的理论支点主要是企业的基本面，包括公司的财务状况、管理层的能力、市场需求和竞争状况等。基本分析师通过对这些因素的研究来评估一家公司的价值和潜力，以此来决定是否购买或卖出该公司的股票。

具体来说，基本分析的理论支点包括以下几个方面。

推断力：写给中国投资者的股市行为学

（1）财务分析：通过分析公司的财务报表，了解公司的盈利能力、成长潜力、偿债能力等，以此来评估一家公司的价值。

（2）行业分析：了解所在行业的竞争环境、市场需求和发展趋势，以此来评估一家公司的市场份额和潜力。

（3）管理层分析：评估公司管理层的经验、能力和管理风格，以此来判断公司的长期发展潜力。

（4）宏观经济分析：了解宏观经济环境、货币政策和市场走势等，以此来判断股市的整体趋势。

基本分析通过深入了解公司的内部和外部情况、市场走势等因素，确定股票的价值，以此来作出投资决策。基本分析的理论支点在投资领域中占据着重要地位，是投资者进行股票分析和投资决策的关键因素之一。

常用的技术分析和基本分析方法

（一）技术分析

技术分析是一种基于股票价格和交易量的统计学方法，用于预测股票价格未来的趋势和走势。技术分析的理论基础是由查尔斯·亨利·道和他的同事发展出来的。他们发现股票价格和交易量的变化可以被分析和预测，因此开发了一系列方法和工具来帮助投资者进行技术分析。

1. 技术分析核心理论

技术分析的核心理论包括以下几个方面。

（1）市场是有效的。技术分析认为，市场上所有的信息都已经反映在股票价格中，这是由大多数投资者的行为所决定的。因此，技术分析的目的是通过研究历史价格和交易量数据来预测未来的价格趋势。

（2）历史会重演。技术分析认为历史会重演。因此，通过研究历史价格走势、价格变化的速度和交易量，可以得出未来价格变化的趋势。

（3）趋势与趋势不变原则。技术分析认为，趋势在被改变之前可以维持趋势的惯性。也就是说，趋势往往会持续一段时间，因此，交易者可以通过研究趋势来预测未来价格的走势。

2. 技术分析方法

技术分析通常使用图表分析、趋势分析和技术指标分析等方法。

（1）图表分析。技术分析最基本的方法就是图表分析，这是通过绘制股票价格和交易量的历史数据来预测未来价格的走势。常用的图表包括 K 线图、线性图和点图等。图表分析的要领包括四个方面。

第一，选择合适的图表类型。图表分析中，常用的图表类型包括 K 线图、线性图和点图等，不同类型的图表适用于不同的市场环境和交易策略。例如，K 线图适用于短期交易策略，而线性图适用于长期投资策略。

第二，选择合适的时间周期。图表分析中，时间周期是非常重要的一个概念。不同的时间周期反映了不同的市场趋势和价格变化。例如，短期时间周期反映了价格的波动，而长期时间周期反映了价格的趋势。因此，选择合适的时间周期可以使交易者更好地把握市场走势。

第三，绘制趋势线。趋势线是图表分析中最基本的工具之一，用于显示价格的趋势。在绘制趋势线时，需要选择两个或更多的价格点，并将它们连接在一起。趋势线可以帮助交易者预测股票价格趋势的未来变化。

第四，绘制图表形态。图表形态是指股票价格变化的特定形式和模式。常用的图表形态包括头肩顶、双顶、双底等。通过研究图表形态，交易者可以预测支持和阻力水平。

在进行图表分析时，需要选择合适的图表类型和时间周期，并使用趋势线和图表形态等工具来分析股票价格的走势。

（2）趋势分析。趋势分析是技术分析中最为重要的分析方法之一，它是通过分析价格走势中的趋势来预测未来价格的走势。常用的趋势线包括支持线和阻力线等。趋势分析的要领包括四个方面。

第一，确定趋势的方向。趋势分析的第一步是确定趋势的方向。趋势可以分为上涨、下跌和横盘三种类型。上涨趋势是指价格在一段时间内不断上涨，下跌趋势是指价格在一段时间内不断下跌；横盘趋势则是指价格在一段时间内呈现出震荡的走势。

第二，确定趋势的强弱。趋势分析的第二步是确定趋势的强弱。强势市场通常是指伴随着大量交易量的上涨趋势，而弱势市场则是指伴随着低迷交易量的下跌趋势。通过确定趋势的强弱，可以更加准确地预测未来价格的走势。

第三，确定趋势的转折。趋势分析的第三步是确定趋势的转折点。趋势转折点通常是指价格走势中由涨转跌或由跌转涨的临界点。在确定趋势转折点时，可以使用技术指标，例如移动平均线、相对强弱指数等。

第四，确定趋势的持续时间。趋势分析的最后一步是确定趋势的持续时间。趋势的持续时间通常是指价格在一段时间内保持上涨或下跌的时间长度。通过确定趋势的持续时间，可以更好地把握市场走势，制定合适的交易策略。

总之，趋势分析是技术分析中最为重要的分析方法之一，通过确定趋势的方向、强弱、转折点和持续时间等要素，可以制定更加准确的交易策略。

（3）技术指标分析。技术指标是技术分析中的另一个重要工具，用于评估股票价格和交易量的变化。常用的技术指标包括移动平均线、相对强弱指标（relative strength index，RSI）、指数平滑移动平均线（moving average convergence and divergence，MACD）指标等。它们被用来确定市场的方向、趋势、强弱和短期价格波动等信息。技术指标分析的要领包括五个方面。

第一，确定技术指标的类型。技术指标可以分为趋势型和震荡型两类。趋势型技术指标用于分析市场走势的方向和趋势。常用的趋势型指标包括移动平均线、趋势线、相对强弱指标（RSI）等。震荡型技术指标则用于分析市场价格的波动和区间。常用的震荡型指标包括随机指数（stochastic oscillator）、动量指标（momentum indicator）等。

第二，确定技术指标的参数。技术指标需要设置一些参数才能进行分析。例如，移动平均线需要确定移动平均线的周期、趋势线需要确定价格走势中的高点和低点、相对强弱指标需要确定计算的时间周期等。不同的参数设置将对分析结果产生影响，因此需要根据不同的市场条件和分析目的选择合适的参数。

第三，确定技术指标的信号。技术指标的分析结果会产生不同的信号。例如，移动平均线的交叉点、相对强弱指数的超买超卖信号等。通过分析技术指标的信号，可以得出市场的方向、趋势、强弱和短期价格波动等信息，进而制定交易策略。

第四，确定多个技术指标的综合信号。单个技术指标的分析可能会产生误判或假信号，因此需要通过综合多个技术指标的信号来得出更加准确的市场分析结果。例如，可以使用移动平均线和MACD指标的综合信号来对市场走势进行分析。

第五，确定技术指标的局限性。技术指标虽然可以提供有用的市场分析信息，但它们也有一些局限性。例如，技术指标只能分析历史价格走势，不能预测未来价格走势。此外，技术指标的分析结果也可能会受到市场噪声等因素的影响。

技术指标是用于分析价格走势的工具，可以提供市场的方向、趋势、强弱和短期价格波动等信息。通过确定技术指标的类型、参数、信号以及综合信号等要素，可以制定更加准确的交易策略。但是，需要注意技术指标的局限性，以避免产生误判或假信号，比如钝化、窄幅整理失效等。

（二）基本分析

常用的基本分析方法包括以下五种。

（1）财务分析。财务分析是通过分析公司的财务数据，如财务报表、资产负债表和现金流量表等，以评估公司的财务状况和未来的业绩表现。常用的财务分析方法包括比率分析、现金流量分析和财务模型分析等。

（2）竞争对手分析。竞争对手分析是通过研究公司的竞争对手，了解其市场份额、产品种类、营销策略等，来评估公司的竞争力和未来的市场表现。常用的竞争对手分析方法包括竞争态势分析、市场份额分析和产品对比分析等。

（3）行业分析。行业分析是通过研究相关行业的市场规模、增长趋势、市场份额等因素，来评估公司在该行业的地位和未来的市场表现。常用的行业分析方法包括行业生命周期分析、供需分析和市场趋势分析等。

（4）管理层分析。管理层分析是指评估公司管理层的经验、能力和管理风格，以此来判断公司的长期发展潜力。

（5）宏观经济分析。宏观经济分析是通过研究宏观经济因素，如通货膨胀率、利率、国家政策等，来评估公司的业绩表现和未来的市场环境。常用的宏观经济分析方法包括经济周期分析、货币政策和财政政策分析以及国际贸易分析等。

基本分析主要是通过分析公司的财务状况、市场竞争、行业趋势和宏观经济环境等因素，以评估公司的价值和未来的表现。这些基本分析方法在投资决策中被广泛应用，对投资者进行投资决策和风险管理具有重要的参考价值。

（三）技术分析和基本分析的优点和缺点

1. 技术分析的优点

（1）简单易学。技术分析使用的工具和指标比较简单，容易上手，投资者可以通过简单的学习就能够掌握基本的技术分析方法。

（2）实时反应。技术分析可以对股票市场的实时变化进行快速反应，及时发现市场的变化和趋势。

（3）有效性。技术分析在一定程度上可以预测市场走势和价格趋势，可以帮助投资者制定投资策略。

2. 技术分析的缺点

（1）时间滞后。技术分析需要使用历史数据进行计算，因此存在一定的时间滞后，不能完全准确地反映市场的实际变化。

（2）局限性。技术分析只能分析价格和交易量等技术指标，不能直接分析公司的基本面数据，因此有一定的局限性。

（3）片面性。技术分析需要投资者对指标的解读和判断，因此存在一定的片面性，容易受到投资者的情绪和偏见的影响。

3. 基本分析的优点

（1）详细全面。基本分析可以对公司的基本面数据进行全面详细的分析，包括财务数据、市场前景和竞争环境等。

（2）持久有效。公司的基本面数据不会随时改变，因此基本分析的结论相对持久有效。

（3）目标导向。基本分析可以帮助投资者找到具有潜力的公司和股票，从而帮助投资者制定长期的投资策略。

4. 基本分析的缺点

（1）复杂烦琐。基本分析需要分析大量的财务数据和市场信息，比较烦琐，需要投资者具有一定的专业知识和分析能力。

（2）时间成本高。基本分析需要花费较长的时间进行研究和分析，不适合追求短期利润的投资者。

（3）风险不确定。基本分析的结论和预测存在一定的不确定性，不同的分析师可能会得出不同的结论和预测。

技术分析和基本分析的结合

（一）投资策略制定过程

结合技术分析和基本分析制定投资策略的过程如下。

首先，基本分析。需要从基本面分析入手，研究该股票所在的行业、公司的竞争力、盈利能力、财务状况、管理层等方面，确定股票的内在价值，以确定入市的方向。同时，还需要了解宏观经济环境对该行业或公司的影响，从而确定市场的整体趋势。

其次，技术分析。需要进行技术分析，研究历史股价走势，查找支撑位和阻力位、趋势线、形态等技术信号，以判断股票的走势和未来价格方向。

最后，制定投资策略。结合基本分析和技术分析的结果，制定投资策略。例如，如果基本面分析显示该公司具有良好的盈利和财务状况，而技术分析显示该股票已经处于一个稳定的上升趋势中，那么可以选择在适当的价格点买入该股票，等待价格上涨并在适当的时候卖出。

通过结合技术分析和基本分析的方法，可以更全面地评估股票的价值和未来表现，在制定投资策略时考虑更多的因素，降低投资风险，提高投资回报。

（二）左侧交易和右侧交易

1. 概念

基于基本分析和技术分析的不同角度，左侧交易和右侧交易是股票交易领域中经常被提到的概念。左侧交易指在价格低位买入，等待价格上涨后再出售；右侧交易则相反，即在价格上涨时买入并在更高价格上卖出。

2. 左侧交易和右侧交易的优缺点

（1）左侧交易的优点。

低买高卖。左侧交易是以低价买入、高价卖出为目标，可以在低位买入，等待价格上涨后再出售，从而获得较高的收益。

风险较低。左侧交易在低位买入，价格下跌的风险相对较低，因此风险控制相对容易。

适合长期投资。左侧交易更适合长期投资，需要耐心等待价格上涨，收获较高的回报。

（2）左侧交易的缺点。

需要等待。左侧交易需要等待价格上涨后再出售，因此需要耐心等待机会，不适合短期投资者。

无法获得即时收益。左侧交易需要等待一段时间才能获得收益，因此无法获得即时收益，并可能要承担继续下跌的风险。

（3）右侧交易的优点。

获得即时收益。右侧交易在价格上涨时买入并在价格高位卖出，可以获得即时收益。

适合短期交易。右侧交易适合短期投资者，趋势惯性提供了短期机会。

（4）右侧交易的缺点。

风险较高。右侧交易需要在价格高位买入，价格波动风险更大，需要更小心谨慎。

需要精准预测。右侧交易需要精准预测价格走势，准确把握买卖时机，并可能承担高位回调、见顶的风险。

总之，左侧交易和右侧交易各有利弊，需要根据个人的投资目标和风险承受能力进行选择。

第十章

中国股市发展和挑战

从历史角度看，资本市场是股份制度发展到一定阶段的产物。股份公司通过发行股票、债券向社会公众募集资金，在实现资本集中、扩大社会生产的同时，也为资本市场的产生提供了现实的基础和客观的要求。

从 1609 年荷兰阿姆斯特丹股票交易所诞生算起，资本市场已经有 400 多年的历史。相比之下，我国的资本市场起步晚，发展快。自 1990 年 12 月上海、深圳两个证券交易所成立以来，我国资本市场在政府和市场的共同推动下，伴随着社会主义市场经济体制的建立和经济社会的深层次变革，逐步探索和发展，走过了不平凡的历程。

2022 年 11 月 22 日这一天，中国股市取得了一个里程碑式的新成绩：存量上市公司突破 5000 家。这一数字是中国股市在 30 年间风雨兼程、奋发有为的成果。以 2022 年 10 月 31 日为例，A 股账户期末投资者数量已经达到 2 亿户以上，相当于每 100 人中就有 15 个证券账户。这样的数字也是中国股市跻身全球第二大证券市场的重要体现。值得一提的是，中国股市的发展与我国改革开放以来的成就相得益彰。2022 年中国 A 股总市值已经达到了 87.8 万亿元，按照 2022 年我国 GDP 为 121.02 万亿元计算，总市值/GDP 比值为 0.725。可以说，中国股市正以惊人的速度发展，为国家经济做出了重要贡献。

中国股市"从无到有、从小到大"，对中国经济腾飞起着重要推动作用。而中国股市拥有全球最庞大散户群体，有着举足轻重的地位。按照申万宏源研究所的 A 股投资者结构五分法，2021 年一般个人投资者是 A 股最大的投资者类别，持有流通股比例达到 34%，产业资本紧随其后，持股占比 31.2%，专业投资者、个人大股东、政府持股比例分别达到 22.4%、7.2% 和 5.3%。2021 年个人投资者交易量占比近 70%。

资本的崛起始终助推着大国的崛起，中国资本市场的蓬勃发展更是一部改革开放、经济腾飞的壮丽史诗。在这个伟大的时代，我们见证了中国资本市场的曲折与发展，感受到了其中所蕴含的辛酸、泪水、光荣和梦想。如今，建立和完善中国特色现代资本市场，中国股市的未来更加充满希望。在以中国式现代化全面推进中华民族伟大复兴的进程中，一个强大的资本市场将迸发出更加磅礴的力量。

鉴以往而知未来

以下是中国股市发展的重要里程碑事件。

（一）萌生阶段（20 世纪 70 年代末至 80 年代末）

从 1978 年开始，中国农村兴办了一批合股经营的股份制乡镇企业，成为改革开放后中国股份制经济的最早雏形。

1984 年 10 月，党的十二届三中全会通过《中共中央关于经济体制改革的决定》，股份制随即进入正式试点。北京天桥百货公司和上海飞乐音响公司分别拉开股票发行的帷幕。

1984 年 11 月和 1985 年 1 月，中国工商银行上海市信托投资公司静安证券业务部代理发行"飞乐音响"和"延中实业"两只股票。

1986 年 8 月，沈阳市信托投资公司率先开办了代客买卖股票和债券。

1987 年 9 月，中国第一家专业证券公司深圳特区证券公司成立。

（二）初期阶段（20 世纪 90 年代初）

1990 年，国家批准设立上海证券交易所（以下简称"上交所"）、深圳证券交易所（以下简称"深交所"），并分别于当年 12 月 19 日开市和 12 月 1 日试营业（深交所 1991 年 7 月 3 日正式营业）。

1991 年 8 月，中国证券业协会在北京成立，成为证券业的自律组织。

1991 年 9 月 7 日，由深圳发展银行、深圳国投等几家企业共同出资 2 亿元"调节基金"，资金到位，深圳"救市"干预股市。此前，始于 1990 年末的深圳"股灾"，是新中国证券市场自诞生以来的第一次"股灾"，深圳股市连跌 10 个月，个股跌幅均超过 60%～70%。

1992 年，深圳"8·10 事件"爆发，集中凸显了市场发展初期市场秩序亟待规范的矛盾。

（三）快速增长阶段（1992～2001 年）

1992 年 1 月 19 日，邓小平南方谈话指出，"证券、股市，这些东西究竟好不好，有没有危险，是不是资本主义独有的东西，社会主义能不能用？允许看，但要坚决地试"。[①] 中国资本市场迎来了春天。

1992 年 10 月，党的十四大确立了中国经济体制改革的目标是建立和完善社会主义市场经济体制，股份制开始积极试点。

---

① 《邓小平文选》（第三卷），人民出版社 1993 年版，第 373 页。

1992 年 10 月，国务院证券委员会和中国证券监督管理委员会成立，中国资本市场开始建立全国统一监管框架。随后，股票公开发行试点由上海、深圳走向全国，国有企业改制上市稳步推进。

1993 年 4 月颁布《股票发行与交易管理暂行条例》，6 月颁布《公开发行股票公司信息披露实施细则》，8 月颁布《禁止证券欺诈行为暂行办法》，1994 年 7 月实施《中华人民共和国公司法》，为股份制企业和资本市场的发展奠定了制度性基础。

1996 年 12 月开始，上交所、深交所实行 10% 涨跌停板限制。

1997 年 11 月，国务院证券委员会发布《证券投资基金暂行办法》，旨在推动证券投资基金的规范发展。

1999 年 7 月 1 日，《中华人民共和国证券法》生效实施。以法律形式确立了资本市场的地位，我国资本市场进入规范发展的新阶段。

在邓小平南方谈话鼓舞下，中国股市迎来快速发展阶段，沪深股市开启了第一轮大牛市，至 2001 年 6 月 14 日，上证指数最高达到 2245 点，在长达十年间维持震荡向上的多头行情趋势。

（四）调整期（2001～2005 年）

2001 年 6 月 6 日，《减持国有股筹集社会保障资金管理暂

行办法》出台，沪深股市应声下跌，告别牛市。2001 年 7 月
24 日，烽火通信、北生药业、江汽股份、华纺股份四只新股
同时宣布减持国有股以后，沪深两市股指狂泻，投资者信心也
随之大减。

2001 年 12 月 11 日中国正式加入世界贸易组织，中国资
本市场对外开放步伐明显加快。2002 年中国证券监督管理委
员会（以下简称"证监会"）发布了《外资参股证券公司设立
规则》和《外资参股基金管理公司设立规则》。2002 年 12 月
实施允许经批准的境外机构投资者投资于中国证券市场的
QFII 制度（2006 年 5 月实施允许经批准的境内机构投资于境
外市场的 QDII 制度）。

2002 年党的十六大作出推进资本市场改革开放和稳定发
展的战略部署，将大力发展资本市场上升到国家战略高度。

2004 年 5 月在深交所设立中小企业板（2009 年 10 月推出
创业板），多层次资本市场体系建设取得重要突破。

由于国有股减持悬而未决，被市场称为"达摩克利斯之
剑"。沪深股市持续低迷达四年之久，2005 年 6 月 6 日上证指
数触底 998 点。

（五）高速增长阶段（2005～2007 年）

2005 年 4 月 29 日，经国务院批准，证监会会同国务院国
有资产监督管理委员会、财政部、人民银行，正式启动股权分
置改革试点。此前，2004 年 1 月 31 日颁布的《国务院关于推

进资本市场改革开放和稳定发展的若干意见》（即老"国九条"），提出要"积极稳妥解决股权分置问题"，明确"在解决这一问题时要尊重市场规律"，有利于市场的稳定和发展，明确"切实保护投资者特别是公众投资者的合法权益"的指导原则。

2005 年 8 月 23 日，证监会、国资委、财政部、人民银行和商务部五部委发布《关于上市公司股权分置改革的指导意见》，股权分置改革正式进入稳妥推进阶段。

随后几年，股权分置改革积极推进，沪深两市已完成改革的上市公司 1303 家，占 1319 家应改革 A 股上市公司的 98.06%。股权分置改革按既定目标顺利完成。

股权分置改革顺利推进，汇率改革启动人民币升值之旅，开放式基金大量发行，引爆了中国股市第二轮全面牛市。上证指数从 2005 年 6 月 6 日的 998 点涨至 2007 年 10 月 16 日的 6124 点，累计上涨高达 513.62%。

（六）调整期（2008 ~ 2013 年）

中国平安天量融资引发市场恐慌。2008 年 1 月 21 日，中国平安发布公告称，公司拟向不特定对象公开发行不超过 12 亿股 A 股股票，同时公开发行不超过 412 亿元分离交易可转债，总融资额近 1500 亿元。消息公布当日，平安股价当日跌停（后来继续暴跌，股价从最高点的 149 元跌至 2008 年 10 月 28 日的 19.90 元），上证指数当日下跌 5.17%。次日，受次贷危机升级以及世界经济可能放缓导致外围市场大幅下挫的影响，上证指数大幅下挫 7.22%。包括中国平安在内的近千只股票封于跌停板。

进入 2008 年，美国次贷危机进一步恶化。2008 年 7 月，继贝尔斯登破产，房地美和房利美双双陷入困境，9 月 11 日雷曼兄弟股价下跌超过 40%，9 月 15 日雷曼兄弟破产，一个时代终结。金融海啸席卷全球股市。

在雷曼兄弟破产后的两个月，2008 年 11 月 5 日，国务院总理温家宝主持召开国务院常务会议，研究部署进一步扩大内需促进经济平稳较快增长的措施。中国政府"四万亿"救市计划出炉。

在此阶段，上证指数从 2007 年 10 月 16 日的 6124 点下跌至 2008 年 10 月 28 日的 1664 点，累计跌幅高达 72.82%。在"四万亿"救市计划刺激下，上证指数快速反弹，2009 年 8 月 4 日到达 3478 点，反弹幅度 109%。随后，持续震荡向下，2013 年 6 月 25 日触底 1849 点，此轮熊市时间长达六七年之久。

（七）再度增长阶段（2014～2015 年）

由于市场持续低迷，2013 年 IPO 整整停了一年，是 A 股历史上最长的一次 IPO 停摆（中国股市在历史上一共暂停了 8 次 IPO）。

2014 年 5 月 9 日，国务院发布《国务院关于进一步促进资本市场健康发展的若干意见》（即新"国九条"）。

2014 年 4 月 10 日，沪港股票市场交易互联互通机制试点获两地证券监管部门批准，9 月 26 日上交所发布《沪港通试点办法》，11 月 10 日证监会及香港证监会公布，沪港通将于11 月 17 日开通，11 月 14 日财政部、国家税务总局、证监会联合发布了沪港通试点及 QFII 等税收政策，11 月 17 日沪港通开通仪式在上海和香港交易所同时举行。中国资本市场国际化进程迈入新纪元。

被压抑已久的市场做多热情终于在 2014 年下半年复燃，2014 年 6 月 20 日上证指数从 2010 点启动，2015 年 6 月 12 日达到 5178 点，短短一年疯狂上涨 157.61%，日成交额破万亿元大关，其中融资交易额每天平均占 15%，2015 年的 3 ~ 6月，融资余额快速飙升，直接创出了 2.27 万亿元的峰值。此轮行情具有典型的资金推动特征，"赚钱效应"导致场内融资和场外配资疯狂入场，史称"杠杆牛"。然而，成也萧何败也萧何，随后的"股灾"相当惨烈，尤其是参与场外配资的资金纷纷爆仓。盈亏同源是资本市场永恒不变的定律。2015 年"股灾"导致中国股市进入"失落的八年"，迄今尚未恢复元气。

2015 年"股灾"是一场单纯的股市危机，它造成的影响至今挥之不去，值得我们去分析、反思和总结。这次危机经历了快速上涨、断崖式下跌、政府救市和市场趋稳四个阶段，与 1987 年 10 月 19 日美国"黑色星期一"有一定的相似性。

当时的中国股市经历了一波迅猛上涨，这波上涨始于2014年底。上证指数从2400点左右开始发力，一度创下了历史次高点，于2015年6月12日达到了5178点。在此之前，上证指数在2000点左右徘徊了6年，经历了漫长的熊市之后，正在悄然复苏。但是，随着市场过热和盲目跟风投资的增多，股市泡沫开始形成。在非理性预期和高杠杆的作用下，市场迅速进入了疯狂上涨的状态。在2015年5月19日到6月12日的18个交易日中，上证指数从4285点上涨到5178点，上涨幅度达到20.6%。而整个疯牛市场累计上涨幅度高达157.61%，这一惊人的上涨仅用了一年时间。然而，股市繁荣的背后却隐藏着一些潜在风险，如高杠杆、违规交易、内幕交易等。这些问题可能会对市场造成潜在的负面影响。

这期间，市场交易量几乎每天都在2万亿元左右，其中5月28日达到了惊人的2.42万亿元的新的成交记录，大盘换手率曾一度突破4%。从市场结构看，由于以银行、地产、石油化工、煤炭等传统大盘股权重大、上涨幅度较小，小市值、互联网和并购概念股上涨幅度惊人，大多在4倍以上，少数达到了10倍以上。除了银行、石油化工等行业外的上市公司，市盈率平均超过50倍，创业板平均市盈率超过150倍。创业板指数曾达到创纪录的4037.96点。无论从上涨速度、上涨幅度还是从交易量、换手率上看，抑或是从市盈率看，市场显然出现了极其严重的泡沫，崩盘随时都会出现。

2015年6月中旬，中国股市开始第一波暴跌，一度下跌了逾30%。政府采取了一系列措施来稳定股市，包括入市、续贷、鼓励回购、暂停 IPO、限制做空等稳定市场的措施。然而，这些措施并未有效缓解股市危机，股市依然继续下跌。

2015 年 8 月 18 日至 26 日的 7 个交易日（其中有两天是周末），市场出现了第二波大幅下跌，上证指数从 4000 点狂跌到 2850 点，下跌幅度 28.8%，中小板、创业板同期下跌 26.8% 和 29.3%。在这一下跌同期，从 2015 年 6 月 15 日到 8 月 26 日，上证指数从最高 5178 点下跌到最低 2850 点，下跌了 45%，中小板和创业板分别下跌了 44.6% 和 51.8%。

按照学术界对市场危机下跌幅度的定义，即 10 个交易日内市场指数连续下跌超过 20%，可被定义为"危机"。2015 年 6 月至 8 月的这场异常波动就是危机或股灾。

这场危机给中国金融市场体系的稳定带来了严重影响。为了恢复投资者信心，稳定市场预期，保证金融体系的整体安全，除了第一波下跌的救市措施，在第二波下跌后，政府和监管部门加大力度打击操纵市场和内幕交易等违法违规行为，清理场外配资。这些政策的实施有效地稳定了股市，并阻止了股市危机的进一步扩散。

在回顾这次危机时，我们应该认识到，股市的泡沫和投机是导致股市危机的主要原因。投资者应该树立正确的投资理念和风险意识，避免盲目跟风和过度投机。政府也应该通过建立更加健康和规范的股市体系，防范和化解股市危机。

总之，2015 年中国"股灾"的发生是一次深刻的教训，我们应该从中吸取经验并努力创造更加健康和稳定的股市环境。

由于多种因素的综合作用，中国股市上证指数在 2015 年"股灾"之后就一直没有恢复到高点，长期在以 3000 点为中枢的 3700 点至 2500 点区间震荡徘徊，被称为"失落的八年"。上证指数历史走势如图 10 - 1 所示。

低迷时间如此之长的原因是多方面的。

首先，由于中国股市的投资者结构和股市运作机制的不完善，股市的波动往往是比较剧烈和不稳定的。这就导致股市的回升周期比较长，需要时间来恢复投资者的信心和市场的稳定。

其次，中国经济的转型和调整也影响了股市的复苏。中国经济正在向高质量、可持续发展的方向转型，而这个过程需要时间来逐步实现。在这个过程中，一些原先的支柱产业可能会遭受一定的打击，从而影响股市的表现。

综上所述，2015 年"股灾"给中国股市带来了多方面的后遗症，股市低迷时间长的原因也是多方面的，需要我们认真分析和总结。在未来，我们需要努力推进市场化、法制化、规范化和透明化的改革，打造良好的投资环境，加强投资者的风险意识和投资理念，为中国股市的长期稳定发展打下坚实的基础。

纵观中国股市在曲折中前进的发展史，投资者从诸多的里程碑事件以及各个发展阶段中可以更加深刻地理解，股市是一个动态的市场，风险和机会并存。投资者可以通过学习和运用推断力理论来提高驾驭市场风险、把握投资机会的能力。

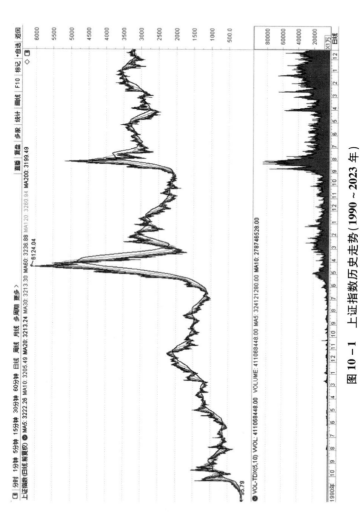

图 10 – 1　上证指数历史走势（1990～2023 年）

资料来源：通达信金融终端 V7.58。

推断力：写给中国投资者的股市行为学

最近 36 年的历次股市危机

吴晓求教授在其《股市危机——历史和逻辑》一书中指出，金融危机的个体形态有货币危机、债务危机、股市危机和银行危机。在最近 36 年（即 1987 年至 2023 年）全球金融危机的既有历史中，它们有各种不同的组合，既有四种危机相互交积在一起的全面金融危机（如 1997 年亚洲金融危机、1998 年俄罗斯金融危机），也有相对单一的股市危机（如 1987 年"黑色星期一"、2000 年互联网泡沫危机、2015 年中国"股灾"等），还有股市危机与银行危机的交织（如 1990 年日本泡沫经济危机，2008 年美国金融危机，即使在这两次金融危机中，仍以股市危机为主）。可以肯定的是，任何一种现代意义上的金融危机，都必然伴随着股市危机，或者说股市危机是现代金融危机的常态。

吴晓求认为：（1）金融危机并不必然以经济基本面的恶化为前提，或者说经济的严重衰退是金融危机出现的大概率事件，反之则不然；（2）金融危机本质上仍是一种货币现象，或者说是一种资本严重过剩的现象；（3）在所有出现金融危机的国家，无论是单一的股市危机还是复合型或全面金融危机都有一个共同现象，资产价格的持续大幅度上涨是重要前提。金融危机是恶性通货膨胀的基因变异，不同宗但同源。控制金融危机就必须控制杠杆率，就如同控制水流量必须控制阀门一样。高杠杆让 2008 年全球金融危机成为一场"海啸",也让 2015 年"股灾"后的中国股市经历了长时间的调整与低迷。

以下是最近 36 年全球金融市场的七次危机。

1. 1987 年"黑色星期一"股市危机

1987 年 10 月 19 日,美国股市在一天之内暴跌 22.6%,被称为"黑色星期一",这是一次单一的股市危机,导致全球股市下跌。

该危机的背景是美国经济增长放缓,加之高利率和高通胀率,导致股票价格过高。当时的股市交易系统也存在一些问题,如计算机程序错误和交易策略失误等,导致股市在短时间内暴跌。

该危机的后果是导致全球股市暴跌,美国股市一天内下跌了 22.6%。虽然危机并没有引发经济衰退,但它让人们警觉到股市交易系统的问题,促使人们对股市交易进行改革并加强监管。

2. 1990 年日本泡沫经济危机

20 世纪 80 年代末期,日本经济泡沫破裂,导致失业率上升和债务危机,同时股市也受到影响,股价下跌。

该危机的背景是 20 世纪 80 年代初至 90 年代初,日本经济快速发展,不动产和股票等资产价格大幅上涨,形成了泡沫经济。但由于资产价格过高,使得经济增长失速,失业率上

推断力：写给中国投资者的股市行为学

升，债务负担加重，股市也受到影响。

该危机的后果是导致日本经济长期停滞，失业率居高不下，银行不良贷款增加。日本政府迫不得已采取了一系列金融政策来刺激经济，但日本经济至今仍未完全恢复。

3. 1997 年亚洲金融危机

亚洲多个国家的货币贬值，银行倒闭，股市大幅下跌，这是一次多重危机交叉的全面金融危机。

该危机的背景是亚洲多个国家的经济快速发展，但存在外援依赖、汇率制度不完善等问题。1997 年，泰国爆发货币危机，导致多个国家的货币贬值，银行倒闭，股市大幅下跌。

该危机的后果是多个亚洲国家的经济和金融市场崩溃，失业率上升。国际货币基金组织（IMF）出面协助，提供了数十亿美元的援助，帮助这些国家渡过难关。但也有人认为，IMF的援助措施过于苛刻，加剧了亚洲经济的困境。

4. 1998 年俄罗斯金融危机

俄罗斯政府在国内债务违约后，股市暴跌，引发全球金融市场的恐慌，这是一次四种危机交叉的全面金融危机。

该危机的背景是俄罗斯政府在国内债务违约，导致投资者信心丧失，股市暴跌。全球金融市场也受到影响，股市下跌，引发恐慌。

该危机的后果是导致俄罗斯经济长期低迷，失业率上升，激化了俄罗斯与西方国家的矛盾。此外，该危机还引发了全球金融市场的恐慌情绪，导致全球股市下跌。

5. 2000 年互联网泡沫危机

互联网公司的股票价格高企，但实际盈利很低，泡沫最终破裂，导致股市下跌。这是一次单一的股市危机。

该危机的背景是 20 世纪 90 年代末至 2000 年互联网公司的股票价格飙升，但实际盈利很低。随着投资者对这些公司未来盈利的怀疑加剧，股票价格开始下跌，泡沫最终破裂。

该危机的后果是大量互联网公司倒闭，投资者损失惨重。该危机也使得投资者重新审视公司的商业模式和盈利能力，为未来的互联网发展奠定了基础。

6. 2008 年美国金融危机

美国次贷债务违约引发银行危机，股市暴跌，这是一次银行危机和股市危机交织的危机。

该危机的背景是美国次贷危机，次贷债务违约导致银行危机，股市暴跌。次贷危机的起因是银行过度放贷给购房者，使得房价快速上涨，但这些购房者并不具备偿还贷款的能力，最终导致次贷债务违约。

该危机的后果是全球经济衰退，失业率上升，许多银行和金融机构倒闭。此外，该危机还引发了全球性的信贷紧缩，使得全球经济长期低迷，直到今天都未完全恢复。

7. 2015 年中国"股灾"危机

中国股市在 2015 年经历了一波大涨之后，迅速崩盘，导致大量投资者亏损，这是一次单一的股市危机。

该危机的背景是中国股市在 2014 年底至 2015 年初经历了一波大涨之后，迅速崩盘。原因是杠杆资金推动股市上涨，但该涨势并不具备经济基本面支撑，最终导致股市暴跌。另外，该危机还受到国内外经济环境和政策因素的影响。

该危机导致中国股市暴跌，投资者大量亏损。危机还引发了市场恐慌情绪，对中国经济造成了一定影响。中国政府随后采取了一系列措施来稳定股市，包括暂停股市 IPO 和鼓励资金入场等。

这七次危机虽然在时间、地域和原因上各不相同，但在宏观层面上有一些共性特征和规律。

（1）投资泡沫。危机爆发前往往伴随着市场的繁荣和投资热情高涨，股市和房地产市场等资产价格过于虚高，形成了泡沫经济，这是危机发生的重要前兆。

（2）风险扩散。危机往往因为某个领域或机构的风险迅速扩散引起，比如次贷危机和亚洲金融危机都是因为金融机构的贷款风险扩散引起的，而 2008 年的金融危机则是受次贷市场的拖累。

（3）信用风险。在经济繁荣时期，人们借贷和消费的意愿强烈，信贷市场迅速扩大。但是，在经济下行周期，很多人无法偿还债务，导致信用风险迅速扩散，引发危机。

（4）经济衰退。经济衰退往往是危机的结果，但也可能是危机的起因。经济衰退可能是由于市场泡沫的破灭和信用风险扩散引起的，或是由于其他外部因素，如天灾和战争等引起的。

（5）政府干预。政府在危机发生后的干预非常重要，政府的应对措施可能会加剧或缓解危机的影响。政府应该采取有效的财政和货币政策，缓解市场恐慌，保护投资者和普通民众的利益。

总之，这七次危机都是由多个因素共同作用引起的，危机的发生和演变是一个复杂的系统过程。分析和理解危机的共性特征和规律，有助于投资者更好地应对未来的风险和机遇。

股市顶底推断六步法

当我们想要在股市中获得收益时，需要对股市的走势进行分析和预测，而股市顶底推断六步法就是一种用于推断股市顶部和底部的分析模型。这个模型采用了推断力新范式的思维和方法，结合了多因果推断链和工具，能够帮助我们更准确地把握股市的走势。

股票投资是一项高风险的任务，需要谨慎的市场了解、分析和决策。如何在股市中取得成功呢？这就需要一种科学的方法来指导和辅助投资者进行决策，尤其是判断股市顶底是投资者一项重要的竞争力。股市顶底推断六步法是运用推断力新范式，为投资者设计的一种系统性的多维方法，可以帮助投资者处理股市这一非线性多变量动态复杂的多因果判断，是一种寻找股市顶部或底部，确认牛市、熊市周期的科学决策法，力图让投资者更好地分析市场、预测市场趋势和制定投资策略。

六步法模型由六个主要步骤或方法建构：（1）巴菲特指标；（2）历史估值收敛与扩张；（3）动量分析与情绪周期；（4）长期均线偏离与支撑；（5）主涨或主跌板块的形成；（6）"黑天鹅"事件冲击和影响。

1. 巴菲特指标（Buffett Indicator）

巴菲特指标是指市场总值与 GDP 的比率，该比率可以用来衡量股市的估值水平。巴菲特指标是由"股神"沃伦·巴菲特提出的一种衡量股市估值水平的指标。具体来说，当巴菲特指标超过120%时，意味着市场被认为是过度估值的，这时候股市可能会面临下跌风险；而当指标低于80%时，市场被认为是低估值的，这通常提示投资者股市可能由此进入新的牛市。

例如，美国股市这一指标的历史平均值是90%，在1929年美国"股灾"之前，这一指标达到了141%，而2000年互联网泡沫破裂时，这一指标达到了151%，2008年股市暴跌之前，巴菲特指标曾一度高达137%。这表明当时的股市被高估了，最终导致了市场暴跌。

2007年上证指数6124点时的巴菲特指标高达123.12%，此后跌入熊市长达七年之久，而中国股市的这一指标在过去十几年始终在40%～80%之间变化。2022年中国 A 股总市值87.8万亿元（约12.86万亿美元），中国 GDP 总值121.02万亿元（约17.74万亿美元），股市市值与 GDP 的比率为0.725。

从横向比较的角度看，2022 年 1 月美国股市总市值为 50 万亿美元，2021 年美国 GDP 总值为 23.32 万亿美元，也就是道琼斯工业平均指数 36952 点附近，美股市值与 GDP 的比率为 2.140，是美国股市历史上一个惊人的数字。由此可以认为，目前中国股市处于估值偏低的位置，而美国股市处于估值明显偏高的位置。显然，中国股市相对于美国股市安全边际更高，而道琼斯工业平均指数从 36952 点下跌已经超过 20%，美国股市已经进入了熊市第一期。

2. 历史估值收敛与扩张（Historical Valuation Convergence and Divergence）

该方法是通过比较当前市场估值与历史估值的平均值，来判断市场当前是否处于高估或低估状态。如果当前估值高于历史平均值，则市场可能存在高估风险；反之，如果当前估值低于历史平均值，则市场可能存在低估机会。

历史估值收敛与扩张是一种基于市场估值历史趋势的分析方法，用以预测未来市场的走势。当市场估值处于历史较低水平时，被认为市场处于估值收敛期，未来市场可能会有上涨的趋势；而当市场估值处于历史较高水平时，被认为市场处于估值扩张期，未来市场可能会有下跌的趋势。

这种方法的理论基础是市场估值的长期运动规律，即市场估值会不断在高位和低位之间波动。因此，当市场估值处于历史较低水平时，存在上涨的潜在动能；而当市场估值处于历史较高水平时，存在下跌的潜在动能。

例如，全 A 市盈率的历史主要波动区间为 20 ~ 70 倍，历史平均市盈率为 43.9 倍。历史上的四次大底市盈率分别是1994 年 7 月的 14 倍、2005 年 7 月的 24 倍、2008 年 10 月的 18倍和 2012 年 11 月的 26 倍。历史上的四次大顶市盈率分别是1993 年 2 月的 66 倍、2001 年的 66 倍、2007 年的 69 倍和 2015年的 68 倍。

2023 年 6 月 2 日 Wind 全部 A 股滚动市盈率（trailing twelve wonths，TTM）为 17.08 倍，约位于 2000 年以来 24.40% 的历史分位。因此可以认为，目前中国股市市盈率估值水平处于中位偏低的区域。上涨潜能大于下跌风险。但也可以维持横向震荡的箱体运动。

3. 动量分析与情绪周期（Momentum Analysis and Sentiment Cycles）

动量分析可以用来判断市场的成交强度和市场交投活跃度。情绪周期则指投资者情绪波动的周期性变化，这可以预测市场顶底的乐观和悲观程度。

动量分析和情绪周期分析相结合，可以用于预测股市的极端走势。通常市场顶部伴随成交动量水平异常扩张，投资者情绪极度乐观；而市场底部伴随成交动量水平异常萎靡，投资者情绪极度悲观。

动量分析的理论基础是市场趋势具有牛熊交替的循环性，即市场趋势会在一段时间内保持相对稳定的方向和强度。但是，当市场持续上涨后，成交动量异常扩张时，市场可能处于严重超买状态，做多力量出清，投资者需要警惕见顶风险。反之，当市场持续下跌后，成交动量异常萎靡，市场可能处于严重超卖状态，做空力量出清，市场可能见底。

情绪周期分析则认为市场情绪具有周期性，是一个贪婪与恐惧交替的过程，不同的市场情绪会在不同的时间出现。情绪周期分析可以用来判断市场情绪是否处于过热或者过冷状态，当市场情绪处于过热状态时，投资者应该更加警惕，因为市场可能处于泡沫阶段，投资风险较大。

例如，从 2015 年 5 月 19 日到 6 月 12 日的 18 个交易日中，大盘加速赶顶，上证指数从 4285 点上涨到 5178 点，上涨幅度达到 20.8%。这期间，市场交易量几乎每天都在 2 万亿元左右，其中 5 月 28 日达到了惊人的 2.42 万亿元的成交记录，大盘换手率曾一度突破 4%。人民网 2015 年 4 月 21 日发表的《400 点才是 A 股牛市的开端》被媒体广泛传播，被投资者误读为"国家意志"，市场情绪极度乐观甚而疯狂。随后"股灾"降临。而 2015 年"股灾"后大盘长期围绕 3000 点低位徘徊，市场情绪陷入低谷。

4. 长期均线偏离与支撑（Long-term Moving Average Deviation and Support）

该方法是通过分析长期均线与市场价格的关系，来判断市场是否处于偏离或支撑状态。长期均线偏离和支撑是股市分析中常用的乖离率分析工具。市场价格与长期均线的偏离度可以用来判断股价是否过高或出现泡沫，而支撑则可以用来判断市场的底部支撑区域。

长期均线偏离的理论基础是均值回归定理，即无论高于或低于价值中枢（或均值）都会以很高的概率向价值中枢回归的趋势。根据这一理论，一种上涨或者下跌的趋势不管其延续的时间多长都不能永远持续下去，最终均值回归的规律一定会出现：涨得太多了，就会向平均值移动下跌；跌得太多了，就会向平均值移动上升。

当股票价格偏离长期均线时，意味着市场由于大幅上涨产生了大量的获利筹码，市场倘若有风吹草动，投资者可以选择落地为安，导致股市踩踏。这种情形一直持续到市场价格回落到长期均线，此时，获利筹码出清，投资者又回到了同一起跑线，抄底资金进场，市场价格重新获得支撑，在长期均线蓄势酝酿下一次上涨行情。

例如，上证指数向来有"20年线不败定律"。上证指数20年线是长期趋势的重要支撑线。自2009年上证指数生成20年线（见图10-2）至今，14年来从未被有效跌破。2013年6月25日，上证指数盘中触底1849点瞬间刺穿了20年线1862点，但收盘价1959点重回20年线上方，当日振幅高达5.8%，图上留下了一根长达110点的长下影线。上证指数20年线强支撑经受住了十几年市场检验和多次反复测试，都被证明了支撑的有效性。上证指数20年线读数从2009年的1494点上升到2023年的2853点，13年上升了1359点，上升幅度为90.96%，平均回报率为7%。上升速率虽然不高、斜率不大，但上升态势一直很稳定，表明中国股市底部处于不断被抬高的趋势。

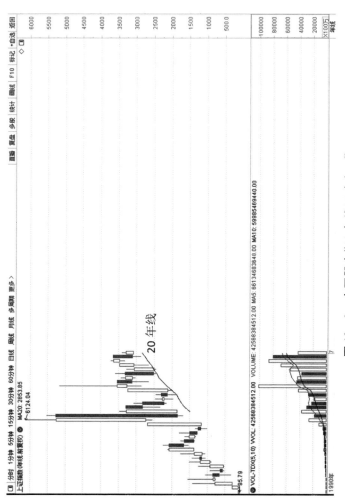

图 10 − 2　中国股市"20 年线不败定理"

资料来源：通达信金融终端 V7. 58。

反过来看，2007 年上证指数 6124 点，对应的 200 月线读数 1343 点，偏离率高达 356%，市场严重泡沫化，暴跌后又回到了 200 月线附近才止跌。2015 年上证指数 5178 时，20 年线读数 2208 点，偏离率 135%。暴跌后同样回到 20 年线止跌。

2023 年 4 月 7 日，上证指数收盘价 3327 点，20 年线读数 2853 点。因此可以认为，大盘这个位置处于长期均线的支撑区域（见图 10 – 2）。

5. 主涨或主跌板块的形成（Formation of Leading or Lagging Sectors）

市场板块的涨跌可以反映股市整体趋势。主涨或主跌板块的形成可以与股市顶底形成产生联系。对于股市顶部，主跌板块通常会先于大盘进入调整或下跌阶段，这时候市场情绪还处于亢奋中，但底部进场资金获利丰厚，这是兑现利润的机会，倘若原来的主涨板块转入下跌，意味着行情可能结束。

对于股市底部，主涨板块的形成也会先于大盘，只有出现一个或多个明显的主涨板块，赚钱效应回归，人气才会活跃，此时，投资者可以通过关注主涨板块的形成来捕捉市场反弹的信号，以便在大盘反弹时及时买入优质股票，以获取更高的收益。

市场上看大盘通行的分析方法一般是先宏观后微观，但是，大盘是由板块构成，板块的背后是龙头，龙头的背后是资金，经济面转暖或者行业个股的好消息，第一个着力点是龙头，随后是板块，最后才是大盘，龙头股代表赚钱效应，主涨板块代表赚钱效应的扩散，赚钱效应带动了市场人气和信心，从而带动了大市行情的纵深发展。比如，2023 年 9 月以来，华为产业链核心受益股的整体走强，意味着大盘很可能酝酿有力的转机。

判断大盘见顶也一样，2015 年牛市顶峰，中国中车是全场人气领导者，当中车见顶后，就离大盘见顶不远了。2007年，中国平安 1500 亿元融资案导致股价崩塌，带动大盘狂泻，恐慌情绪蔓延。

从当前震荡型平衡市看，板块轮动属于高低切换，由于缺乏主涨板块持续引领，因此大盘处于震荡筑底的过程之中。眼下最有希望将大盘带出震荡箱体的潜在主涨板块可能是数字经济和人工智能及新能源产业链。因为数字经济和人工智能及低碳经济将成为中国经济高质量发展的关键领域和新的经济增长点。而中国华为霸气突破美国高科技封锁，受到资本市场满堂喝彩，华为产业链核心受益股整体强劲上涨，打开了中国资本市场无限可能性。我们将在后面章节展开全面阐释。

6. 黑天鹅事件的冲击和影响（Black Swan Event Disturbance and Impact）

黑天鹅事件是指极端、不可预测的事件，这些事件通常会对股市产生剧烈的冲击。黑天鹅事件对股市的干扰和影响，主要是起到断崖式见顶，且伴随快速赶底或见底，市场情绪被压缩在极短时间内集中释放。

黑天鹅事件是指那些罕见、难以预测但对金融市场和经济具有重大影响的事件。比如新冠疫情，2020 年 1 月 23 日，武汉封城。上证指数从 3127 点连跌两周至 2955 点，春节休市后，2 月 7 日大幅低开，但隔日日内反转快速反弹，后二次探底，3 月 19 日见底 2773 点，反弹行情持续到 2021 年 2 月 18 日 3911 点。

当新冠疫情在美国和全球扩散时，美国股市剧烈波动，道琼斯工业平均指数从 2020 年 2 月 12 日的 26568 点跌至 3 月 24 日的 18213 点，五周之内多次熔断，暴跌 31.44%，成为了抄底机会，随后美股继续走牛，2022 年 1 月 5 日，道琼斯工业平均指数到达创纪录的 36952 点，不到两年累计涨幅 102.89%。

当雪崩来临的时候，没有一片雪花是无辜的。"黑天鹅"事件是投资者需要重视的风险因素，投资者需要采取多样化的投资策略，加强风险管理，并且需要掌握相关的理论知识和分析方法，不断跟踪市场动态，并及时收集和分析有关的案例资料，以应对"黑天鹅"事件的发生，寻求在人类反脆弱历程中的先手。

从历史经验看，"黑天鹅"事件通常都是跌出安全边际的抄底机会。除了第一时间避开风险外，要学会逆向思维，在别人恐惧的时候贪婪，比如巴菲特在 2008 年金融危机后果断大量抄底优质资产，获取了丰厚回报。

在 2008 年的全球金融危机中，许多国家的股市遭受了重创。然而，巴菲特在市场最恐慌的时候以救世主的形象出手，向高盛注资 50 亿美元。作为回报，他获得了高盛市值 50 亿美元的优先股，同时还获得了普通股认股权证，允许他以 115 美元的价格收购高盛另外价值 50 亿美元的普通股。当时，高盛的股价为 125 美元。

在同年的 10 月，巴菲特又向通用电气公司投资 30 亿美元，并获得其优先股和认股权证。与高盛类似，通用电气为其优先股向伯克希尔公司支付 10% 的股息。在接下来的 5 年中，伯克希尔公司可以以每股 22.25 美元的价格购买价值 30 亿美元的通用电气股票。

到了 2009 年，美联储开始实行量化宽松政策，美股开始反弹。令人惊讶的是，在短短半年内，巴菲特投资的高盛和通用电气的价值就翻了一番，他在这半年里赚了 100 亿美元。巴菲特认为，"股灾"是上帝给价值投资者最好的礼物，这次他再次成功地接受了上帝的礼物。

在使用股市顶底推断六步法模型时，投资者需要注意以下几点：

（1）确保收集和分析的信息准确和全面，不要基于片面或不完整的信息作出决策；

（2）不要忽略市场的周期性，这对于预测股市顶底非常重要；

（3）在寻找顶部和底部时，要注意市场的波动性和震荡，不要过分依赖单一指标或信号；

（4）在判断趋势时，要考虑多个因素如技术面和基本面等，不要只依赖单一因素。

通过六步法对中国股市的推断和预判，笔者认为，我国疫情防控取得重大决定性胜利，经济社会全面恢复常态化运行，宏观政策靠前协同发力，产能过剩、需求不振、预期转弱三重压力有望逐步得到缓解，稳经济，促需求逐步恢复，经济发展既有挑战也有机遇，经济下行压力有望被逐步化解，经济增长目标可期，但内外部因素的困扰需要较长时间化解。

综合而言，三年疫情冲击下中国股市凸显了韧性，国内A股市场估值水平目前处于历史中位偏低的区域，考虑到未来上市公司的盈利增长，安全边际较高，并且"20年线不败定理"久经测试考验（2023年读数2853点），由此可以推断，上证指数3000点区域有望成为中国股市的"安全底座"，随着"活跃资本市场，提振投资者信心"的一揽子政策措施逐步落地，未来一旦形成新一轮牛市或震荡向上的"慢牛"趋势，长期看大盘具有突破6124点历史高位，并且过万点的潜力。而上涨模式和时间需要根据更多复杂因素的呈现而定。

从总体市场看，2022年中国A股总市值87.8万亿元，上证指数2022年收盘价为3089点，如果上证指数上涨到4000点，涨幅约29.5%，在暂不考虑扩容的情况下，中国股市总市值将达到113.7万亿元；如果上涨到4800点，涨幅约55.4%，总市值将达到136万亿元。2022年我国GDP总值121.02万亿元，股市总市值对应"巴菲特指标"分别达到93.95%和112.38%。至2023年6月2日，Wind全A滚动市盈率17.08倍，约位于2000年以来24.40%的历史分位，即便是上涨50%达到25.62倍，两项指标仍然处于估值修复的合理区间。

据Wind统计，截至2023年5月7日，A股5167家上市公司中，5161 家公司已披露 2022 年年报。2022 年，5161 家上市公司实现营业收入总计 71.65 万亿元，实现净利润总计 5.65 万亿元，双双再创新高。这是在"三年抗疫"和国际经济竞争白热化的背景下取得的成果，体现了中国上市公司的盈利韧性和增长潜力。国家统计局 2023 年 7 月 17 日发布数据显示，初步核算，2023 年上半年国内生产总值（GDP）59.3034 万亿元，按不变价格计算，同比增长 5.5%，二季度增长 6.3%，比一季度加快 1.0 个百分点，超出市场预期。因此，随着经济的复苏和消费的提振，上市公司盈利水平有望保持合理增速，宏观经济态势保持预期增长目标，企业盈利增长和 GDP 总量增长又将成为推动股市上涨的边际动能，叠加积极股市政策的实施和推进、资本市场战略地位的提升，在建设社会主义现代化强国的宏伟目标下，中国股市将迎来繁荣发展的黄金时代。

总之，在笔者看来，中国股市进入估值修复期和估值增长期是一个大概率事件，长期看大盘具有突破 6124 点历史高位，并且过万点的潜力。

中国股市投资者与资金结构

在国外许多股票市场上，投资者构成以机构投资者为主，个人投资者相对较少，入市资金以养老基金、开放式基金、保险基金等机构投资基金为主。这样，股市就有了一批实力雄厚的机构投资者和稳定的长期的资金来源。这是国外成熟股票市场波动相对较少的重要原因。然而，中国股市投资者构成和国外大多数成熟股市投资者构成大相径庭。这也是中国股市波动较大的主要原因。

中国股市的投资者和资金结构比较复杂且多元化。

1. 中国股市投资者

（1）个人投资者。个人投资者数量占股市投资者总数的绝大多数。个人投资者在投资股市时，往往会受市场情绪和信息的影响较大，喜欢短线、高频交易，2022 年个人投资者交易量占比近 70%。

截至 2022 年 11 月，中国 A 股市场投资者总数达到了 2.11 亿人，其中个人投资者占比约为 98%。个人投资者的资金规模相对较小，中国股民的平均股票投资额为 13 万元左右。但总量很大，2021 年个人投资者持股 25.6 万亿，占比 34%，位居第一。产业资本紧随其后，持股占比 31.2%，专业投资者、个人大股东、政府持股比例分别达到 22.4%、7.2% 和 5.3%。

（2）机构投资者。机构投资者包括基金公司、证券公司、商业银行、保险公司、社保基金、证券投资基金、信托投资公司等，2022 年 11 月达到 50.45 万户。机构投资者的投资规模较大，资金实力较强，投资策略较为稳健，但相对于个人投资者，机构投资者操作灵活性较差，因此在市场波动过程中，其表现相对平稳。截至 2021 年 5 月底，境内专业机构投资者和外资持有 A 股流通股市值占比达到了 22.8%。2021 年公募基金持股市值达到 6.4 万亿元。

（3）外资投资者。中国股市开放后，外资投资者也逐渐涌入中国股市。外资投资者的投资规模较大，具有较强的资金实力和专业投资知识，对中国股市的表现也具有一定的影响。2021 年末陆股通和 QFII 合计持有 A 股流通市值 4.2 万亿元，占 A 股总流通市值之比达到 5.6%。

以上数据表明，中国股市的投资者结构主要由个人投资者构成，但机构和外资投资者的投资规模和占比也在逐渐增加。而中国股市的资金来源也相对多元化，除了个人投资者的资金外，机构、保险公司和外资投资者的资金规模也相当可观。

2. 中国股市投资者与资金结构对股市形成的重要影响和特征

（1）影响股市波动性。由于个人投资者在中国股市中的占比较高，因此他们的投资行为对股市波动性的影响很大。个人投资者对股票的购买和卖出行为较为敏感，其投资行为受到心理因素的影响较大，可能会引起股市短期内的波动。

（2）机构投资者对市场稳定性的贡献。机构投资者在中国股市中的占比逐渐增加，这些机构投资者通常具有较强的专业知识和研究能力，其投资行为相对理性和稳定，对于股市的长期稳定性和发展具有重要的贡献。

（3）外资投资者对股市的影响。随着中国股市对外开放程度的提高，外资投资者在中国股市中的占比不断增加，其投资行为对中国股市的影响也日益显著，外资被市场称之为"聪明钱"，对投资方向具有引领作用。外资投资者通常具有较强的资金实力和专业知识，其投资行为对股市的影响往往比个人投资者更具长期性和稳定性。

（4）资金流向的影响。中国股市的资金来源相对多元化，除了个人投资者的资金外，机构、保险公司和外资投资者的资金也在不断涌入。这些不同来源的资金流向和投资偏好的变化都会影响股市的走势和方向。

综上所述，中国股市投资者与资金结构对股市形成的影响是多方面的，个人投资者的投资行为会对短期股价波动产生较大影响，机构投资者和外资投资者的投资行为对股市的长期稳定性和发展具有重要的作用，而资金流向和投资偏好的变化也会影响股市形态的变化。

3. 未来中国股市投资者与资金的变化趋势

（1）投资者结构的变化。未来，中国股市中机构投资者和外资投资者的比例可能会继续增加，而个人投资者的占比可能会逐渐下降。这是由于中国证监会在推进股市改革、提高股市开放程度的过程中，鼓励机构投资者和外资投资者进入中国股市，同时加强监管，限制个人投资者的高频交易和投机行为。

（2）投资偏好的变化。未来，随着中国经济结构的调整、新兴产业的崛起和资本市场改革的推进，投资者的投资偏好可能会出现一定的变化。例如，投资者可能会更加关注硬科技和人工智能及新能源领域的企业，而对传统产业的投资兴趣可能会下降。

（3）资金来源的多元化。中国股市的资金来源可能会更加多元化。除了机构投资者和外资投资者的资金外，保险公司、银行理财产品、社保基金、企业年金等其他投资渠道的资金可能会进一步进入股市，增加股市的流动性和活力。

（4）投资理念的变化。未来，投资者的理念可能会逐步从短期交易走向长期投资，更关注企业的基本面和发展前景。同时，投资者也可能更加注重环境、社会和治理等方面的因素，重视企业的社会责任和可持续发展。

综上所述，未来中国股市投资者与资金的变化趋势可能呈现出更加多元化、专业化、长期化，以及注重企业的基本面、社会责任等方面的特点。

中国股市国际化进程及其影响

中国股市的国际化进程已经取得了一定的成果。目前，中国股市已经成为全球第二大证券市场，未来在国际化方面还有巨大的发展潜力。

首先，继续扩大市场准入，吸引更多的外国投资者。中国股市对外资的准入程度已经逐步放宽，未来有望继续扩大市场准入，如放宽外资持股限制等措施，从而吸引更多的外国投资者参与中国股市。

其次，加快 A 股纳入全球主要指数的进程。2005 年 5 月，美国著名的指数编制公司，摩根士丹利资本国际公司（Morgan Stanley Capital International，MSCI，又译"明晟"）已将中国 A 股纳入其新兴市场指数，并计划逐步提高 A 股在其指数中的权重。未来，随着中国股市的国际化程度不断提高，A 股有望纳入更多的全球主要指数，从而吸引更多的外国投资者。

再其次，推动债券市场国际化。中国债券市场规模巨大，但国际化程度较低。未来，中国将继续推进债券市场的国际化进程，如扩大外国机构投资者的准入、推广人民币国际化等，从而吸引更多的外国投资者进入中国债券市场。

最后，加强监管和法律制度建设。中国股市国际化进程需要健全的监管和法律制度作为保障。未来，中国将继续加强股市监管和法律制度建设，例如推出更加严格的信息披露制度、完善股东权益保护机制等，从而提高国际投资者的信心和参与度。

新兴市场股市是吸引国际资本流入的重要渠道之一，然而，当国际资本大量流入时，也可能会带来一些负面影响。

下面介绍两个案例。

第一个案例是 1997 年的亚洲金融危机。在 20 世纪 90 年代初期到中期，亚洲新兴市场股市经历了快速增长，并吸引了大量的国际资本。然而，1997 年的亚洲金融危机爆发后，国际资本迅速撤离，亚洲股市遭受了巨大损失。这次危机表明，当国际资本大量流入新兴市场股市时，若管理不善，可能会导致过度泡沫，从而使市场陷入危机。

　　1997 年亚洲金融危机是对国际资本进入新兴市场的一次严重警示。这一金融危机的爆发是由于长期以来国际资本流动进入亚洲国家的过度过热，造成了亚洲金融体系的严重失衡。

　　首先，大量的外资进入亚洲市场打压了当地的货币汇率，使得本地政府为了维持汇率稳定不得不大量卖出外汇储备，甚至通过升息等手段吸引外资投资，然而升息和资本流入进一步加剧了亚洲国家的信贷和资产泡沫，加大了金融危机爆发的风险。

　　其次，大量的国际资本流入使亚洲国家的企业产生了错误的对外融资预期，使得当地的民营企业大规模地借外债拓展业务，风险极大。面对国际信贷资本的超级吸引力，一些公司设法欺骗本国银行，为实际控制人提供一系列的虚假承诺，协议中的利润被注入公司的簿记账目里。但在 1997 年泰铢汇率遭到攻击，市场开始了十年被忽视的套利爆仓危机，为宏观经济的动荡埋下伏笔。

　　最后，大量的国际资本流入使亚洲国家的政府和金融机构的治理水平和内部风险管理能力没有得到有效的提升，难以抵御市场风险和冲击，并导致一些热钱借此机会远离市场，加剧了危机的严重程度。

　　因此，这一金融危机使得人们开始重新审视国际资本进入新兴市场的负面影响，以避免更严重的后果。国际资本流入新兴市场，一方面可以提高这些新兴市场的资金供给和经济发展，但是另一方面，如果没有有效的规范和管控，也会加剧当地的金融风险，甚至引发严重的金融危机。

推断力：写给中国投资者的股市行为学

第二个案例是 2013 年的"美联储缩表"事件。在 2008 年全球金融危机之后，美联储采取大规模宽松货币政策，促进了大量资本流入新兴市场股市。然而，2013 年美国联邦储备委员会宣布减少购买国债计划，即"美联储缩表"，导致国际资本返回美国，新兴市场的货币贬值，债券价格下跌，引发部分新兴市场股市大幅下跌。

这场风波对一些新兴市场的影响比较明显，其中印度、巴西、印度尼西亚和南非是受到影响最大的四个国家。

（1）印度。在 2013 年"美联储缩表"事件中，印度经济和股市都受到了重创。印度卢比汇率的波动性加大，股市下跌，收益率攀升，印度央行不得不通过加息等措施维护稳定。

（2）巴西。巴西一度是新兴市场国家中经济增长最为迅速的。但在"美联储缩表"事件中，巴西实行的货币政策未能有效地对冲外部压力，导致巴西股市暴跌，巴西雷亚尔大幅度贬值。

（3）印度尼西亚。印度尼西亚的经济和股市也受到了巨大的影响。在 2013 年，"美联储缩表"事件中，印度尼西亚的股市和货币经历了暴跌，印度尼西亚政府采取央行降息和其他措施以恢复经济稳定。

（4）南非。南非也是在 2013 年"美联储缩表"事件中受到了影响的国家之一。南非兰特汇率的波动性增加，股市下跌，南非央行也通过加息等措施来保持货币政策的稳定性。

可以看出，"美联储缩表"对新兴市场的影响非常明显，特别是在一些经济体结构不稳定、政策风险较大、投资者信心不足的国家，更容易受到金融市场冲击的影响。因此，在全球化、国际化进程中，新兴市场国家需要提高自身的风险管控和应对能力，加强国际合作和监管来应对类似事件的风险。

总的来说，当国际资本大量流入新兴市场股市时，可能会带来巨大的机会和潜力，但也可能会带来一些负面影响，例如过度泡沫、流动性风险、政治风险等。为了避免这些负面影响，需要新兴市场国家加强监督和管理，防范风险。

当然，国际资本流入新兴市场股市时，也会带来一些正面影响。

（1）资本流入可以促进新兴市场股市的发展和成熟。资本可以促进企业扩张、升级技术、提升管理水平，进而促进新兴市场股市的发展和壮大。

（2）资本流入可以提高股市的市场深度和流动性。资本的流入可以增加交易量和交易频率，进而提高股市的市场深度和流动性，使得股市更加健康和稳定。

（3）资本流入可以提高新兴市场国家的国际地位和吸引力，使得国际投资者更愿意投资这些国家，进一步促进了国家的发展和壮大。

（4）资本的流入可以提高新兴市场国家的外汇储备，进而促进经济增长和发展，为国家的经济稳定和发展提供支持。

总的来说，资本的流入对于新兴市场股市的发展和壮大具有重要意义，可以提高市场的深度和流动性，促进经济发展，提高国际地位和吸引力，但同时需要注意防范资本流入可能带来的负面影响。

第十一章

题材炒作和情绪周期

2015 年"股灾"以来，投资者经受了"失落的八年"。上证指数长期以 3000 点为中枢，在 2440 ~ 3730 点之间箱体震荡，成为了典型的"平衡市"。股市长期低迷进一步形成了 ALK 市场演绎结构，即 A 杀之后，L 形的横向震荡，伴随其中的 K 形股价结构分化（见图 11 - 1）。

在 2015 年"股灾"之后的八年中，中国股市的市场表现与国内外政治经济环境密切相关。具体来说，包括以下相关因素。

（1）国内经济增长放缓。中国 GDP 增速逐渐放缓，2013 ~ 2022 年，我国 GDP 总量增长了 69%，达到了 121.02 万亿元，但增速从 2010 年的 10.6% 下降到 2022 年的 3%，这对于股市的表现产生了一定影响，因为股市通常会优先反映经济增长和

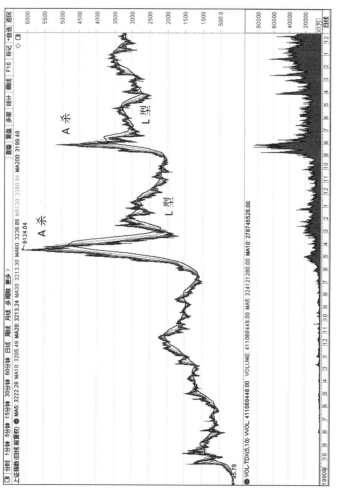

图 11 - 1　中国股市情绪周期与 ALK 情境

资料来源：通达信金融终端 V7. 58。

企业盈利的预期。

（2）国际贸易摩擦。中美贸易摩擦和美国对中国高科技产业的限制以及制裁措施，对于中国经济和股市都产生了一定的负面影响。这些限制和制裁措施导致许多中国科技公司的业务受到了影响。中国和美国之间的贸易争端，以及其他国家和地区的关税和贸易壁垒，给中国的出口和经济增长带来了压力。这些因素使企业的盈利能力受到挑战，从而影响了国内股市的表现。

（3）新冠疫情冲击。新冠疫情对于中国和全球经济和股市产生了深远的影响。从内部环境来看，一方面，中国政府采取了多种措施来控制疫情，这给企业和股市带来了很大的挑战。另一方面，内需市场的下滑和全球供应链的中断等也给中国经济和股市带来了很大的不确定性。从外部环境来看，全球经济也受到了新冠疫情的冲击。全球股市普遍下跌，许多国家和地区的经济都出现了不同程度的负增长。这对于中国股市也产生了负面影响，因为中国是全球第二大经济体，在全球经济中扮演着重要角色。

（4）地缘政治冲突。地缘政治风险也是股市运动的一个重要因素。如果地缘政治风险升级，股市可能会出现短期波动。例如，如果俄乌冲突升级，可能会导致股市下跌，尤其是那些与俄罗斯有贸易关系的国家的股市。此外，地缘政治风险也可能导致原油等商品价格的上涨，从而影响到与此相关的股市。

总的来说，中国股市在这八年中面临了多种内外部压力和不确定性因素，这些因素对于市场表现产生了负面影响。

这八年期间，中国经济面临了转型升级和增长方式改变的挑战。与此同时，这些变化与股市表现有关。

经济结构转型升级的过程中，中国政府推动了从传统的制造业到现代服务业的转型，从投资驱动型经济到消费驱动型经济的转变，并加大力度推进创新驱动和高端制造业的突破。这些变化对于股市的表现产生了一定的影响，因为这些变化需要时间，而股市通常会优先反映经济增长和企业盈利的预期。

另外，随着中国经济增长的放缓，政府采取了多种政策措施来促进经济增长。这些政策措施包括增加新基建投资、扩大内需和鼓励创新等。这些措施对于股市表现也产生了一定的影响，因为企业的盈利能力依赖于经济稳定增长。

此外，中国政府还推出了一系列的改革措施，以促进市场化和国际化。例如，推动人民币国际化、实施混合所有制改革、推进资本市场改革等。这些改革措施对于股市表现也产生了一定的影响，因为它们对企业的市场竞争力和盈利能力产生了深远的影响。

与此同时，这些宏观调控和产业政策影响因素，从另一方面也为股市提供了题材、概念炒作的契机。如"新能源概念""自主科技创新概念""数字经济概念""中特估概念""人工智能概念"等，这些题材炒作形成了结构性行情，在一定程度上创造了市场的局部赚钱效应，维持了市场人气和热度。

在股市中，题材炒作一直以来都是一个非常热门的话题，被誉为"不死鸟"。与传统的价值投资不同，题材炒作是指市场主力资金利用市场合力和跟风效应，快速创造筹码溢价的一种市场炒作行为。在中国股市中，题材炒作具有广泛的群众基础。市场总是有人发掘题材，也总有人根据题材来选股、跟风，题材炒作往往会导致股价的暴涨。题材炒作的赚钱效应对于偏爱短线价差的投资者来说，具有极强的吸引力，虹吸效应也非常明显，但也伴随"A杀"的极大风险。

在股市中，题材炒作是一个千变万化的话题，主要可以概括为炒业绩和炒预期。炒业绩是指产品需求爆发、价格上涨、产能扩张等变量带来的业绩超预期增长。炒预期则是指国家产业、区域政策扶持利好、技术创新等变量带来的行业爆发和企业成长预期，以及资产重组或收购带来的企业经营改善和扩张。题材炒作的理论基础是未来预期和想象空间。通过引导投资者预期和想象力，题材炒作可以激发市场人气，吸引资金流入，让人们更加关注国家宏观政策导向、产业发展趋势和企业未来前景。然而，这种前瞻性发掘也可能带来过度投机、市场波动过大等问题。

题材炒作客观上具有价值发现的先导作用。如果被主力相中的个股基本面有着实质性业绩支撑和持续增长，题材炒作有可能转化为长期的价值挖掘。题材炒作和价值挖掘在某种程度上是相辅相成的，题材龙可能也是价值龙；但如果题材炒作是缺乏业绩支撑和检验的纯概念炒作，那么这个题材龙就不可能成为价值龙，其股价很可能会被打回原形，成为"A杀"。

情绪周期的四个阶段

中国股市由于其"投机市"特征,情绪面对于股价走势的冲击力大于基本面。在沪深股市,换手率高,持股周期短,股价经常大幅波动。实际上,沪深两市有时候更像是机构资金、游资和散户之间相互厮杀的"博弈场",其中不乏赚钱效应与炒作风险并存的挑战,这是新兴市场发展过程中的问题。由于情绪面的影响力大,股价常常会忽略基本面而出现题材炒作暴涨暴跌的现象。除了一些有基本面支撑和市场逻辑,业绩得到验证的硬题材外,多数题材概念是怎么涨上去就怎么跌下来,俗称"A 杀"。简言之,题材炒作风险较高,投机性较强,不确定性很大。

2021 年 A 股市场交易金额出现了 149 个交易日破万亿元的纪录,其中 7 个交易日的交易金额超过了 1.5 万亿元,这意味着 A 股市场日均交易金额达到了 1.06 万亿元。这一纪录与个人投资者入场直接相关,个人投资者交易活跃度较高,带动了全市场交易量攀升。申万宏源报告显示,2021 年个人投资者持有流通股比例达到 34%,贡献了接近 70% 的交易金额。可以看出,个人投资者对 A 股市场的交易活跃度起到了至关重要的作用。

中国股市的高换手率、持股周期短等特征为题材概念炒作提供了市场条件。大资金拥有信息优势,他们煽风点火、呼风唤雨，而游资、散户则喜欢跟风炒作，情绪周期下的暴涨暴跌是中国股市的主要特征之一。

题材炒作一般遵循"高低切换"节奏。市场资金完成一轮炒作后会潜伏等待下一次炒作契机，从酝酿、开展、逐步蔓延、扩散，就是新一轮情绪周期的到来。一旦赚钱效应出现，资金涌入市场，意味着情绪周期爆发。

在估值体系健全的成熟市场中，市场会自动消化一切基本面以外的因素，市场具备了极强的自我修复能力。长期资金主导下，市场自动走向正确方向。然而，短期化持股的中国股市市场估值体系紊乱，价值投资理念受到了严峻挑战，可能需要更长时间的培育和磨合。

中国股市的投资者普遍缺乏长期投资信心，股票更像是筹码，涨跌也受制于情绪。题材炒作常常颠覆基本面，本质是博弈互杀、利益争夺。理智的投资者需要警惕市场中的情绪周期，同时也需要加强对于基本面的研究和理解，以便更好地把握市场的方向和趋势。

题材炒作是零和博弈，是场内资金的一种内卷和消耗，通常的结果是高位而逃的主力拿走了利润，高位接盘的散户苦不堪言。参与炒作的投资者用简单的跟风思维试图走心理捷径，这加剧了市场的波动性和风险。

情绪周期的第一个阶段是底部酝酿阶段，反转动力来源于市场底部的主涨板块，事物的发展从它的反面开始，伴随着转化条件的出现。中国股市暴跌之后，往往会出现长时间的低迷期，此时，错杀的股票比比皆是，由于悲观情绪影响，黄金与泥沙俱下，股票"无人问津"，市场极度低迷，这为新一轮情绪周期爆发埋下了伏笔。主流资金利用低迷期悄悄建仓，锁定基本面出现好转的潜力板块埋头吸筹。因此这一阶段，投资者需要自我情绪的调节，保持冷静和耐心，要警惕底部的自我保护，避免踏空损失。

情绪周期的第二阶段是情绪爆发阶段。在这个阶段，拥有信息优势的大资金会看到基本面好转，善于挖掘有炒作条件的板块，他们会缓慢推升股价，把大盘底部抬高，此时股价不再继续下跌，高点开始上移，市场成交量梯级放大。随着价涨量升，均线系统开始修复，日 K 线刺穿短天期 5 日线、10 日线，带动中天期 20 日线、60 日线，长天期 120 日线、200 日线列阵上行。

场外资金看到大盘好转，也开始跃跃欲试。这时，拥有信息优势的大资金会扫货"亮牌"，集中优势兵力，高举高打，大题材龙头股开始涨停、连板，带动热门板块个股纷纷大涨。游资和散户也闻到了"钱"味，市场人气快速聚拢，赚钱效应回归，边际定价效应扩张，板块轮动，热点向纵深发展，大盘井喷，成交量持续活跃。此时，媒体也开始热衷发掘各种上涨理由，看涨观点铺天盖地。日 K 线运行在短天期 5 日线、10 日线之上，短、中、长天期均线多头列阵发散。在边际定价效应扩张下，新一轮情绪周期被乐观引爆了。因此，这一阶段投资者需要时刻关注市场主力动向，保持对市场节奏的跟随，避免过早下车截断利润，作出错误的推断。

情绪周期的第三阶段是"审美疲劳"阶段。在这个阶段，大题材龙头股在资金的追捧下股价直线上涨，带动各个板块、热点轮番上攻。但随着龙头股和热门板块市值被反复推升，接力资金的消耗过大，股价上涨开始出现疲态。此时，媒体开始热衷于炒"冷饭"，拥有信息优势的大资金开始获利出逃。为了掩护出货，他们启动补涨板块和权重股、大盘股来维持指数繁荣，制造市场看高一线的假象。前期的龙头和领涨板块进入高位震荡、滞涨。日 K 线刺穿短天期 5 日线、10 日线，5 日线自上而下跌破 10 日线，大盘见顶信号隐约可见。在这个阶段，投资者需要特别警惕市场的风险，保持理性思考，避免盲目追高行为，减少投资风险。

情绪周期的第四阶段是"情绪消退"阶段。此时，大题材龙头股开始出现高位的大阴线连杀，不断破位，市场高低切换频繁，低位大盘股、权重股纷纷补涨，冷门板块转热，市场热点轮动节奏加快，这些都是大盘要下沉的危险信号。

热门板块和领涨股连续下跌出现了赔钱效应，边际定价效应负向溢出，追高意愿和做多热情消退，导致出逃资金扬长而去，存量资金进入内卷和消耗，大盘成交量梯次萎缩，"空中楼阁"塌陷，日 K 线开始逐步跌破中期和长期均线，受压长期 200 日线、120 日线、中期 60 日线和 20 日线、短期 10 日线和 5 日线。空方碾压多方，市场震荡向下。暴涨后暴跌，暴跌后市场长时间低迷。在这个阶段，投资者需要果断减磅，以免造成更大的损失。

上证指数情绪周期示例如图 11 - 2 所示。

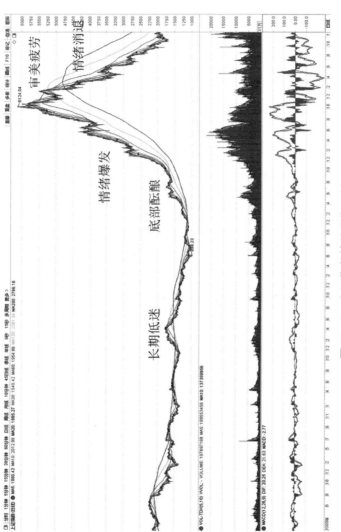

图 11 - 2 上证指数情绪周期示例

资料来源:通达信金融终端 V7.58。

以上每个情绪周期都经历了一次利益再分配。在情绪周期的高频交易中，中国股市游资和散户贡献了大部分交易量，他们的短线和题材偏好被主力资金利用，推动情绪周期的形成和演化。

对情绪周期的客观理性认识是投资者制定投资策略的重要参考。市场的多样性也是股市活力的一种表现，题材炒作如果不是市场操纵或过度投机，而是遵循价值发现的规律，也能够在一定程度上起到股市价值发现功能的作用。然而，投资者更需要警惕题材炒作风险，同时也应该注重中国股市的健康发展。或者说，理智的投资者应该秉持价值投资理念，从基本面出发，去发现真正有价值的股票和公司。

筹码溢价和龙头效应

市场效率指股市价格能够全面反映所有可用信息，而推断力新范式认为投资者的总体推断能力越高，他们就越能更好地理解市场信息和企业财务数据，做出更准确的决策。这有助于市场更有效地反映所有可用信息，提高市场效率。相反，如果投资者的总体推断能力较弱，他们可能无法有效解读市场信息和企业财务数据，从而导致定价效率不充分反应或价格无序波动，市场效率降低。因此，投资者应该注重提高自己的推断能力，以更好地理解市场和企业，制定更准确的投资决策。

在中国股市的投资者和资金结构中，主流投资机构通常具有较高的推断能力，但并不占据交易的主导地位。相反，中国股市散户交易量近 70%，他们更容易跟随题材炒作，形成跟风模式。因此，市场操纵者通常会利用"羊群效应"，从而推动市场的波动和题材炒作的盛行。这是中国股市题材炒作盛行的股市行为学理论基础。投资者应该意识到这种风险，注重提高自身的推断能力，从基本面出发，选择符合价值投资理念的股票和公司。

中国股市以常规市盈率难以解释题材炒作的现象，这需要更深入的分析。在笔者的研究范式中，股票价值可以分解为三个部分：（1）股票资产价值，即上市公司的净资产，其回报取决于净资产收益率的高低；（2）股票财务价值，即分红派现率的多寡；（3）股票流动性溢价，即市盈率倍数。市盈率可以进一步分为两个部分：一是股票常态市盈率溢价，其溢价高低与总体市场、行业市盈率水平以及上市公司自身的经营业绩和成长性相关；二是股票的筹码溢价，其与市场炒作相关。在这三个部分中，筹码溢价是与市场炒作密切相关的部分，是股价波动率加大的不稳定根源。因此，理智的投资者应该注重筹码溢价的非理性成分，从基本面和经营业绩出发，选择具备真正投资价值的股票。

股票作为筹码具有流动性溢价的现象在 AH 股长期存在的溢价中得到了证明。内地股市的流动性和投机性高于香港股市，因此 AH 股在沪深两市的交易价格平均高于在港交所的交易价格逾四成（东方财富网 AH 溢价指数 2023 年 8 月 11 日收盘 143.50 点）。这种同一股票在不同市场的不同价格解释了筹码溢价的市场现象。

例如，2023 年 8 月 7 日，华虹半导体回归科创板成为 AH 股两地上市股票。以 IPO 上市首日为截点，华虹公司（688347）收盘价 53.06 元，市值 910 亿元；港股方面，华虹半导体（01347. HK）报 23.45 港元，市值 401 亿港元。考虑到汇率，华虹半导体 A 股市值接近港股 2.5 倍，筹码溢价显著。另一个典型例子，8 月 9 日，沪深股市出现惊天一幕，创业板新股盟固利（301487）发行价 5.32 元，上市首日盘中最高价 202.15 元，狂飙 3800%，收盘价 98.02 元，涨幅 1843%，双双打破 A 股新股上市最强纪录。而次日，盟固利开盘 45.10 元狂跌 54%，又成为了新股上市次日的开盘跌幅之最。原因之一是盘子太小，情绪化炒作的筹码溢价可谓疯狂至极。

中国股市在经历 30 多年的发展后日益成熟，但仍然炒风盛行、换手率极高，凸显了短线化持股和高频交易的"投机市"特征。投机市派生了股票筹码的流动性炒作溢价，投资者通过心理捷径，热衷于题材和龙头的简单跟风，导致股价脱离了基本面的非理性暴涨暴跌。

就是说，当资金涌入某个板块或龙头个股形成热点时，筹码供不应求，股价打破常规市盈率的约束而暴涨，形成了筹码溢价。

在这种情况下，主力资金、游资、散户的市场合力成为股价脱离传统估值约束的一股炒作力量。由于热点跟风效应的存在，经常会把股价推高到常规市盈率无法解释的高度。投机者为了赚取超额利润，不断炒作，推高股价，筹码溢价的非理性膨胀成为了国内 A 股市场最大波动风险。

于是，一旦有故事，有炒作"理由"，这股炒作资金所到之处便是涨停、连板，吸引着游资和散户的眼球。

题材热点和板块龙头的边际定价效应不断自我强化，行情自我实现，筹码供不应求，股价暴涨，翻倍股刷屏，这给投资者制造了只要跟风就能赚钱的假象，实际上杀机四伏，跟风者很容易被掩埋和收割。

投资者面对这种情况时，需要理性看待炒作现象，注重内在价值，警惕筹码溢价的非理性炒作成分，要避免盲目跟风，控制投资风险。

在中国股市中，散户热衷第一时间发现市场的"精神领袖"，即题材炒作的领涨股，这些领涨股常常具备一些特征。比如，大多数龙头股会以三连板的形式启动，在大盘调整末期率先拉出涨停板，表现出领涨股的特征。在上涨过程中，龙头股最迟在第一波拉升的分歧阶段需要放出相对于自身历史的成交量新高，以消化历史套牢盘，为后续拉升打下跟风基础。

此外，题材龙头上涨通常会带动相关板块和个股共同上攻，展现出马太效应。真正的龙头带领同板块个股上涨，显示龙头气质，成为市场榜样，被投资者们所追捧，其特征是投资者心理捷径的借鉴和参考。

市场上的热点题材层出不穷，但只有少数能够持续走高，成为真正的热点。这主要是因为有些题材虽然有逻辑，但没有形成情绪上的疯狂炒作。逻辑只是驱动，情绪爆发的合力才是主升。

新题材出现时，龙头领涨股的表现是关键，因为核心龙头的诞生都是由逻辑到情绪的升华所驱动的。龙头股上涨到情绪炒作的时候，股价的上涨空间也就被打开了。这时候，情绪拐点就来了，题材板块的地位也就上升了。

在市场资金的竞争中，虹吸效应扩张了边际交易价格的正向溢出，这种情形下股价涨跌的本质是资金的推动。

在大题材板块炒作过程中，龙头股的作用不可忽视。往往在板块内个股轮番助攻的情况下，龙头股会表现出震荡的特征，但仍有替补股可以上位，从而维持题材热度。

一个题材如果能够持续得到资金接力，又有龙头股持续向上拓展空间，就能够具备炒作的持续性。龙头股通常以量换价，逢关必过，直上云霄。这不仅带动了题材板块整体形成上攻合力，还扩大了赚钱效应。

游资、散户等跟风者也会争先恐后地加入进来，这种情形持续下去，就能够形成持续性热点。因此，在推断过程中，不仅要关注题材板块，还要特别留意龙头股的表现，这样才能更好地把握市场形势和短线机会，避免交易风险。

在题材板块炒作过程中，龙头股的表现非常重要。但是，如何判断龙头股的上涨高度呢？一些民间高手总结出了规律：如果题材板块是突破新高的，那么龙头股的炒作空间就不可限量，这样的龙头股是主升龙；相反，如果题材板块是触底反弹的，那么龙头股只是反弹龙，其炒作空间则较为有限。因此，关键在于板块所处的位置，板块突破新高才是反转行情的标志。反转的力度大大高于反弹的力度。在推断的过程中，需要注意板块的走势，并与龙头股的表现相结合。

确认龙头的方法可以通过拉板辨识度来判断其唯一性。唯一性才是确定性。比如一个新题材，如果只有一只个股涨停，那就选它，因为它是唯一的；如果有多只涨停，就要等到它唯一的时候，比如两板唯一了，三板唯一了，它就是龙头。例如，以华为入局智能电动车为例，第一天有 12 只个股涨停，第二天 12 只个股连板，第三天 7 只个股连板，但是谁是龙头呢？不确定。第四天出现了大分歧，后排个股大跌，甚至出现多个跌停，但有两只个股晋级走到了第四板。到了第五天，只有一只个股连续五个交易日涨停，唯一性来了，可以确定它是龙头了。这就是拉板辨识度法。发现龙头就等于买进超额利润。最后跳出来的是 5 板赛力斯（601127）（原名"小康股份"）（见图 11－3），其涨幅最大接近十倍。在交易过程中，需要关注市场热点和个股表现，并通过拉板辨识度来确定龙头，以获取超额收益，但也要注意控制风险。

判断题材级别大小，可以从板块领涨的连板数来观察，连板数越高，级别越大。每个大题材在高潮过后的消退期，往往会留出一个活口，即新题材首轮见顶杀跌后的反弹。这是因为即便是消退期，大题材仍然有很高的关注度和人气，前面错过的踏空资金也会在第一次杀跌后寻找机会重新进场，推高股价。

因此，龙头股是判断题材热度和投资机会的重要指标。但需要注意的是，参与龙头股炒作的风险非常高，投资者需要理性看待这种现象，遵循价值投资理念，谨慎决策，不可盲目跟风。

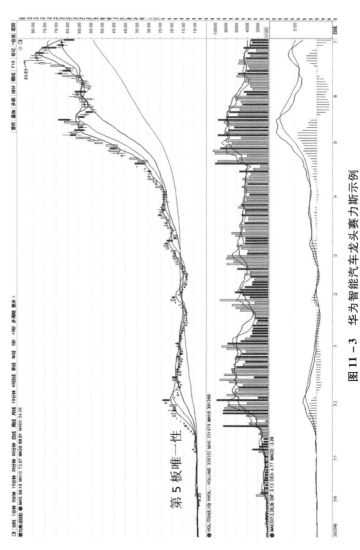

图 11 - 3 华为智能汽车龙头赛力斯示例

资料来源：通达信金融终端 V7.58。

股市投资安全第一，具有安全边际的价值龙头才是获得超额回报的一种投资策略。

股市的两种基本盈利模式

在股市中，投资者可以通过一些基本的盈利模式来赚钱。这些盈利模式是指从股市中获得回报的方式和方法。在选择盈利模式之前，投资者需要回答三个基本问题：一是您能够投入多少资金且可以承担多大的风险；二是您期望的投资回报率是多少，例如，以年为单位的目标收益率；三是您打算采用什么方法来实现投资回报，即采用何种盈利模式。

拥有清晰的盈利模式是投资者风格定位的关键。因此，投资者在选择盈利模式时需要充分考虑自身的风险承受能力和期望回报率，并选择适合自己的方法来实现投资回报。

长期投资是指将资金投入具有安全边际和价值被低估的股票中，等待股票价值逐步回归到合理区间或被高估，并在未来的某个时间卖出实现收益；短期交易则是利用市场波动，通过低吸高抛来获得短线的收益。

无论是选择长期投资还是短期交易，投资者都需要根据自身情况制定适合自己的投资策略，并坚持执行。

长期投资的价值派遵循推断逻辑的深度把握，而短期交易的题材派走心理捷径，通过简单化推断获取价差收益。

价值派做时间，赚上市公司价值成长的钱。价值派的股市

推断力：写给中国投资者的股市行为学

行为学基础是市场效率理论，在价值被低估且有安全边际的条件下，进场左侧交易。他们喜欢价值成长型行业龙头，"买完了等着瞧"，做时间的朋友。市场效率理论认为股价会反映其价值，时间可以平均分配波动风险，让投资者获得长期稳定的投资回报。赚钱轻松的好公司长期看股价表现都不会差。如果您是价值派个人投资者，可以选择熟悉的领域，挑选看得懂的上市公司，挑选自己经常消费的品牌；如果您是推断力高手，可以推断有价值潜力的个股，然后利用股市低迷时机，低成本捡到"便宜货"，买入后耐心持有，等待股市好的时候，股价回升到您满意的位置再考虑卖出。一旦遇上具有长期价值增长潜力的上市公司，也可以长期持有获得时间价值上的复利。

题材派是借助市场的情绪波动赚取差价的短期交易者。他们的投资策略基于趋势惯性理论，即利用股价底部反转或强势股的趋势惯性进行交易，高买高卖以赚取价差。这种盈利模式被许多游资和散户所青睐。然而，这种盈利模式需要投资者具备高度的市场熟悉度和强大的内心，同时需要坚持复盘以跟上题材热点和板块龙头轮炒的节奏。由于题材热点的变幻无常，投资者必须保持高度警觉，同时对操盘执行力要求较高。在操作过程中如果出现错误，及时止损是非常重要的。因此，只有具备足够的市场知识和实战经验的投资者才能够在题材热点中获得成功。

短线客是一个特殊的投资群体，他们持股时间相对较短，通常是"抢帽子"，买对了股票赚钱后迅速卖出，买错了就"割肉"离场，因此交易非常频繁。短线客倾向于选择强势股，这一点与题材派的盈利模式有共同之处。然而，题材派的持股周期要比短线客长，交易不那么频繁。这些投资者都属于做情绪的范畴，价值派、题材派和短线客是我们大 A 股市常见的两大流派和三大群体。对于短线客，他们需要具备较高的交易技巧和操盘能力，同时需要有敏锐的市场嗅觉和快速的决策能力。只有在市场熟悉程度较高、操作能力较强的情况下，短线客才能在股市中获得成功。

做情绪本质上是追求筹码溢价，争取超额价差的一种投机方式。然而，这种投机方式同样也会带来高风险和不稳定的情况，因此需要投资者克服许多障碍。如果想要选择这种盈利模式，需要考虑个人的风险承受能力、时间和精力的投入等因素。实战中，投资者常常会有焦虑、心态烦躁的情况出现，而且赢面的不稳定性也会影响到个人和家庭生活。因此，选择做情绪需要谨慎考量，并努力提高自己的推断能力，降低试错代价和风险。虽然做情绪可以带来快速的盈利，但是，盈亏同源，这种投机方式的淘汰率较高，赚得快也赔得快，真正能够在股市中获得稳定盈利的人数非常有限。投资者需要认真权衡自己的实际情况，并尽可能减少冲动风险，以达到稳定盈利的目标。

第十二章

投资增效闭环

投资增效闭环的流程框架

推断力新范式是一种基于基本分析、技术分析和股市行为学构建的高阶思维和推断能力，重在实战的效果。第十章介绍了本书的第一个应用模型——股市顶底推断六步法，主要用于判断大盘趋势和寻底与逃顶，在具体推断中可以更好地认识市场总体的运行态势，实现从认知到决策的高效转化。推断力新范式不仅提高了投资者在股市的分析能力，还提供了一个实用的决策框架，有助于投资者作出更好的决策并取得合理的回报。

经过长期探索，笔者通过投资增效闭环取得了良好的实战效果。该模型是一个涵盖了推断、交易、复盘和优化的综合投资管理模型，是推断力新范式的落地和执行。同时，该模型是一个动态且不断优化的过程，通过结合数据分析、预测模型和主动管理方法，提供了一个理性投资的循环管理和流程框架。

当投资者理解了推断力新范式进行股市投资时，通常就可以感受到这一模型的实用价值，笔者更希望投资者可以举一反三，形成您独有的风格。下面我们对每个步骤进行详细介绍。

（1）推断（inference）。推断是该模型的第一步，是通过对市场走势的观察和分析，来得出对股票价格未来发展趋势的判断。投资者可以使用推断力新范式的"股市顶底推断六步法"来进行大势的多维推断，并利用产业和个股推断范式来确定具体的投资组合策略，在不确定中发现有价值的个股趋势。

（2）交易（trading）。交易是该模型的第二步，是在多维推断的基础上，根据自己的风险偏好和投资目标，制订具体的交易计划。交易计划可以包括买入、卖出或持有股票的决策，以及具体的交易时间和价格等方面的考虑。

（3）复盘（review）。复盘是该模型的第三步，是在交易完成后，对自己的投资过程进行回顾和总结，以便发现自己在投资过程中存在的问题和不足，并进行优化。复盘可以包括自我评估和对市场的评估，以及对投资策略、交易计划和风险管理等方面的总结。

（4）优化（optimization）。优化是该模型的第四步，是在复盘的基础上，对自己的投资过程进行改进和迭代，以提高潜在的投资回报率。优化可以包括收益率曲线管理、调整投资策略、更新交易计划、加强风险管理等方面的改进和提升。力图每一次优化都有所进步。

案例解读

下面我们以 2023 年 3 月中旬中国新一届政府机构领导人产生为分析节点，通过案例法来详细解读每个环节的内容。

（一）推断环节

1. 大势推断

大势推断是指对整体市场的宏观趋势进行分析和预测。这个步骤需要考虑经济、政治、社会和技术等多种因素。在大势推断中，我们需要根据市场的变化和趋势来制订和调整投资策略。

（1）宏观背景。在 2023 年 3 月 13 日上午举行的记者会上，新一届政府提出了三个工作重点：一是牢固树立以人民为中心的发展思想；二是集中力量推动高质量发展；三是坚定不移深化改革开放。新一届政府的施政纲领和方针，对于中国股市的行情推断具有指示作用。集中力量推动高质量发展，意味着提高科技创新能力、建设现代化产业体系、推动发展方式绿色转型成为了实现经济增长目标的新动能。从产业结构上看，目前我国科技创新能力潜力巨大，未来科技政策将聚焦自立自强，政府将发挥好在关键核心技术攻关中的组织作用，突出企业科技创新主体地位。这就是说，科技创新能力是高质量发展的利器，也将是本届政府的重点支持领域，可以推断，科技创新将成为资本市场的行情主线之一。

（2）大盘走势。2023 年 3 月 13 日，上证指数开盘价 3228.12 点，收盘价 3268.70 点，上涨 40.58 点，约 1.3%，随后大盘在科技股带领下震荡走高，成交量温和略有放大，至 4 月 7 日上证指数收盘价 3327.65 点，上涨 99.53 点约 3.08%。从大盘整体走势看，市场反应正面，并对提高科技创新能力给予积极呼应，"科技牛"呼之欲出。

（3）投资策略。以多头主观策略看，虽然大盘仍然处于"平衡市"，但结构性行情可期，在宏观经济"减速增质"背景下和产业结构升级中，我们可以力图主动管理，抓住新一届政府着力提高科技创新能力的契机，重点关注"科技牛"的投资机会，力求跑赢大盘获取超额利润。

2. 板块推断

板块推断是指对不同板块的表现进行分析和预测。这个步骤需要考虑不同板块的走势、资金竞争流向、投资者情绪等多种因素。在板块推断中，核心任务是选择具有潜力的板块布局。

（1）关键信息。第一，新一届政府强调推动高质量发展，科技创新能力是高质量发展，突破高端产业链瓶颈的突围之策，需要举国之力。第二，2022 年 11 月 30 日，Open AI 团队将 ChatGPT 模型向社区发布测试。根据 UBS 发布的研究报告显示，ChatGPT 在 2023 年 1 月份的月活跃用户数已达 1 亿，成为史上用户数增长最快的消费者应用，引来新一轮 AI 大热，科技巨头纷纷加大 ChatGPT 相关投入，国内厂商也在迅速跟进，纷纷进行大模型布局并密集发布相关产品。第三，2009 年 1 月 3G 牌照的发放标志着移动互联网时代的开启，2013 年 12 月 4G 时代也正式到来，掀起移动互联网应用的新浪潮。可以推断，进入 5G 万物互联时代，AI 人工智能和数字经济大概率也会像移动互联网一样彻底改变人们的生产生活方式，尤其在产业升级中将发挥重要推动作用，市场应声起舞，对 AI 人工智能各种场景的落地应用及产业链中的相关上市公司掀起炒作热潮。

（2）概念分类指数。第一，大智慧 2023 年 2 月 22 日发布 ChatGPT 概念股指数，至 2023 年 4 月 7 日，指数从最低点 3284.06 点上涨至最高点 5989.96 点，涨幅 82.39%。第二，大智慧 2023 年 2 月 17 日发布 AI 训练概念指数，至 2023 年 4 月 7 日期间，指数从最低点 3080.33 点上涨至最高点 4386.87 点，涨幅 42.15%。第三，大智慧 2022 年 11 月 16 日发布 AIGC 概念指数，至 2023 年 4 月 7 日期间，指数从最低点 2925.19 点上涨至最高点 5141.03 点，涨幅 75.75%。第四，大智慧 2022 年 2 月 17 日发布算力概念指数，至 2023 年 4 月 7 日，指数从最低点 2322.90 点上涨至最高点 4664.94 点，涨幅 100.82%。

（3）科创板表现。2023 年 3 月 13 日至 4 月 7 日，科创板指开盘价 992.94 点，收盘价 1161.02 点，大涨 168.08 点约 16.92%。走出了量价齐升的多头趋势行情，涨幅大大超过了同期上证指数的 3%。

3. 投组推断

投组推断是指基于大盘预测结果及投资策略和板块推断结果，对具体个股市场表现和业绩潜力进行分析和预测。在投组推断中，我们需要选择具有良好业绩潜力的个股进行跟踪，最终选择和建立具有利润富集潜质的投资组合来进行布局，目标是跑赢大盘的超额利润。

（1）建立股票池。股票池的建构原则是优质潜力股，可以根据个人偏好选择龙头策略或跟随策略，并通过个股基本面分析加以甄别。基于上述推断，在下文的案例中，我们将以"科技牛"为主轴，以人工智能和数字经济为两翼，围绕科技创新、国产替代、上中游供应链、终端应用场景等多维度选择龙头个股，形成股票池。

（2）进入建仓环节。持续跟踪股票池，耐心等待建仓时机，原则上避免追高操作，这个节点需要运用技术分析手段和市场情绪分析，重点考虑建仓时的回调风险，在交易环节等待逢低买入时机，要在择时上下功夫。

（3）实战案例。按照我们的上述推断和投资策略安排，我们以中国经济减速增质和产业结构升级为背景，以科技创新为主题，围绕人工智能和数字经济的未来前景和发展，着力拥抱第四次工业革命浪潮的中国机遇，同时考虑投资组合的多样性，我们还看好中药创新的投资潜力，并加入金矿龙头平衡风险，达到攻守平衡的投资组合目标。最终，这一投资组合的推断示例为中国联通（600050）、中芯国际（688981）、科大讯飞（002230）、光迅科技（002281）、南大光电（300346）、数字政通（300075）、山东黄金（600547）。

以上投资组合示例的目的是帮助读者更好地理解投资增效闭环的实战运用，包括接下来投资组合中的个股分析也仅是案例法实战解读的需要，不构成任何投资建议。股市有风险，投资需谨慎。以下涉及个股分析的资料和数据均来源于东方财富网（https：//www.eastmoney.com/）的公开信息。

案例一：中国联通（600050）

（1）入选理由。通信业正处在新一轮繁荣周期的起点，高速、低延时、海量接入，5G 网络的三大特性必将改变我们的生产生活方式，5G 时代及"云网一体"将给运营商带来巨大利润增量，作为中国电信业三大巨头之一，中国联通将成为数字经济和人工智能的最大受益者之一。

（2）基本分析。2022 年公司营收 3549.44 亿元，同比增长 8.3%，增速创近九年新高；归母净利润 72.99 亿元，同比增长 15.8%。2022 年新增 31 万个 5G 中频基站和 17 万个 900M 基站，行政村覆盖率达到 96%，5G 中频规模和覆盖水平与行业相当，移动用户达到历史新高。收入增长持续提速，盈利能力不断增强；基础业务不断稳固，5G 渗透率持续提升；产业互联网增速规模双提升，联通云继续翻倍增长；资本开支占收比保持下降态势，持续加大算力网络投入。

（3）技术分析。中国联通 2002 年 10 月 9 日上市以来，股价最高时为 16.68 元，随后在 2.40 元和 10.26 元之间进入箱体震荡；2022 年 10 月 31 日触底 3.25 元止跌，开始进入一轮趋势上攻行情；2023 年 3 月 14 日触高 6.45 元，上涨幅度达到 98.46%，中长期均线保持 45 度至 30 度仰角，成交动能保持，交投活跃，技术上有望形成震荡向上的多头行情趋势。

（4）估值分析。公司经营情况向好，移动 ARPU 值及 5G 渗透率持续提升；同时在产业互联网等创新业务上充分发挥网络资源、技术储备等核心优势，推动 B 端业务持续快速增长。2023 年公司资本开支持续加大，根据天风证券研报数据，预计 2023~2025 年归母净利润为 83.78/94.39/104.74 亿元，以目前 1768 亿元市值计算，对应 2023/2024/2025 年 PE 为 21/18/16.87 倍。

中国联通历史走势如图 12-1 所示。

案例二：中芯国际（688981）

（1）入选理由。中芯国际在全球十大晶圆代工业者中排名第四。在国内规模最大，在中国芯片产业链中具有举足轻重的地位。背靠快速增长的国内设计市场，充分受益于国产替代。随着 5G 时代的到来，VR、AR、自动驾驶、人工智能等一系列新兴领域快速发展，催化了芯片行业技术的发展和需求的大增，带动了晶圆制造需求的提升。

（2）基本分析。2022 年全年营收 495.16 亿元，同比增长 39%，归母净利润 121.33 亿元，同比增长 13%，扣非归母净

推断力：写给中国投资者的股市行为学

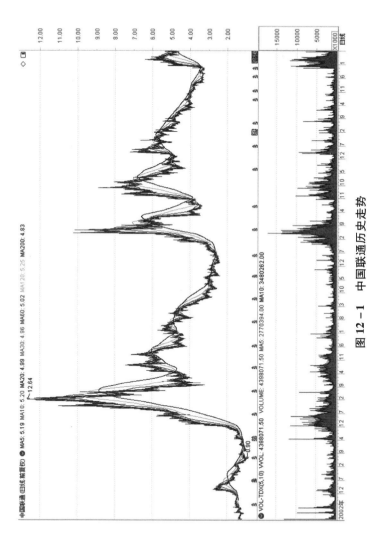

图 12 – 1 中国联通历史走势

资料来源：通达信金融终端 V7.58。

利润97.64亿元，同比增长83%，均创历史新高。作为中国晶圆代工的龙头企业，中芯国际持续扩产提升价值中枢。公司的价值源于不断扩产以完成IC制造国产化使命，按目前规划，未来数年中芯深圳/京城/东方/西青等新产能将持续释放，同时拉动国内设备/材料产业链国产化率持续上行；作为中国大陆最大的IC晶圆代工厂商，公司是半导体产业内循环重心环节及解决芯片"卡脖子"问题的最终落脚点，投资价值凸显。中芯国际作为国内晶圆代工龙头，拥有本土企业最先进的14nm/N＋1/N＋2工艺平台，有望承接国内IC设计企业在成熟/先进制程的广阔需求。

（3）技术分析。中芯国际2020年7月16日上市以来，上市当天股价冲高95元成为最高价，随后股价一直震荡下行；2022年10月11日触底36.20元见底回升；2023年3月14日再受新一届政府定调提高科技创新能力刺激，股价从43元附近放量大涨逾10%，至4月7日触高61.61元，上涨幅度达到43.27%，中长期均线修复向上，成交动能异常放大，交投保持热度，技术上扭转调整态势，起底上攻，有望进入震荡向上的多头行情趋势。

（4）估值分析。在成熟制程需求提升的背景下，公司盈利能力有望超过预期。公司作为国内晶圆制造龙头企业，成熟制程技术领先，根据长城证券研报数据，预计公司2023~2025年归母净利润分别为75/95/114亿元，目前市值4753亿元，对应2023/2024/2025年PE为63/46/38倍。

中芯国际历史走势如图12-2所示。

推断力：写给中国投资者的股市行为学

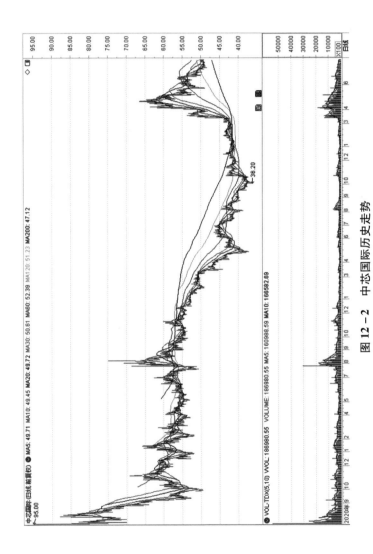

图 12-2　中芯国际历史走势

资料来源：通达信金融终端 V7.58。

案例三：科大讯飞（**002230**）

（1）入选理由。国内唯一承建认知智能国家实验室，打造大模型"1＋N"范式。大模型领域，依托科大讯飞唯一一家承建认知智能全国重点实验室，公司在 Transformer 深度神经网络算法方面拥有丰富经验，已广泛应用于公司的语音识别、图文识别、机器翻译等，并且达到国际领先水平，2022 年在认知智能技术领域累计获得 13 项世界冠军。公司陆续开源 6 大类、超过 40 个通用领域的系列中文预训练语言模型，在 Github 平台的中文预训练模型的星标数达 13346 颗，位列第一。

（2）基本分析。公司发布 2022 年业绩预告，预计实现营业收入 183.14 亿～201.45 亿元，较上年同期增长 0～10%；预计实现归母净利润约 4.67 亿～6.23 亿元，同比下降 60%～70%；预计扣非净利润 3.92 亿～5.38 亿元，同比下降 45%～60%。因疫情影响的项目型业务有望在 2023 年确认收入，2023 年起公司迈入利润年增速 30% 以上的高质量发展阶段。多业务条线投入布局，产业引领地位持续夯实巩固。ChatGPT 推 AI 发展，打开更广阔增长空间。2022 年 12 月，公司启动预训练大模型"1＋N"任务攻关，"1"为通用认知智能大模型算法研发及高效训练底座平台，"N"为应用于教育、医疗、人机交互、办公、翻译、工业等多个行业领域的专用大模型版本。

（3）技术分析。科大讯飞 2008 年 5 月 12 日上市以来，股价走势呈现震荡向上、持续创历史新高的良好态势，整体股价中枢不断上移；2023 年 1 月 16 日，股价从 33 元附近发动新一轮攻势，4 月 4 日股价触高 70.10 元再次改写历史新高，上涨幅度到达 112.42%，中期均线保持 45 度斜率，半年线成功上穿年线，成交动能持续扩大，交投保持活跃，技术上有望形成震荡向上的多头行情趋势。

（4）估值分析。丰富的行业数据积累，为大模型训练提供海量语料。庞大的算力资源，算法和国产化布局领先。随着未来持续型战略根据地的稳定落地，有望打开更高弹性的成长通道。根据华创证券研报数据，预计 2022～2024 年营收分别为 194.22 亿元、258.98 亿元和 332.65 亿元；归母净利润为 5.57 亿元、23.23 亿元和 31.04 亿元；EPS 为 0.24 元、1.00 元和 1.34 元，目前市值 1369 亿元，对应 2022/2023/2024 年 PE 为 245/58/44 倍。

科大讯飞历史走势如图 12-3 所示。

案例四：光迅科技（002281）

（1）入选理由。光通信龙头，从芯片到模块系统全产业链布局，光模块全国排名第一，全球排名第四，下属国迅公司的量子芯片研发成功。光迅科技是国内少有的芯片/模块/系统全产业链布局的光通信龙头，产品覆盖电信传输网、数据通信网以及宽带接入网等多个领域。经过二十余年的发展，目前公司已经通过内生增长与并购具备了光通信全产业链的垂直整合能力，且市场份额领先。目前公司产品已经实现了从芯片到器件、模块、子系统的综合解决方案的全覆盖。

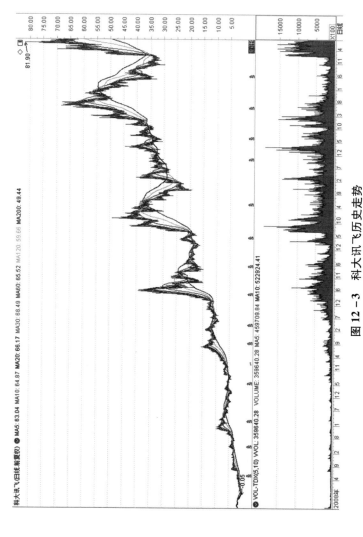

图 12 - 3　科大讯飞历史走势

资料来源:通达信金融终端 V7.58。

（2）基本分析。2022 年前三季度，光迅科技实现营收 52.81 亿元，同比增长 11.7%，实现归母净利润 4.92 亿元，同比增长 7.8%（扣非后 4.47 亿元，同比增长 7.9%）。光通信行业趋势向好，光芯片市场潜力巨大。公司研发能力强且产业链布局广，自有光芯片优势显著，是我国稀缺的具备从芯片到器件、模块、子系统的综合解决方案提供商，可以为数通以及电信客户提供一站式的服务，自有光芯片可以显著降低公司光器件、光模块产品的生产成本，提高产品盈利空间。同时公司在硅光芯片研发进度行业领先，有望在未来的竞争中占得先机。

（3）技术分析。光迅科技 2009 年 8 月 21 日上市以来，股价维持较好的震荡上行态势，股价最高见 37.64 元，随后出现较大幅度的下修，至 13.73 元止跌；2022 年 12 月 23 日，股价从 15.42 元开始新一轮上涨；2023 年 4 月 7 日收盘价 28.41 元，上涨幅度达到 84.24%。中长期均线形成新的多头排列，成交动能持续放大，交投保持活跃，有望形成震荡向上的多头趋势行情。

（4）估值分析。在国内外光通信行业趋势向好的背景下，光迅科技业绩有望实现稳步增长。此外公司在数据中心互联领域的布局也有望提供新的成长动力，近期推出激光雷达光源等新品卫星，互联网、激光雷达卡位重要环节，具有想象空间。国迅公司的量子芯片研发成功未来可期。根据中信证券研报数据，预计 2022～2024 年归母净利润分别为 6.40/7.61/9.10 亿元，目前市值 214.8 亿元，对应 2022/2023/2024 年 PE 为 33/28/23 倍。

光迅科技历史走势如图 12 - 4 所示。

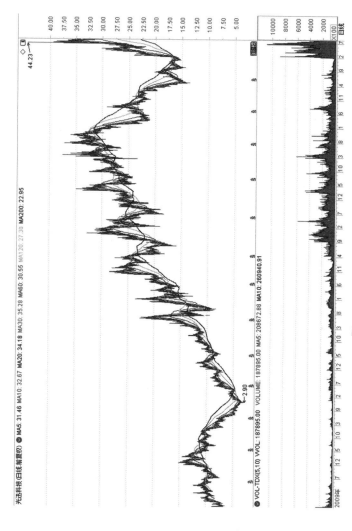

图 12 - 4　光迅科技历史走势

资料来源：通达信金融终端 V7.58。

案例五：南大光电（300346）

（1）入选理由。国家大基金入股子公司。公司 ArF 光刻胶的产品认证工作正在顺利推进，公司具备领先的生产技术、强大的研发创新实力及扎实的产业化能力，已经在多个领域打破国外长期技术垄断的局面。远期看，公司各项新产品有望成为新的成长点。电子化学品行业将迎来主升期，5G、新材料研发等进程将进一步推动通信设备、手机和可穿戴设备等消费电子、汽车智能化、家电智能化领域的快速发展，带动电子产业进入新一轮增长周期，从而带动电子化学品需求的快速增长。

（2）基本分析。2022 年南大光电实现营收 15.81 亿元，同比增长 60.62%；实现归母净利润 1.87 亿元，同比增长 37.08%；实现扣非归母净利润 1.26 亿元，同比增长 78.39%。南大光电是国内拥有自主知识产权并实现 MO 源全系列产品产业化生产的技术领先企业，也是全球主要 MO 源制造商之一，在国内市场处于领导地位；2022 年 MO 源产品及特气产品销售增量显著，全年业绩同比高增长。作为半导体材料平台型企业，南大光电业务布局多产品多领域，近年来不断推进新产能建设，涉及光刻胶、前驱体、特气等多项产品，伴随项目产能在未来几年逐步落地释放，业绩有望持续保持增长。

（3）技术分析。南大光电 2012 年 8 月 7 日上市以来，股价保证震荡向上，2019～2021 年市场表现卓著，股价最高见 64.25 元；经过大幅度下修，2022 年 4 月 27 日触底 21.76 元止跌；2023 年 3 月 8 日股价从 30.24 元放量上涨，4 月 7 日收盘价 39.70 元，中长期均线得到修复，成交动能明显放大，交投保持活跃，有望突破长期高位整理平台，逐步形成新一轮多头趋势。

（4）估值分析。南大光电毛利率稳步提升，电子材料业务进展顺利，氟类特气市场份额逐渐提升，前驱体逐步放量有望成为新增长点，特气及 MO 源放量在 2022 年营收高增，持续扩张产能强化市场地位，推进新产品项目建设，南大光电业绩有望持续保持增长。根据中信证券研报数据，预计 2023 ～ 2024 年归母净利润预测分别为 2.55 亿元、2.80 亿元，目前市值 209.8 亿元，对应 2023 年、2024 年 PE 分别为 82 倍和 75 倍。

南大光电历史走势如图 12 - 5 所示。

案例六：数字政通（300075）

（1）入选理由。数字政务和智慧城市龙头企业，受益于《数字中国建设整体布局规划》发布，前后近 200 家机构到数字政通调研，数字政通从事基于 GIS 应用的电子政务平台的开发和推广工作，为政府部门提供 GIS、MIS、OA 一体化的电子政务解决方案，并为政府提供各个部门间基于数据共享的协同工作平台。目前主要经营数字化城市管理、国土资源管理和规划管理等领域。数字政通的价值体现在高市占率份额以及技术的持续提升和业绩的稳定增长。

（2）基本分析。2022 年 1 ～ 9 月数字政通实现营收 11.19 亿元，归母净利润 1.70 亿元，同比增长 58.12%；数字经济驱动"一网统管"市场发展。国务院印发《关于加强数字政府建设的指导意见》，明确数字政府建设、推进城市运行"一网统管"，提升城市治理科学化、精细化、智能化水平。全国

推断力：写给中国投资者的股市行为学

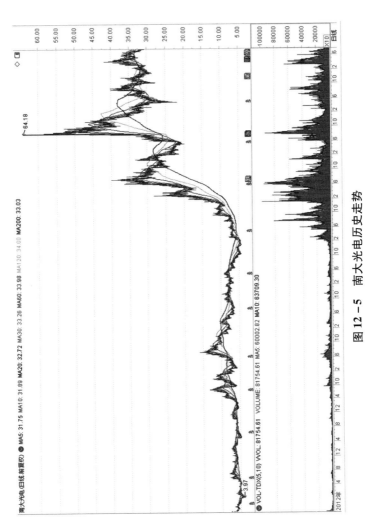

图 12－5　南大光电历史走势

资料来源：通达信金融终端 V7.58。

各地区将加快建设"一网统管"城市治理体系，市场规模有望加速提升。数字政通基于 20 多年数字政府建设经验，积累了超千个县级及以上客户。2022 年前 9 个月公司陆续中标大规模订单。创新业务逐步落地，结合先进技术有望实现毛利率提升。

（3）技术分析。数字政通 2010 年 4 月 27 日上市以来，股价表现大起大落，2014 年 12 月 30 日股价从 11.60 元起步；2015 年 5 月 22 日到达创纪录的 69.88 元，上涨幅度高达502%，随后 A 杀暴跌，股价长期萎靡；2021 年、2022 岁末年初曾有脉冲行情，2022 年 9 月 21 日股价从 13.85 元震荡走高，4 月 7 日收盘价 26.37 元，上涨幅度 90.39%。中长期均线稳步修复，成交动能有所放大，但交投热度不稳，整体走势处于慢热趋强状态。

（4）估值分析。数字政通重视业务创新，基于数字孪生技术及智能驾驶技术分别推出"棋骥"无人智联网格车及数字孪生城市管理平台。截至 2023 年，数字政通基于数字孪生技术的城市管理项目金额已达 4.3 亿元，未来还将发布 CIM 数字孪生平台、基于 AR/VR 技术的城市空间互联网产品，有望实现毛利率水平提升。数字政通在手订单饱满，新业务拓展稳步进行，预计 2023 年全年业绩将实现较快增长。根据中信建投研究报告数据，预计 2022～2024 年归母净利润分别为2.72/3.54/4.49 亿元，目前市值 123.2 亿元，对应 2022/2023/2024 年估值分别为 45/34/27 倍。

数字政通历史走势如图 12-6 所示。

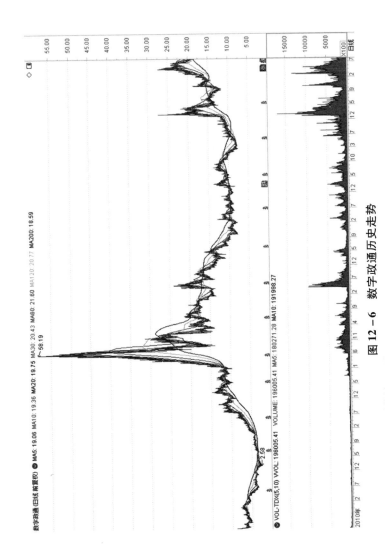

图 12 - 6　数字政通历史走势

资料来源：通达信金融终端 V7.58。

案例七：山东黄金（600547）

（1）入选理由。纯金矿龙头，王者归来。山东黄金黄金业务的收入占比高达90%以上。山东黄金拥有丰富的矿山资源，集团"十四五"规划产能翻倍增长，年产矿金将至百吨，预计未来可期。同时，美元美债危机初现端倪，为避免资金涌入国际黄金市场，各国央行加速增持黄金，且预计美联储加息步伐放缓，实际利率预计年内见顶，多因素支撑黄金价格上涨。山东黄金在国内拥有13座金矿，其中9座位于全国最大的黄金产区山东省内，4座在山东省外，公司在国内的金矿资源量超过2100吨，已探明的黄金储量592.41吨，占到国内黄金储量的近30%，山东黄金还斥资127亿元收购了银泰黄金20.93%股权。并购完成之后，山东黄金不仅获得银泰黄金170.45吨黄金资源量，同时可实现西南、东北地区的资源从无到有、以点带面的战略布局。

（2）基本分析。公司发布2022年年报，2022年度实现营业收入503.06亿元，同比增长48.24%；实现归母净利润12.46亿元，同比增长743.23%；实现扣非归母净利润13.04亿元，同比增长335.88%；基本每股收益0.20元/股。公司产量恢复正常，降本增效成果显现，量价齐升，矿山金单位成本下降明显。2022年公司矿产金产量同比增加56.1%至38.7吨，增长13.9吨，权益产量37.1吨，基本实现2022年初制定的生产经营计划39.267吨。矿山金单位收入为392元/克，同比增加19元/克；单位成本较2021年的265元/克下降42元/克至222元/克，但仍高于2020年的190元/克，未来或仍有进一步下降空间；单位毛利为 170 元/克，同比增加 61 元/克。2022 年各矿山产能快速恢复，高品位资源得到有效利用，2022 年原矿入选品位 1.23 克/吨，同比增加 0.11 克/吨。

（3）技术分析。山东黄金 2003 年 8 月 28 日上市以来，股价保持震荡向上的良好态势，股价最高见 33.91 元，2020 年 8 月 7 日股价从 33.81 元上方大幅下修，2022 年 9 月 27 日触底 16.58 元止跌，4 月 7 日收盘价 24.97 元，上涨幅度 50.60%。该股从走势上看，长期资金持续稳定，进入 3 月以来，成交量时有放大，新进资金进场明显，中长期均线修复良好，交投重新趋于活跃，有望形成震荡向上的多头行情趋势。

（4）估值分析。山东黄金独占全球第三大黄金富集区——山东胶东，问鼎全球产金前十，为中国黄金矿业龙头。公司掌握优质金矿资源，盈利能力强，业绩将充分受益于贵金属价格的上行。在产、在建矿山仍有较大内生增产潜力。根据招商证券研究报告数据，预计公司 2023～2025 年实现净利润 21/28/40 亿元，目前市值 1097 亿元，对应 2022/2023/2024 年 PE 分别为 52/39/27 倍。

山东黄金历史走势如图 12-7 所示。

（二）交易环节

1. 建仓计划

建仓计划是指根据推断环节的分析结果，在股票池中选择进入买点的投资标的，并按照一定的持仓比例买入。在建仓计

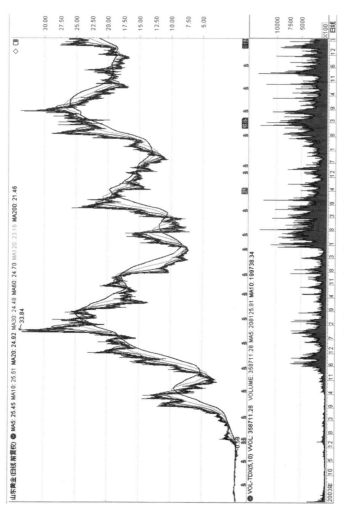

图 12 - 7　山东黄金历史走势

资料来源：通达信金融终端 V7.58。

划中，我们需要考虑投资标的的风险收益比、估值水平、市场流动性等因素。

2. 持仓计划

持仓计划是指根据市场的变化和趋势，调整投资标的的持仓比例和配置比例。在持仓计划中，我们需要考虑标的的相对强弱、相对估值等因素。

3. 减仓计划

减仓计划是指根据投资标的的业绩表现和市场情况，适时减少持仓比例和配置比例。在减仓计划中，我们需要考虑标的的相对价位、相对业绩贡献、市场流动性、风险收益比等因素。

（三）复盘环节

1. 消息复盘

消息复盘是指对市场上的重大事件和消息进行回顾和总结。在消息复盘中，我们需要对市场的反应和影响进行分析，以便更好地调整投资策略。

2. 纵向复盘

纵向复盘是指对投资标的的业绩表现和市场情况进行回顾和总结。在纵向复盘中，我们需要对投资标的的业绩、估值、市场流动性等因素进行评估，以便更好地进行投资决策。

3. 横向复盘

横向复盘是指投资组合和个股、不同板块的业绩表现进行回顾和总结。在横向复盘中，我们需要对不同投投组合和个股、不同板块的业绩表现进行比较和评估，以便更好地调整投资策略。

（四）优化环节

1. 收益率曲线管理

收益率曲线管理是指对投资组合的收益率曲线进行分析和管理。在收益率曲线管理中，要使用软件将投资组合做成指数，进行指数化跟踪，实时观察投资组合的市场表现，对收益率曲线的波动和变化进行分析，并根据市场情况和投资标的收益率贡献值进行评估，再根据评估结果进行适时调整和优化，并将组合指数与大盘表现进行比较，力图取得超额利润。

例如，图 12-8 中投资增效组合指数由备选股票池的中国联通、中芯国际、科大讯飞、光迅科技、南大光电、数字政通、山东黄金 7 只个股组成，以 2023 年 1 月 3 日为起始日，以 1000 点为起始点，至 4 月 28 日收盘价 1322.78 点，收益率达到 32.27%，收益率曲线处于稳定上升状态，而同期上证指数上涨 7.63%，投资增效组合收益率显著超过大盘 24.64%。

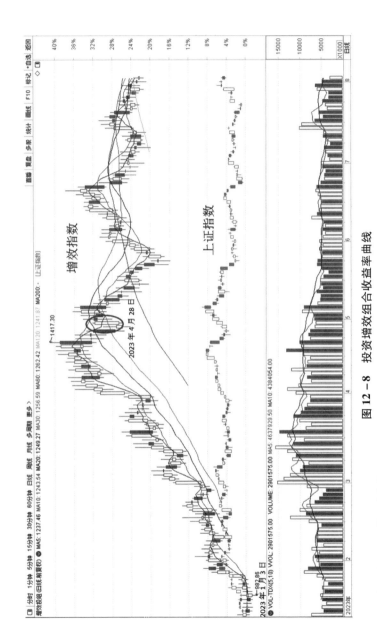

图 12 - 8　投资增效组合收益率曲线

资料来源：通达信金融终端 V7.58。

2. 投资组合优化

根据复盘环节和收益率管理的推断结果，对投资组合进行优化和调整，以提高投资收益和降低风险。在投资组合优化中，我们需要考虑不同市场环境和投资标的的表现，如果是主动管理策略，则需要适时以高低切换的原则调仓换股或增减仓保护利润，以避免业绩的超常回撤，保持高于大盘表现的超额利润；如果是价值投资策略，则以耐心持股为原则，倘若个股基本面符合预期持股不卖，一直到股价回归合理价值或高估时，才考虑获利了结；如果个股基本面有突发利空，或市场表现异常时，也要及时反应规避风险。

投资增效闭环的四个步骤并不是割裂的，在实战中需要交互分析、循环推断，并且四个步骤的每一次循环都是一个持续提高推断力和降低推断成本以及减少试错代价的过程，目标是保持投组收益率曲线稳定上扬，限制投资绩效异常回撤，确保持续跑赢大盘的业绩表现。

本章接下来的各小节分论点，都将围绕"推断、交易、复盘、优化"四个步骤的战术方法展开讨论，投资者可以通过这些方法坚持做好循环管理，并持之以恒地在实战中反复演练，直到炉火纯青。

信息反应情境的四种类型

股市是一个高度复杂的非线性系统，受到多种因素的影响，包括经济、政治、社会、技术等。在这个系统中，投资者在相对平静的市场，寻找各种动态信息，以边际定价效应为抓手，以求先人一步。当人们进行推断并采取行动时，就像"千万只纠缠的手"，立场各异的买卖单涌入交易所主机瞬时撮合，形成了买卖、多空双方的利益争夺。

当投资者对某只股票感兴趣时，他们可能会基于自身的判断和偏好进行买卖活动，这可能导致股票价格的上涨或下跌。当越来越多的投资者参与时，这种影响可能变得更加显著，因为他们的交易会进一步影响股票的供求关系。

投资者的行为和情绪起着重要作用，因为他们的投资决策会影响股市的价格和变化。各种信息在不同市场背景下，信息反应模式和股市情境也是不同。有时候，好消息被当成出货时机，坏消息被当成建仓机会，在市场情绪高涨的时候，消息会被市场放大，而在市场情绪平淡的时候，消息有可能被冷处理。

正常型、异常型、强烈型和冷淡型这四种情境响应类型，可以看作是股市中不同的信息反应模式或现象。例如，在正常型的情况下，投资者的行为比较稳定，交易量和股票价格变化相对较小；而在异常型的情况下，可能会出现极端的价格波动，投资者的行为可能更加激烈和不稳定。

了解不同情境响应类型和反应模式可以帮助投资者更好地理解股市的运动和变化，并且可以反过来思考股市多空、强弱，从而更好地作出决策。下面进一步解释一下四种类型在股市的具体反应模式。

（1）正常型（normal type）。当市场接收到信息或数据，市场会根据基本面和技术面的因素作出符合其预期的反应。例如，如果一家公司宣布其业绩优于预期，股票价格很可能上涨，这是正常反应的例子。正常反应的理论依据是市场效率假说，即市场总是能够反映所有可用的信息和数据，价格反映了市场的正确价值。

（2）异常型（abnormal type）。异常反应是指市场的反应与其基本面和技术面因素不一致的情况。例如，当公司宣布业绩良好时，但股票价格反而下跌，这就是一种异常反应。异常反应的理论依据是市场心理学，市场参与者的情绪和偏见可能会导致市场异常波动，抑或是有人利用了市场心理进行反向操作。

（3）强烈型（aggressive type）。当市场接收到信息或数据后，市场可能会出现强烈的反应，价格波动剧烈，交易量激增。例如，在重大政治事件或自然灾害发生时，市场可能会出现强烈的反应。强烈反应的理论依据是市场风险管理，市场参与者通常会在市场出现风险时采取更为激进的投资策略。

（4）冷淡型（apathetic type）：当市场接收到信息或数据后，市场反应可能不那么剧烈，价格波动较小，交易量较少。例如，市场在临近假期期间或盘整期可能会出现冷淡反应。冷淡反应的理论依据是市场流动性，市场参与者的交易活跃程度受到市场流动性的制约。在冷淡型的情境响应下，股市通常表现出缺乏活力和交易量的下降。投资者可能选择持币或持股观望，市场缺乏交投意愿。

总的来说，股市的信息反应模式与情境响应类型对投资者十分重要。投资者需要根据市场情况和自身需求来选择适当的投资策略。在正常型的市况中，投资者通常选择稳健型的投资策略，在强烈型的市况中，投资者则需要更加灵活和果断，以应对市场的变化，而在异常型的市况中，投资者需要警惕信息和数据被反向利用，以正确快速识别风险和机会。

"价、量、线"技术三宝

在金融市场中，技术分析是一种常用的投资策略。其中，民间高手认为K线、均线和成交量是技术分析的"三宝"（见图 12 – 9）。K线记录了价格的变化，反映了市场参与者的态度和行动，是观察市场行为的重要窗口。均线则是移动平均成本，反映了市场中买入者的平均持股成本。在技术分析中，K线与均线的关系和结构具体呈现了市场的"赚钱效应"或"赔钱效应"。此外，成交量也是技术分析中的重要指标，可以反映市场的热度和参与度。技术分析虽然并非万能的，但掌握基本的技术分析知识可以帮助投资者更好地把握市场机会，作出明智的投资决策。

日K线以阳线为主，运行在短天期、中天期、长天期均线之上，且均线由近及远排列，意味着短期、中期、长期的买家都赚钱了，是典型的多头上涨结构，赚钱是最大的利好。相反，日K线以阴线为主，运行在短天期、中天期、长天期均线之下，意味短期、中期、长期的买家都亏钱了，是典型的

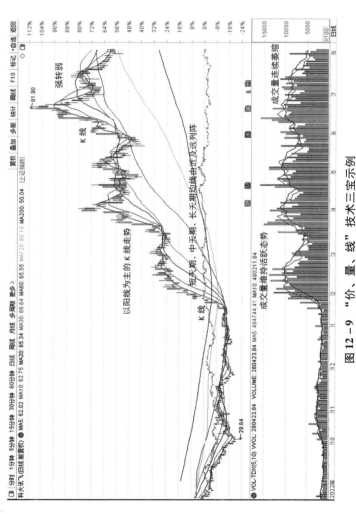

图 12 - 9 "价、量、线"技术三宝示例

资料来源：通达信金融终端 V7.58。

推断力：写给中国投资者的股市行为学

空头下跌结构，亏钱是最大的利空。

　　成交量与 K 线配合，是分析量价关系的窗口，体现多空交战、势能转换的动态变化。缩量到放量意味着新资金入场，突然爆量是有大资金扫货，价涨量升意味买气持续旺盛，行情上涨结构稳固，放量后的缩量是行情休整的特征，持续放量后的缩量上涨是筹码锁定、惜售的征兆，高位放量下跌可能是主力出货了，连续的价跌量减是行情结束由多转空，股价波动率收窄，要警惕股价转入阴跌。

　　均线的交叉也是技术分析的重要信号之一，如短期均线上穿中长期均线被称为"金叉"，是买入信号；反之，短期均线下穿中长期均线被称为"死叉"，是卖出信号。成交量的变化可以辅助判断市场的趋势和反转信号。

　　K 线、均线和成交量是股票分析中三个要素，并且它们相互配合。通过对 K 线和均线的关系以及结构，再通过分析 K 线和成交量之间的量价关系，投资者可以找到投资机会。技术分析者通常不会放弃基本面分析，而是将其作为技术分析的逻辑检验；或者反过来，通过基本面推断看好的个股，亦是需要技术面的检验。熟练掌握技术组合分析并不容易，需要一个认知定型的过程。技术分析者一旦成功建立技术组合分析信仰，可以带来认知复利和稳定回报，但这一过程可能需要反复磨炼。技术三要素可以客观检验投资者的推断和预期。如果投资者的预期是正确的，技术走势会向着符合预期的方向发展；如果技术走势与预期相反，投资者的判断就有问题了。最后，看懂一张图、一条线并非易事。

图表是技术分析的重要工具之一，它忠实记录了股票价格的走势，隐含了人们的行为和态度。但是，"千人千解"，不同的人对同一张图表可能会有不同的解读方式，因为个人的立场、情绪等因素会干扰他们的观察，从而阻碍了客观的分析。因此，真正的技术分析者需要尽可能摒弃主观的看法，尽可能客观地分析图表，才能作出准确的判断。时间和经验是成为真正的图表高手的必要条件，只有历练才能真正理解技术分析的神奇魅力。

技术分析中，看透图表的关键在于场景化思维。静态地看图表难以深入解盘，必须结合盘口动态、信息流和情绪面，想象多空战斗的场景，才能真正了解图表背后的真实信息。对于不同个股，虽然图看起来相似，但是剧情却截然不同。因此，同样的图表信号在下一秒可能会走向不同的方向。市场价格的日常走势受基本面因素影响，然而却是采取行动的人，即边际买家和边际卖家共同形成了边际交易价格。这些行动会激发市场情绪，形成"羊群效应"，从而形成价格趋势的自我反馈和自我实现。只有通晓这些基本认知，理解主力资金行为模式和市场合力的共振点，才有可能透过图表看懂多空变化。

"道氏确认点"和支撑与压力

查尔斯·亨利·道是一位伟大的投资家和技术分析家。他创造了一系列股市概念，其中包括"经济晴雨表"、牛市、熊市等，这些概念至今仍然不可替代。同时，他还提出了股价"三重运动"分级原理。道氏理论认为，股价的基本趋势运动是不可操纵的，通常持续时间在一年以上，而次级波动是与基本趋势相反方向的运动，通常持续几周的时间，其主要功能是在牛市中阻吓投资者出局，在熊市中诱导投资者上车，这部分是有可能被人为操纵的。日常波动是涨跌交替的波动，主要功能是引发投资者的"贪"和"怕"，涨的时候贪，跌的时候怕，这部分是可以被人为操纵的波动。总的来说，只有掌握这些基本认知，才能真正理解股市的运动规律，从而更好地进行投资。

牛市的定义是股价创新高后，回调的价位不创新低，回升的价位再创新高，即"低点上移，新高不停"的运动结构。如果这一结构出现后短时间内上涨幅度超过20%，则定义为"技术性牛市"。熊市的定义是股价创新低后，反弹的价位不创新高，下跌的价位再创新低，即"高点下移，新低不停"的运动结构。如果这一结构出现时短时间内跌幅超过20%，则定义为"技术性熊市"。这些概念至今仍然广为流行，是投资者必须掌握的基本知识。

道氏确认点是指突破前高或前低的趋势信号，多次出现确认点（持续新高或持续新低）可以定义为趋势性的主级正向波，牛市的主级正向波震荡向上，熊市的主级正向波震荡向下，这是一个基本趋势运动模式。道氏的"非人为操纵性定理"强调了投资者应以市场不可人为操纵的标准，分离出不受人为影响的价格波动结构，以此为核心任务。投资者应尽早发现牛市主级正向波并参与其中，认定基本运动向上趋势不受次级波动或日常波动的影响，直到基本趋势被外力打破前不改变立场，同时应尽早发现熊市主级正向波并退出市场。

在操盘中，道氏确认点可以用于判断 N 形之字结构的买卖信号，并在一系列确认点的指引下持有或卖出股票，从而把握投资机会，降低投资风险。尽管等待确认点可能会错失一些行情，但这样能够过滤掉主观错误，从而提高决策的准确性和可靠性。在判断上涨或下跌结构时，道氏确认点具有历史统计数据上的概率优势，这是值得信赖的。

道氏理论认为股价趋势的发展是有规律可循的，历史会重演。股价的上涨趋势在没有改变之前维持上涨判断，下跌趋势也是一样。主趋势包含次级波动、日常涨跌，这就形成了股价非直线发展的震荡模式，如果投资者对市场理解不深，那么很难经受住震荡的考验。

股价走势是有记忆的，历史上的高点、低点、转折点、中继点、黄金分割点等，分布在了日线走势图中形成"记忆"，它们由远及近、由前向后形成了支撑与压力，反映了多空双方利益争夺的战况和痕迹。支撑与压力随着时间和走势的变化而转化，一个支撑被跌破变为压力，一个压力被突破变为支撑。

股价震荡的本质是市场参与者情绪的摆动，包含了人们的希望与害怕、乐观与悲观、贪婪与恐惧。在投资过程中，我们需要尽早发现牛市或熊市的主趋势，并相应调整投资策略，以降低风险并提高决策的准确性和可靠性。尽管等待道氏确认点可能会错失一些行情，但这样能够过滤掉主观错误，从而更好地把握市场趋势。

如何在图上找到支撑位和压力位。对于投资者而言，需要具备对图的理解力和穿透力，以分析各种蕴含趋势线和形态的切割。支撑与压力是一种多空力量的动态转换，在趋势线演化的过程中，会走向自身的反面。而关键反转日则标志着一个重要的转折点，包括底部反转日和顶部反转日。具体示例如图 12 – 10 所示。

在底部反转过程中，交易量的相应扩张是必须的，如果当价格向上突破的时候，交易量形态并未呈现出显著增长的态势，整个价格形态的可靠性就值得怀疑了。顶部反转则是大阴线下杀 5 日线，意味着获利丰厚的主力资金开始疯狂抛售。投资者需要关注龙头股的反转情况，通常以 5 日线为测量标准。股价突破 5 日线并配合大量交易量，意味着主力资金正在疯狂扫货，酝酿一次剧烈的底部"大翻身"。同时，价的斜率和量的斜率同等重要，成交量在验证向上突破信号的可靠性方面更具重要参考价值。

"聚散离合"攻守转换模式

"聚散离合"攻守转换模式，强调了这些模式中攻守转换的关键特征，即从价格波动较小的积蓄动能阶段转变为价格波动较大的趋势阶段，从而对应着攻守转换的过程。在股市中，K 线和均线之间的"聚、散、离、合"现象反映了价格波动的不同趋势阶段，具体如下。

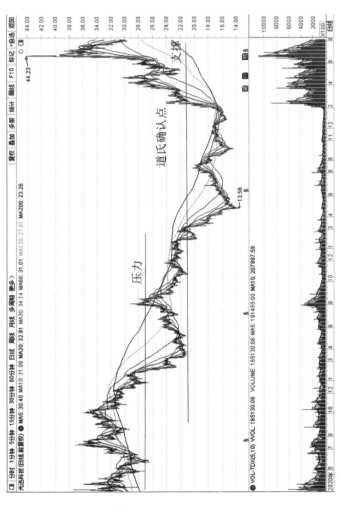

图 12 – 10 "道氏确认点"和支撑与压力示例

资料来源：通达信金融终端 V7.58。

推断力：写给中国投资者的股市行为学

（1）聚：当短、中、长期均线收敛，且 K 线并拢在均线上下窄幅区间时，意味着价格波动较小，市场情绪趋于平稳，多空力道暂时平衡，形成了股价积蓄动能的阶段。

（2）散：当短、中、长期均线开始发散，且 K 线依托均线上涨时，意味着价格趋势向上，市场情绪较为乐观，投资者普遍看好股票，多方力道强于空方，从而形成了向上的动力。

（3）离：当 K 线加速上涨，且较均线之间的距离加大时，意味着价格波动越来越大，市场情绪较为狂热，多方力量快速喷发或消耗，从而形成了较大的价格波动，是股价冲顶的阶段。

（4）合：当 K 线回落并逐渐与均线靠近时，意味着价格波动趋于平稳，市场情绪较为稳定，多方力道逐渐萎缩，从而形成了多空重回平衡的阶段。这个阶段，既可以重新上涨，形成中继形态，也可以转而下跌，形成行情的阶段性头部。

技术分析易学难精，需要穿透图表想象多空争夺的战斗场景。通过观察价格走势图，我们可以看到多空双方的利益争夺，这背后是一个个场景的变化，而不是简单的价格变化。如果我们只是机械地分析图表，而无法真正理解其背后的多空博弈，那么我们将无法获得准确的分析结果。因此，我们需要深入了解多空力量对比的变化，并通过这些变化寻找到决定股价运动方向的"临界点"（弱转强、强转弱）。只有这样，我们才能真正触及这场战斗的"真相"，并且在对图表任何细微变化的观察中，快速预判并做出反应。

在股票技术分析中，K 线和均线是密不可分的。当一个股价经过长时间的整理后，短期、中期和长期的均线趋势将会相互交织在一个狭窄的区间内，同时 K 线也将在这些均线之间波动，多空力量此时处于平衡状态。这个阶段被称为"聚"的阶段。然而，平衡是用来打破的。从历史走势来看，股价的上涨、下跌和整理时间各占 1/3。在整理行情的阶段，无论是底部还是中继平台，最终都会选择新的方向，即要么向上突破，要么向下突破。因此，我们需要密切关注 K 线和均线之间的关系，以及多空力量的变化，以便在适当的时候采取相应的交易策略。

在股票技术分析中，向上突破的第一步是日 K 线率先突破短期 5 日线和 10 日线，随后日 K 线持续上涨，短期均线的上升斜率也加大，这带动了中期 20 日线和 60 日线的上涨，进而带动长期 120 日线和 200 日线的上涨。在这个阶段，日 K 线一直运行在短期、中期和长期均线之上，而且短期、中期和长期均线由近及远依次排列向上延展和发散，这被称为"散"的阶段。这种状况通常表明股票处于一个强势市场中，在这种市场中，多头力量占据主导位置，投资者可以考虑适时买入股票，以获得更多的收益。然而，投资者也需要密切关注市场的变化，以便在合适的时候采取相应的交易来保护趋势利润。

如果一切顺利，多方会以量换价，发起强攻。在这个过程中，日 K 线会经常出现大阳线，拉板逼空。同时，短期均线的斜率加大，与中期和长期均线的乖离扩大。在图上，上涨趋势变得更加稳固，趋势加速发展，赚钱效应不断扩大，投资者的追涨意愿也变得更加强烈，情绪也开始爆发。这个阶段被称为"离"的阶段，表明股票处于一个非常强劲的趋势中。在这个趋势中，多头方力量强大，投资者可以适时追势，获得惯性收益。然而，投资者也需要注意市场的变化，避免过度追高、见顶的风险。

在股票市场中，物极必反，股价发展总是会走向自己的反面。当股价经历大幅上涨后，先认知的投资者获得了丰厚的利润，会选择抛售股票，这种抛售行为会导致股价下跌，假如接力资金消耗过度，承接力不足，这可能会引起阶段性的见顶。在这个时候，日 K 线大幅下跌，5 日线和 10 日线被击穿，导致 5 日线自上而下刺破 10 日线，这意味着短期均线向中期均线靠拢，标志着股票的拉升行情结束，进入调整期。这个阶段被称为"合"的阶段，在这个阶段，股票价格往往会经历一段时间的震荡，且震荡模式比较复杂，投资者需要保持警惕，适时休息观望。

以上分析表明，日 K 线的走势与短天期、中天期、长天期均线之间的变化，常常会呈现出四种技术特征：聚、散、离、合（见图 12 - 11）。这四种特征恰好对应了主力资金运作个股的四个阶段：建仓、拉升、出货、见顶。通过对图的分析，投资者可以逐步掌握这些技术特征，了解市场的变化，提高投资的成功率。虽然对图的分析学习需要不断实践，逐步提高自己的理解能力，但是当我们掌握了这些技术特征，并将它们融入自己的投资策略中时，我们就像置身于一场战役，让图活化起来，逐渐达到出神入化的境界，从而更好地掌握市场走势，实现更好的投资回报。这也说明了，既然您参与了战斗，就可能有胜有负，胜败乃兵家常事。

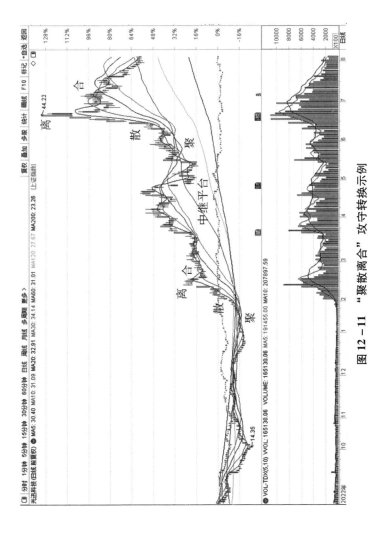

图 12 – 11 "聚散离合"攻守转换示例

资料来源：通达信金融终端 V7.58。

平行与对称、乖离与斜率

在股票市场中，平行上涨结构与对称整理结构是可以显示多空力道强弱变化的两种技术形态。它们呈现出平行或对称的衔接，反映了一段时间以来多空力量抗衡的结果。虽然我们倡导关注基本面的深度逻辑，认为只有掌握了个股的基本面，才可以放心地买入，但从另外一个角度看，只有股票涨了才是业绩的标准。有时候虽然一只股票的基本面非常好，但股价却始终不涨，这种现象也是很常见的。

技术分析虽然被认为是表层的方法，是投资者的一种心理捷径，但却是一个客观、真实的标准。它通过对股票价格、成交量等数据进行分析，可以帮助我们发现市场中隐藏的规律和趋势。不过，技术分析也存在一定的问题，历史会重演，但却不是简单的重复。投资者需要在技术分析和基本面分析之间进行权衡和互补，以获得更好的投资回报。

K线和均线是技术分析中常用的工具。K线和均线的关系和结构可以直观地表达行情的变化，帮助投资者进行买卖点的判断。当基本面底层逻辑和技术面浅层语言相互验证时，表明这是一个被资金相中并产生市场合力的行情，只有这样才有可能是一次有成果的炒作。如果逻辑正确，但资金不认，它也不会反映在股价之中。因此，投资者操作中顺应技术面的指引，配合行情进出，可能也会起到事半功倍的效果。

　　平行上涨结构是股票价格走势的一种技术形态，有多种样式，常见的有完全平行上涨、间歇平行上涨、平行中有对称、平行与对称交替等（见图 12－12）。完全平行上涨是最强势的形态，日 K 线持续运行在短天期 5 日线、10 日线之上，5 日线与 10 日线并肩而行，斜率一般 60 度以上。间歇平行上涨的斜率一般是 45 度，日 K 线时有刺破均线再拉回，上涨力道次之。平行中有对称的斜率一般是 30 度，日 K 线回档幅度较深，时有与均线对称整理再上行的现象。平行与对称交替的斜率最低，上涨力道最弱，日 K 线与短天期均线既有平行上涨又有对称整理，交替缓慢爬升。对称整理是日 K 线围绕短天期均线上下震荡的技术回档，与平行上涨交替起到了阻吓、清洗浮动筹码、巩固行情趋势的作用。在股票投资决策中，根据不同的平行上涨结构采取不同的策略，可以作为一种实战法则参考。

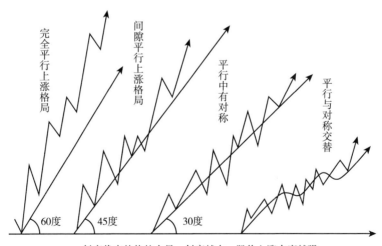

完全平行上涨格局　间隙平行上涨格局　平行中有对称　平行与对称交替

60度　45度　30度

斜率代表趋势的力量，斜率越大，股价上涨力度越强

图 12－12　平行与对称的四种常见模式

平行上涨是市场浅层语言的核心观念之一。该趋势通常表现为多方对市场深度控盘，多头力量远大于空方力量，筹码供不应求，导致日 K 线持续运行在短天期 5 日线、10 日线之上并与其并肩而行。无论导致股价上涨的底层逻辑是什么，这种趋势最终都反映在平行上涨的结构之中，意味着赚钱效应正在持续扩张。

这里有一个实用的市场投资技巧：用斜率来代表赚钱速度。斜率越大，赚钱速度越快。这种表达方法最贴近市场实战的效果。虽然逻辑也很重要，但我们也要在斜率认知的基础上下功夫，这样可以帮助我们找到赚钱速度最快的标的。当然，即使找到了好的逻辑，我们还是需要看主力资金的动向是否亮明，这凸显了择时择势的重要性。有时候，一些热门的题材已经经历了逻辑检验和情绪爆发，转而进入情绪退潮期，如果投资者没有及时调整思维，还停留在逻辑说事的阶段，很可能成为行情转弱的牺牲品。在投资时，主客观思维的换位十分重要，进攻时重主观，靠想象力，防守时重客观，保持对市场的敬畏，配合起来才能取得最好的实战效果。

基本面深度逻辑和技术面浅层语言的关系，可以从"市场行为包容、消化一切信息"的技术假设理解，逻辑与趋势的吻合与演进是一个包容信息的过程，而一旦信息被充分反映在股价中，这一信息就被股价消化了。所以浅层语言可以起到预警作用。股价反映了逻辑，逻辑的作用力是一个退化的过程。如果一个逻辑的作用力被消化了，那么这个逻辑就包含在了股价中。

在价格图平面上，我们可以观察到日 K 线在短天期 5 日线、10 线之上运行。5 日线和 10 日线并肩上行，就会产生一个斜率的数值。这个斜率的大小可以用来分析多空、强弱情况，均线斜率越大，惯性越强。价的斜率惯性和级别大小，取决于量的斜率变化。以量换价，逢关必过。价的斜率与量的斜率共同代表趋势的力量。这种浅层语言的分析方法可以用来发现龙头并汰弱留强。

在股市中，平行上涨结构是一个重要的观察点，涵盖了日 K 线与短、中、长天期均线之间的乖离情况。在观察这一结构时，我们需要注意日 K 线与短天期 5 日线、10 日线之间的乖离程度，以及短、中、长天期均线之间的乖离情况。这些指标可以帮助我们预判后市短线价格变化。

具体来说，如果日 K 线拉升过快与 5 日线乖离过大，不应追涨，而是应等待回档后低吸。如果日 K 线高位封板（或拉大阳）且 5 日线乖离极大，应减磅保护利润。如果短、中、长天期均线之间的乖离极大，则需要注意顶部风险，一旦出现放量大阴线，应果断卖出。需要注意的是，乖离率大小和具体数值难以量化，需要根据经验和大局观把握。熟悉这些市场浅层语言能够帮助投资者作出快速高效的临盘决策。

"见火再敲" 与打板原理

打板是中国股市涨停板制度下的一种交易策略，其本质是利用市场供求失衡的瞬间进行买卖，以获得短期的惯性收益。当买盘压倒性碾压卖盘时，就会出现涨停板，此时多方不计成本扫货至涨停价，空方卖盘出清导致惜售，涨停板被封死。打板的利润主要来源于第二天高开的溢价、一定概率能抓到连板以及从涨停起涨的题材龙。需要注意的是，打板是一种高风险、高收益的交易策略，需要具备一定的看盘经验和临盘决断的能力，不能盲目跟风。

初学打板者一般要经历一个亏损折磨期，所以刚开始学打板不宜投入过多资金。打板风险较大，但也有少数投资者专门将打板作为一种策略。

打板的原理是买入"确定性"。以错失打板前的利润作为换取确定性的代价。但有时市场确认后又不认同，板住砸开也就是"炸板"也是常有的事。热门股打板包括追涨的一个核心评估点，是追高后第二天是否有足够的买盘在更高的价位承接获利盘，这就要看题材的硬度和追板的位置是否合理了。

判断市场氛围、个股股性都是打板的前提条件。选择具有人气、群众基础好、习惯性涨停的个股最佳。打板是概率游戏，需要将样本做大并进行优化，最终才能有收获，非高手不碰。

打板需要手速，因为错过上板的机会就意味着错失了的机会。一般在锁定目标个股后，需要在 5~7 个点时打好涨停价的委托单，等待市场一柱冲天的那一瞬间，抓住机会交易，不纠结成交价。把握大的时候可以在点火信号出现时直接买入，把握适中的时候可以等待冲板时观察市场情况再决定是否买入，把握小的时候可以在涨停刚封时下单排队，观察市场认同情况，随时准备撤单或不撤单。

总之，打板的时机和封板把握成正比，应根据自己的把握度来决定打板进场的时间节点。姿势摆好了，就不要犹豫，及时出手，抓住机会赚取涨停板溢价。如果碰到排不到板的情况，也不要着急，要随遇而安，冷静分析市场情况。

打板是否成功的关键在于对整个市场强弱的判断。在强势市场，即使是高位板、龙头股的高位板或反包板等也都可以尝试打板；但在弱势市场，特别是龙头见顶后要格外慎重，尤其是题材跟风相关品种的2板、3板，需要小心处理，因为这是高风险的概率范围。打板的关键是要有足够的信心，准确判断市场和个股的情况，因为把握度的准确率与个人对市场和个股的认知程度成正比。因此，只有在非常有信心的情况下才应该去打板，如果感觉市场不对劲，或者对热点的延续性存疑，就应该忍住，错过一些机会也没关系，因为确定性交易是最重要的。这也是许多游资大佬的共同特点。

涨停板的启动位置高低会影响到买入者的获利情况。如果启动位置低，则前期买入者获得更多的利润，这时打板处于相对被动地位。相反，如果启动位置高，则启动位置买入盘和涨停板买入盘的获利程度接近，对股价的分歧不是很大。如果尾盘涨幅不足以达到涨停，则第二天的收益可能很小或是亏损，所以需要避免这种情况。相对而言，启动位置较低的涨停板，第二天的收益可能较低。因此，如果涨停前启动位置较低，当天平均买入成本较低，涨停平均获利幅度就较大，第二天高开后抛压就相对较大。而尾盘启动涨停的股票，由于潜在的跟风盘买入资金还未反应过来，第二天早盘可能会有一定的买盘余量，从而形成一定的蓄势动能和预期。但对于连续涨停后，在高位涨停价位附近全天震荡高换手并于尾盘偷袭涨停的股票，需要格外小心。总之，涨停板的启动位置对于当天的平均成本和平均获利幅度有直接的影响，进而影响第二天的溢价情况。

当股票涨停时出现开板，需要考虑开板的相对位置。通常情况下，早盘开板是主力调整仓位的结果，具有主动性洗盘的特征。而午后开板则可能是主力出货或跟风资金出局的信号。开板次数过多则说明强度已经下降。最理想的情况是当日封板后成交量稀少，这表明抢板需求被压制，短线资金无法买入，同时也预示着次日可能会有进一步的涨幅。若涨停价附近成交过多，则意味着短期热钱大量买入，买卖双方分歧强烈，可能会造成当天成交量过大，第二天难以承接获利盘形成负溢价。同时，换手过度会降低第二天出现溢价的概率和幅度。因此，当涨停板附近成交过多时，需要警惕其可能带来的风险。

打板需要结合情绪周期来提高成功率，而不是单纯为了打板而打板。打板是一个概率游戏，要从更高的视角观察，比如市场氛围、涨停个股的溢价情况、连板率、砸板率以及强势领涨股的后续力等，这些是决定整体市场盈利氛围的因素。在整体情绪好的时候多打，而不是在逆市场情绪下去打板。如果出现错判，可以像游资高手一样，亏损单不过夜，这是短线必备的素质和执行力。由于短线多追高买，必须控制风险敞口，在最小化风险的同时，要避免侥幸心理，因为只要出现一次持续大幅杀跌，就可能导致游戏结束。因此，做短线必须把陷入深套的风险降到最低，这是亏损单不隔夜的逻辑。

通过以上分析，投资者要清楚地知道打板是一种高风险策略，能不能抓住机会或者能不能耐得住诱惑，要看投资者的推断能力和风险意识。"见火再敲"和打板原理示例如图 12 – 13 所示。

电影《狙击手》中，双方的狙击手在殊死搏斗。其中，最后的一次博弈格外惊心动魄。美军狙击高手用枪顶着钢盔伪装成自己，实际却躲在坦克下面等待时机。大永看破了他的诡计，藏身在一块大石头后，并把铁勺绑在腿上，伸出来当作诱饵。美军狙击手果然向"诱饵"开枪，但大永遵循"见火再敲"后发制人，瞄准了对方的位置，最终击毙了美军的顶级狙击手！

龙头股在大资金"亮牌"前，不"开火"就等于什么也没有发生。机会点的产生往往从底部的第一个涨停开始。游资、散户是行情的跟随者，所以无须猜测，只需安静地等待主力开火，"不见兔子不撒鹰"，涨停、连板、急速放量，主力"开枪"了，就是精准出击的时刻，"见火再敲"的本质是确定性，不出现就不存在，后举者胜。

狙击手和普通士兵之间最大的区别在于枪法更准，心理素质更强，反应速度极快。在生死对决中，狙击手的胜负往往取决于一念之间，稍有差错就可能失之千里。而在股市中，大题材的龙头股拥有极高的人气，投资者需要非常敏捷的手速和决断力来抓住交易机会。一旦信号出现，就必须立即执行，稍有

推断力：写给中国投资者的股市行为学

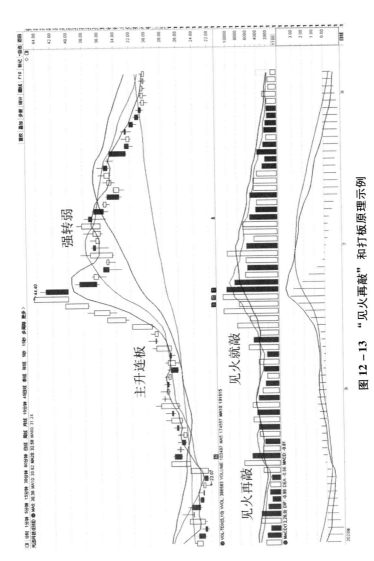

图 12 - 13　"见火再敲"和打板原理示例

资料来源：通达信金融终端 V7.58。

犹豫就可能错失良机。错过一个交易日就可能错过一个涨停板，错过两个交易日就可能错过两个涨停板。因此，在股市中，见火就敲，也就是必须在主力亮牌的第一时间反应，抓住交易机会。早两天上车可能会有十多个点的成本优势，而股价快速离开建仓成本区是最有效的操作，没有任何一种操作比这更棒。

任何精准出击都是对盘口迅速、果断的反应。这种嗅觉来自日积月累的盘感，如果你还在计较着一毛钱、两毛钱，一个点、两个点，可能就买不到了，这应该是追龙头最不该有的表现。很多人习惯性错过龙头，都是因为拖泥带水，因小失大。大家都进场的时候，有了先手再说。龙头股是暴涨模式，刚开始启动的位置都不叫高。龙头是买高卖高，追的是趋势惯性中的脉冲价差，势如破竹。但这些都不是普通选手可以轻松做到的操作，并且伴随着高风险的失败概率。

在股市中，大题材龙头股拥有极高的人气，投资者需要非常敏捷的手速和决断力来抓住交易机会。随着趋势巩固，消息逐步明朗，投资者的信心也开始增强，进入了自信到深信的心理过程。但投资者需要注意的是，当股价无法再创新高时，意味着卖方力量开始大于买方，这是该落袋为安的时候。认知差定理表明，投资者等到公众已经普遍认知股价上涨的理由时，股价也已经消化了这些理由。因此，投资者需要对市场变化保持敏锐的洞察力，才能及时抓住交易机会，避免落入炒作陷阱。这种高风险偏好的操作法意味着承受力，投资者需要理性思维和谨慎决策。

如何观察盘口动态和市场情绪

在股票交易中，观察盘口动态和市场情绪是非常重要的。通过观察实时走势图，投资者可以获得集合竞价、买卖盘、实时成交、涨跌情况、成交手数、金额和量比等重要盘口信息。这些盘口语言能够帮助我们了解主力资金的行为和市场合力的趋势，从而制订更加有效的交易计划。同时，也可以通过细致地观察盘口表现，找到合适的入手点，抓住战机，获得更多的资本利润。因此，掌握观察盘口动态和市场情绪的基本功，是成为成功投资者必备的能力。

在股票交易中，需要注意不同时间段的行情动态，以免被主力套路。上午 9：15～9：20 这段时间可以撤单，主力通常会虚晃一招，通过虚假买卖单抬高或压低股价，需要警惕。9：20～9：25 这段时间，真实买卖单出来了，可以观察单量规模和价位变化，直到集合竞价出来后的开盘位置、成交量和剩余单量的买卖单对比，以预判开盘后的走势。在开盘后的前半个小时，需要注意大题材龙头股成交密集的时间段，把握好抢筹或卖出时机。午后开盘前半小时也是"异动"时段，此时的下午板比较可靠，如果只是拉高不板，可能是日内高点，收盘回落的概率较大。

在看盘时，需要关注主图走势是否流畅，主力攻击的斜率大小，同时要注意量价关系、量比缩放、百手单、千手单、万手单的出现频率和节奏，以及压单、拖单的动能转换。观察盘口的轻重，还有换手率的变化。找到"大哥"是很重要的，看到"千手哥""万手哥"出手，通常是剧情扣人心弦的桥段。

此外，实时图中白线和黄线的关系也需要关注。白线是当前价，黄线是当日即时均价。白线高于黄线并且往上走，这表示日内属于拉升行情，斜率越大、越流畅越好。白线围绕黄线来回走，这表示日内属于整理行情，需要关注突破方向。白线受制于黄线往下走，则日内属于下杀行情，需要注意出货和买卖单的比例。在制定交易策略时需要综合考虑以上因素，以获取更好的收益。

盘感是一种需要长时间锤炼的能力，不能期望速成。在养成"秒算"的条件反射前，应该坚持自我训练。然而，这需要克服盘口带来的冲动或恐惧，这也是最大的难点。如果无法克服这个问题，盯盘反而会适得其反。有时候不看盘可能更好，因为看了反而会让人焦虑、烦躁，进而导致冲动交易。这都是临盘中的定力问题。

为了养成盘感，观察情绪，投资者需要熟知市场三个数据：连板数量、连板高度和连板炸板率。通过观察这些市场数据，可以对日内情绪进行分析，从而制定相应的操盘策略。根据情绪变化的特征，我们可以将情绪表现分为低位分歧筑底期、情绪转强主升期、高位分歧筑顶期和情绪转弱主跌期。对应不同的特征，我们也需要采取不同的操盘策略，比如在筑底期抓龙头、在主升期做主升、在筑顶期做补涨、在转弱期做切换等。

推断力：写给中国投资者的股市行为学

另外，我们还需要注意时间周期。一个情绪小周期的轮回大概是两周左右，主要体现在龙头和热点的轮动上。上升期龙头出现赚钱效应引发热点，而下降期则可能会产生亏损效应，导致退潮。总的来说，整个过程可以用八个字概括：从无到有，从有到无。因此，只有熟练掌握盘感，才能更好地应对股市的挑战。

在主升期中，我们需要抓住每一次分歧的机会，不恐高，多做龙头股，关注情绪的冰点和拐点。此时连板高度会突破6，连板数量会大于10，强者恒强，趋势股的波段起涨逐步爆发。

到了高位分歧筑顶的阶段，市场会出现高位震荡，需要注意仓位保护利润，防范回撤，手快的可以做高低切换。此时需要关注中位股率先大跌、天地板、炸板跳水和连板股跌停等信号。资金开始去发掘低位的补涨，需要紧盯低位股，不要被少数的龙头反抽诱惑，抢到价差就走。

最后一个阶段是退潮主跌期，策略是空仓，没有之一。需要注意杀龙头跌停、连板数量锐减、跌停潮、趋势热点消失、趋势股大面积断头等信号。主跌期可能有"逃逸"反弹，但是不要去搏，失败的可能性很大，需要保持冷静。一定要记住，一般首日杀跌很恐怖，但是次日杀跌如果还持续，第三天往往会有情绪的修复，通常第三天下杀的惯性低点就是"反弹坑"。

资金的合力是趋势的驱动力。股价的涨跌只是表面现象，真正的原因在于赚钱效应和亏钱效应的交替作用，以及情绪的宣泄和释放。如果投资者不能控制自己的情绪，就会被情绪所控制。在炒股中，投资者必须克服人性弱点，才能成功。通过观察日常交易的情绪变化，获得大局观，从而辅助具体的执行，实现盘感的跃迁。

股市中分歧和震荡时常存在，而投资者被震荡"洗劫"的原因通常与心理活动有关。即使投资者制定了完美的交易规则，经过了严谨的逻辑梳理和沙盘推演，但如果内心脆弱，临盘冲动将导致规则形同虚设。在面对账面利润或亏损大幅波动时，多数人会遵循趋利避害的本能，但内心的不安会影响投资者的心态，使投资者容易受到盘中干扰而作出冲动的反应。除非经验丰富且镇定自若，否则总有一个价格点击穿投资者的心理防线，成为难以逾越的天堑。因此，股市考验的是投资者心灵、情感和智慧的力量。

有些人认为，制定一个完美的交易规则就是成功的关键，但我们不能忽视人性的因素。如果内心脆弱，即使再完美的规则也可能难以执行。股市中存在很多定律和规律，如上证指数20年线是长期趋势的重要支撑，上证指数如果跌破10年线，进场抄底的胜率为100%。但是，这些定律并不是所有人都会相信，因为每个人的经验和观念不同。因此，所有的选择都是投资者内心的外化，投资者看到自己想看到的，相信自己认为是对的的判断，而不是市场的实相。要想在股市中获得成功，经验、觉知和心态都是至关重要的因素。

股市中的震荡是一把无形的刀，可以随时刺痛投资者的内心，让人难以接受与预期的反差。人们很难接受看着别人的股票上涨，自己的股票下跌，内心会很烦乱不安。各种忧虑和后悔会迫使投资者采取新的行动，比如换股逃避震荡。然而，无论投资者选择什么股票，同样都会经历震荡，这种心理折磨只会让投资者一直处在震荡之中，难以摆脱。这种"买了就跌，卖了就飞"的状态可能会让投资者感到沮丧，难以忍受。

然而，震荡并不是下跌，它的性质是消化获利回吐和解套压力，一个上涨趋势行情必须经过不断换手，使得市场平均持股成本和股价上涨同步上升，上涨趋势的维持是市场承接力超过了抛售力，因此震荡改变不了方向，而是让行情走得更加扎实。所以，上涨趋势的震荡避免中途下车，您只要熬过了震荡，就可以让利润奔跑。这就是说，震荡只是多头行情趋势中的假跌，而空头行情趋势中的下跌才是真跌。如果投资者能够有效化解震荡的心理压力，甚而利用震荡低点上车或加码，这个时候，投资者就成功打通了炒股的"任督二脉"。

下 篇

成就卓越的投资者

　　成就卓越的投资者不仅是为了追求个人财富的增长，更是为了推动经济的发展和社会的繁荣。他们通过投资，为企业提供了资金和资源，促进了创新和就业。他们在为社会作贡献的同时，也在股市中获得了投资回报，实现了成功。

第十三章

如何理解股市推断的重要性

推断力是人类思维的高级形态。从已知推演未知，是人类驾驭这个思维工具的特有功能，它是学习力、反省力和认知力的升维过程，是从低维到高维，从量变到质变的飞跃，发挥着人类想象和智慧之光。

推断是通过观察、分析已知信息并进行逻辑推理，从而得出未知信息或结论的过程。它在人类思维中具有以下重要作用。

（1）学习力。通过推断，我们能够从已知的知识和经验中得出新的理解和认识。通过观察、比较和推理分析，我们可以从已知事物中发现规律和联系，从而扩展我们的知识领域。

（2）反省力。推断能够帮助我们反思和总结过去的经验和行为，并从中得出更合理和更有效的结论。通过推断思考，我们可以更好地认识和了解自己，进而改进和提升自己。

（3）认知力。推断是人类认知过程中的重要环节。通过推断，我们能够超越直接观察到的事实，从而对事物进行更深入和更全面的理解。推断能够帮助我们发现隐藏在表面之下的本质和规律。

（4）高维思维。推断涉及从低维到高维的思维跳跃。它不仅是从已有知识进行线性推理，也包括对多方面信息进行融合和综合的能力，从而得出更全面和深入的结论。

（5）创造力和想象力。推断往往涉及从已知到未知的跳跃，通过推断，我们能够展开想象力，并在探索未知领域中寻找新的解决方案和创新思路。

推断力不仅局限于线性的因果判断，它在处理复杂系统问题时也发挥着重要作用。复杂系统通常由众多相互作用的元素组成，其行为和变化往往不仅仅是直线的因果关系所能解释的。推断过程中，我们可以通过观察和分析系统中各种因素之间的相互作用，识别出其中的规律和趋势，并推断出系统可能的行为和变化。通过建立逻辑思维框架和推理链条，我们可以在复杂系统中找到一种合理的解决方案，并预测可能的结果。

复杂系统包括生态系统、经济系统、社会系统等，它们的行为和变化往往是非线性和相互关联的。推断力在这些系统中的应用可以帮助我们理解和解决各种复杂问题，比如预测气候变化的趋势、分析市场的波动和预测社会的发展方向等。

因此，推断力不仅可以在线性的因果关系中发挥作用，也可以在非线性领域的复杂系统中帮助我们解决各种复杂多变的问题。它是思维工具中的重要一环，对人类的认知和智慧发展有着重要的贡献，也发挥着它巨大的潜力。

在经济系统中，市场的波动和金融风险往往也受到多种因素的共同影响，不同因素之间可能存在复杂的非线性关系。推断力可以通过分析市场数据和经济指标，识别出其中的关键因素和引发市场波动的因果关系，进而进行有效的决策和风险管理。

在股市中，推断是化解不确定性风险、从不确定性市场中获益的重要能力。"推"是指利用信息、数据和事件结合股市行情推理、推导、推演、预测的过程；"断"是指在推演和预测的结果之上，进行判断和决策并采取行动的环节。推断能力结合了传统基本分析、技术分析以及股市行为学的综合运用。它链接了预测、决策、行动的总过程，是传统股市理论的一种升维，能够更好地应对股市风云莫测的变化环境，在不确定性市场中获得更好的先机。具有强大的推断能力的投资者，能够更好地把握市场的节奏，并能更好地应对市场风险，提高投资收益。以上是推断力新范式的丰富内涵。

推断范式的具体实战运用，其中一个核心目标是创造"复利"，避免"复亏"。

股市中的复利是指低位买入股票持有后产生的几何增值效应，相对于简单的价差操作，底部持股待涨可以使本金更快地增长。例如，当你用 10 元买入一只个股，第一次翻倍时上涨到 20 元，你会获得 10 元的利润，相当于本金的一倍；如果你选择继续持有该股，那么第二次翻倍上涨到 40 元时，你会获得 20 元的利润，相当于本金的两倍，以此类推，底部持有的股票收益率是一个几何级增长而不是算术级增长。这个复利效应展示了底部股票的珍贵。

复亏则是相对于复利而言的，它是指在股市中，一旦损失了部分本金，就会导致后续的回本出现累积偏差。例如，如果你在股票市场中亏损了 20% 的本金，那么要想在接下来的时间内恢复到原来的本金水平，需要获得 25% 的回报率；如果亏损 30%，需要获得 42.85% 的回报率；如果亏损 40%，需要获得 66.66% 回报率；如果亏损 50%，需要获得 100% 的回报率才能回本。这个回本的累积偏差展示了本金安全的重要性。因此，复利和复亏都是影响投资收益的核心概念。

股市推断是一种认知科学和决策科学的运用，是在相对平静的市场中利用动态信息发现影响股市行为和股价变化的关键因素的过程。

在股市中，投资者需要通过不断的信息搜集和学习，去发现市场中的重要信息和关键因素。这些信息可以来自各种渠道，例如新闻报道、公司公告、财务数据等。投资者需要对这些信息进行综合分析和评估，进而推演和预测未来的市场发展趋势和股价变化。这样的过程需要投资者具备一定的认知科学和决策科学的能力，才能够作出正确的决策。

在相对平静的市场中，投资者可以利用动态信息发现影响股市行为和股价变化的关键因素。这些因素可能包括市场情绪、市场结构、基本面数据等。通过观察市场的动态变化和不同因素的影响，投资者可以更好地理解市场的运行机制，把握市场的节奏，进而采取相应的投资决策。

总之，股市推断需要投资者具备认知科学和决策科学的能力，通过搜集、分析和评估动态信息，发现影响股市行为和股价变化的关键因素，进而作出正确的投资决策。

具体的股市推断场景有很多种，以下是一些常见的场景。

（1）财务数据分析。投资者可以通过分析公司的财务数据，如财务报表、现金流量表、利润表等，来推断该公司的经营状况和未来的盈利能力。例如，如果一家公司的财务数据表现良好，投资者可能会认为该公司的股价有望上涨，从而做出相应的投资决策。

（2）行业分析。投资者可以通过分析某个行业的市场环境和竞争格局，来推断该行业中哪些公司有更好的发展前景。例如，如果某个行业的市场规模增长迅速，而某些公司在该行业的市场份额不断扩大，投资者可能会认为这些公司未来的盈利能力很可能会增强，从而选择投资这些公司的股票。

（3）技术分析。投资者可以通过分析股票价格图表和市场交易量等技术指标，来推断市场的趋势和可能的价格波动。例如，如果某只股票的价格形成了一条明显的上升趋势线，并且成交量较大，投资者可能会认为该股票的价格有望继续上涨，从而做出相应的投资决策。

（4）宏观经济分析。投资者可以通过分析宏观经济指标，如国内生产总值、通货膨胀率、利率、货币供应量等，来推断整个市场的发展趋势和可能的风险。例如，如果某个国家的经济增长率较高，投资者可能会认为该国的股市有望表现良好，从而作出相应的投资决策。

总之，股市推断在不同的场景中都有着重要的作用，投资者需要根据具体情况选择不同的推断方法和技术，在非线性的复杂因素中找到关键因素和逻辑链并作出多因果判断，以获得更好的投资回报。

财务分析推断的重要数据

在财务数据分析的推断中，投资者需要重点关注以下几个关键数据。

（1）营收。营收是企业的经营成果，能够反映出企业的市场份额、销售额和销售成本等信息。投资者可以通过比较企业的营收规模和同行业其他公司的营收规模，评估该公司在业界中的地位和潜在增长性。

（2）利润。利润是企业盈利能力的重要指标，包括毛利润、净利润等。投资者可以通过分析企业的利润情况，来判断企业的生产效率、节约成本能力和管理能力等方面的表现。

（3）现金流量。现金流是企业的生命线，体现了企业现金收入和支出的情况，包括经营活动、投资活动和筹资活动三个方面。投资者可以通过分析企业的现金流量，评估企业的经营风险和现金管理能力等方面的表现。

（4）负债。负债是企业需要偿还的债务，包括短期借款、长期借款、应付账款等。投资者可以通过分析企业的负债情况，评估企业的财务稳定性和偿付能力等方面的表现。

（5）股东权益。股东权益是企业净资产的价值，包括股本、资本公积金、盈余公积金、未分配利润等。投资者可以通过分析企业股东权益的变化情况，评估企业的增长潜力和投资价值等方面的表现。尤其是净资产收益率，这是企业为股东创造价值回报的核心指标。

总之，财务数据分析涉及很多指标和数据，投资者需要根据自己的投资策略和风险承受能力，选择合适的指标和数据进行分析和推断，以作出最优的投资决策。

行业分析推断的关键因素

在行业分析的推断中，投资者需要重点关注以下几个关键因素。

（1）行业市场规模。行业市场规模是指某个行业的总体市场规模，包括市场总销售额、市场总产值等。投资者可以通过分析行业市场规模的变化，判断该行业的增长潜力和市场空间。

（2）行业增长率。行业增长率是指某个行业在一定时间内的增长率。投资者可以通过分析行业的增长率，判断该行业的未来发展趋势和市场需求。

（3）行业竞争格局。行业竞争格局是指某个行业中的主要竞争者和其市场份额、产品线、品牌等。投资者可以通过分析行业竞争格局，判断哪些公司有更好的发展前景和市场竞争力。

（4）行业监管政策。行业监管政策是指政府对某个行业的监管措施和政策规定，包括产业政策、税收政策、准入条件等。投资者可以通过分析行业监管政策，判断行业的政策风险和潜在机会。

（5）技术创新和市场趋势。技术创新和市场趋势是指某个行业中的新技术、新产品和新市场趋势等。投资者可以通过分析技术创新和市场趋势，判断该行业的未来发展方向和投资机会。

总之，行业分析是投资者进行投资决策的重要依据之一，投资者需要根据具体行业的特点和投资目标，选择合适的关键因素进行分析和推断，以作出最优的投资决策。

技术分析推断的关键要领

在技术分析的推断中，投资者需要重点注意以下几个关键要领。

（1）走势分析。走势分析是指通过分析股价、成交量等指标的走势，判断股票的走势方向和趋势状态。投资者可以通过蜡烛图、趋势线等工具，对股票的走势进行分析和判断。

（2）支撑和阻力分析。支撑和阻力分析是指通过分析股票价格的历史数据，找出价格下跌时的支撑位和价格上涨时的阻力位，判断股票的价格波动范围和趋势状态。

（3）指标分析。指标分析是指通过分析股票的技术指标，如移动平均线、相对强弱指数等，判断股票的价格波动趋势和买卖信号。

（4）成交量分析。成交量分析是指通过分析股票的成交量，判断股票价格走势的可信度和趋势状况。

（5）形态分析。形态分析是指通过股票价格走势的形态和特点，来判断其未来的价格走向和趋势状态。

总之，技术分析是股票投资者进行投资决策时的重要方法之一，投资者需要根据自己的投资策略和风险承受能力，选择合适的技术分析指标和工具，进行分析和推断，以作出最优的投资决策。

宏观经济分析推断的核心要素

在宏观经济分析的推断中，投资者需要重点注意以下几个核心要素。

（1）经济增长率。经济增长率是指国家或地区在一定时间内实际国内生产总值（GDP）的增长率。投资者可以通过分析经济增长率的变化，判断该国家或地区的经济状况和发展趋势。

（2）通货膨胀率。通货膨胀率是指通货膨胀水平的变化率，通常是以消费者物价指数（CPI）为衡量指标。投资者可以通过分析通货膨胀率的变化，判断该国家或地区的货币政策和通货膨胀风险。

（3）利率变化。利率是指借贷资金的成本，包括中央银行的基准利率、商业银行的贷款利率等。投资者可以通过分析利率的变化，来判断该国家或地区的货币政策和经济增长趋势。

（4）政策变化。政策变化是指政府制定的经济政策、税收政策、贸易政策等的变化。投资者可以通过分析政策变化，判断该国家或地区的经济走势和政策风险。

（5）国际贸易和汇率。国际贸易和汇率是指该国家或地区的出口和进口情况以及本国货币与其他货币的汇率变化。投资者可以通过分析国际贸易和汇率的变化，判断该国家或地区的经济竞争力和国际贸易风险。

总之，宏观经济分析是投资者进行投资决策时的重要依据之一，投资者需要根据具体情况选择合适的核心要素进行分析和推断，以作出最优的投资决策。

第十四章

如何建立题材推断的眼光和嗅觉

　　题材推断是投资者实施主动管理以争取超额利润的关键能力，需要投资者从市场题材炒作规律中建立独到的眼光和敏锐的嗅觉。

　　首先，投资者需要找到引发题材概念炒作的触发因素和关键信息。这需要投资者不断关注宏观经济和市场热点，了解不同行业和公司的最新动态和发展趋势，并对市场的变化保持敏感。通过分析这些信息，投资者可以发现引发市场热点和题材炒作的潜在因素和关键信息，从而抓住投资机会。

　　其次，投资者需要深入理解市场主力资金的炒作逻辑和题材想象空间。市场主力资金具有较强的资金实力和信息优势，能够在市场中把握机会并引导市场情绪。投资者需要深入研究市场主力资金的炒作逻辑，了解其投资思路和策略，并通过分析市场行情和资金流向等信息，预估市场合力增长和想象空间，从而抓住市场机会。

最后，投资者需要深入理解题材炒作的趋势演进和情绪变化。题材炒作通常经历从激发、持续、冲顶到消退的趋势演进，同时伴随着市场情绪的变化。投资者需要了解这些变化，并通过分析市场行情、资金流向和投资者情绪等信息，预判市场的走势和趋势，找到投资机会并把握好时机。

总之，建立题材推断的眼光和敏锐的嗅觉需要投资者具备多方面的能力和素质，包括了解市场热点和宏观经济动态、研究产业链关系和公司财务数据、跟踪媒体报道和行业资讯等。同时，投资者需要深入理解市场主力资金的炒作逻辑和想象空间，以及掌握题材炒作的趋势演进和情绪变化，从而找到投资机会并实现投资收益的最大化。

建立题材推断的眼光和嗅觉需要投资者具备以下几个能力。

（1）关注宏观经济。投资者需要关注宏观经济的变化和趋势，了解不同行业和公司的宏观环境和政策环境，以便快速反应和抓住题材的机会。

（2）跟踪市场热点。投资者需要关注市场热点和热门话题，了解市场的关注点和焦点，从而快速反应和抓住投资机会。

（3）研究产业链关系。投资者需要深入研究产业链关系，了解不同行业和公司之间的关系和互动，从而预判题材炒作联动机会和未来发展趋势。

（4）分析公司财务数据。投资者需要分析题材受益公司的财务数据，了解公司的盈利能力、成长性和估值水平，从而筛选出具有炒作价值和空间的龙头公司。

（5）跟踪媒体报道。投资者需要关注媒体报道和行业资讯，了解行业和公司的最新动态和发展趋势，从而及时反应和抓住机会。

总之，建立题材推断的眼光和嗅觉需要投资者具备多方面的能力和素质，需要不断学习和积累经验，同时保持敏锐的观察力和判断力，才能抓住投资机会，实现投资收益的最大化。

题材触发因素和关键信息的推断

题材推断中，投资者可以从需求爆发的业绩增长和技术创新的未来预期两个方面，推断题材的触发因素和关键信息。

首先，需求爆发的业绩增长是一种"炒业绩"的方式。这种情况下，投资者通常通过分析某个行业或公司的市场需求、产品销售和财务表现等信息，预测未来业绩的增长和发展，从而把握投资机会。例如，某个行业近期出现了爆发式增长，市场需求迅速上升，投资者可以通过跟踪相关企业的财务报表和业绩预告，预测其未来业绩的增长趋势，并抓住投资机会。

其次，技术创新的未来预期是一种"炒未来"的方式。这种情况下，投资者通常通过研究某个行业或公司的创新能力、技术水平和研发投入等信息，预测其未来的发展潜力和市场前景，从而抓住投资机会。例如，某个行业出现了技术创新，有望推动整个行业向前发展，投资者可以通过跟踪相关企业的技术研发情况和市场前景，预测其未来的发展趋势，抓住投资机会。

需要注意的是，无论是"炒业绩"还是"炒未来"，投资者都需要深入研究相关行业和企业的基本面，了解其市场前景、竞争优势、财务状况等信息，从而作出正确的投资决策。同时，投资者还需要关注市场热点和宏观经济情况，及时掌握市场信息和趋势，从而更好地把握投资机会。

总之，从需求爆发的业绩增长和技术创新的未来预期两个方面推断题材的触发因素和关键信息是投资者建立题材推断能力的重要途径。投资者在实践中需要结合基本面和市场面的信息，灵活运用各种分析方法，从而抓住投资机会，实现投资收益的最大化。

题材炒作逻辑和想象空间的推断

题材炒作的逻辑和想象空间是指在挖掘和发现新的投资机会时，投资者需要从不同层面进行分析和推断，包括产业政策驱动、技术突破或模式创新的市场逻辑检验，以及基本面业绩兑现两个重要阶段。这些阶段构成了题材炒作从概念发掘到价值发现的完整过程。

在第一个阶段，投资者需要研究产业政策和市场趋势，对未来的发展趋势和方向进行预测，以此推断题材的炒作逻辑和想象空间。例如，政府部门发布了一项新的产业政策，鼓励某个产业的发展，投资者可以通过研究政策细则和市场反应，推断该产业未来的发展趋势和市场空间，从而抓住投资机会。

在第二个阶段，投资者需要关注企业的基本面和业绩兑现情况，以此检验市场逻辑和推断的正确性。例如，某个企业在某个领域进行了技术突破，具有较强的市场竞争力，投资者可以通过跟踪其业绩和市场表现，检验其技术突破是否能够落地，从而验证市场逻辑的正确性。

在整个过程中，投资者需要结合基本面和市场面的信息，灵活运用各种分析方法，从而把握投资机会，实现投资收益的最大化。同时，投资者还需要注意风险控制和资产配置，避免单一题材或个股的风险，实现资产的分散化和配置的平衡性。

总之，题材炒作的逻辑和想象空间是投资者进行投资决策的重要因素，涉及多方面的信息和分析，需要综合考虑。投资者在实践中需要不断提升自己的分析能力和风险控制意识，从而更好地把握市场机会，实现投资收益的最大化。

题材趋势演进和情绪变化的推断

题材趋势演进和情绪变化的推断是指在挖掘和发现新的投资机会时，投资者需要从情绪变化的角度分析和推断，包括底部放量、情绪爆发、惯性冲顶和情绪消退四个阶段。这些阶段构成了趋势演进的完整过程，投资者应该尽早认知这些阶段，并在底部放量的时候进场卡位，保持到惯性冲顶的时候。

在底部放量阶段，由于市场对于题材的投资热情不高，交易量低迷，但是这个阶段也是价值洼地和低吸机会。投资者可以通过研究市场的供需关系，以及企业的基本面情况，选择具有投资潜力的个股，并通过适当的仓位控制，抓住底部从低迷到放量的机会。

在情绪爆发阶段，市场情绪开始活跃，投资者的投资热情高涨，交易量开始增加。这个阶段通常是投资者最容易发现和确认的时期，投资者可以通过跟踪市场的热点和关注度，抓住情绪爆发的机会。

在惯性冲顶阶段，市场情绪已经达到了顶峰，投资者的投资热情也已经达到了高点，此时需要注意风险控制和资产配置，在适当的时候退出，避免被市场风险和波动所牵连。

在情绪消退阶段，市场情绪开始平静下来，投资者的投资热情也逐渐降温。此时，投资者需要重新评估自己的投资策略和风险控制，以此避免市场波动对自己的投资产生较大的影响。

总之，投资者需要尽早认知题材趋势演进和情绪变化的趋向，把握不同阶段的投资机会，做好风险管理和资产配置，实现投资收益的最大化。在这个过程中，投资者需要有较强的分析能力和风险控制意识，避免盲目跟风和被市场情绪所左右。

如何利用推断
抓住热点轮动与切换

　　轮动推断是指在市场的不同阶段，通过判断市场的高低切换节奏，抓住热点切换的机会。在市场中，一个题材炒作完成后，市场主力资金通常会兑现利润，并寻找下一个处于低位的新题材，从而完成高低切换的轮动节奏的转换。投资者可以通过以下几个方面来利用轮动推断抓住热点切换的机会。

　　（1）关注市场资金流向。在市场中，资金是推动股市升降的重要因素。投资者可以通过关注市场的资金流向，以及不同板块和个股的资金流量变化，来判断热点的切换趋势。

　　（2）分析板块轮动。板块之间的轮动关系是市场高低切换的重要表现形式。投资者可以通过分析不同板块的表现，来

推断力：写给中国投资者的股市行为学

把握市场的轮动节奏，并寻找新的投资机会。

（3）关注市场情绪。市场情绪是推动股市波动的另一重要因素。投资者可以通过关注市场的情绪变化，以及市场热点和关注度的变化，来判断市场的轮动节奏和热点切换的趋势。

（4）研究行业和公司基本面：行业和公司的基本面是股票价格变动的重要因素之一。投资者可以通过研究不同行业和公司的基本面情况，来判断它们的投资价值和市场表现，并寻找投资机会。

总之，利用轮动推断抓住热点切换需要综合考虑市场资金流向、板块轮动、市场情绪以及行业和公司基本面等多方面因素。投资者需要具有较强的分析能力和风险控制意识，根据市场情况和自身投资风格，选择合适的投资策略和仓位控制，以此实现投资收益的最大化。

如何推断新旧题材的机会

题材是股市中的一个非常重要的概念。它通常指市场上的热点行业或主题，是投资者寻找短期利润的主要手段之一。在股市中，题材的热度往往会随着时间的推移而不断变化。投资者需要不断更新自己的题材观念，及时认识到新题材的出现，并及早抛弃旧题材，否则就容易错失市场机会。

在判断题材热度的时候，资金流向是一个非常重要的指标。随着市场上的投资者逐渐关注某个题材，资金也会大量流入该题材相关的个股中，从而推动股价上涨。当然，在这个过程中，资金也会随时流出，所以投资者需要密切关注资金的动向，及时调整自己的仓位。

此外，投资者也需要注意到题材的生命周期。当一个新题材出现时，市场上的一些敏锐资金会及时关注，并往往会在该题材上进行大量操作。随着时间的推移，这个题材的热度会逐渐消退，市场上的资金也会逐渐离开。投资者需要及时抛弃旧的题材，寻找新的机会，以赚取更多的利润。

市场是不断变化的，题材热度也会在不同的时间和情况下发生变化，投资者需要不断学习和思考，以适应市场的变化，才能在投资中取得成功。

如何推断大题材和小题材

题材分为大题材和小题材，主要的区别在于持续性和影响范围。大题材通常有更多的情节和故事，能够吸引更多的投资者，因此持续时间更长，影响范围更广，板块个股数量也更多。大题材往往又是市场主流风格，机构资金参与度较高，一旦起势，持续时间较长，适合反复做波段。小题材则持续时间较短，虽然启动后会有爆发力，但是难有持续性。

在判断题材大小和炒作级别的时候，需要注意大题材和小题材的特点，以及它们的持续时间和板块个股数量等因素。同时，还需要密切关注市场风格的变化，以及主流资金的整体偏好，这些因素可以帮助投资者更好地把握市场机会。

另外，需要特别注意风格轮动的影响。市场风格的变化往往会影响不同类型的股票，比如小盘成长股和大盘蓝筹股，在不同的市场风格中的表现会有所不同，踩对或踩错市场风格转换节奏，直接决定了投资者的大部分收益或亏损，投资者需要及时调整自己的投资策略，以适应市场的变化。

最后，投资者在参与题材炒作时，需要保持冷静理性，避免盲目跟风。同时，也要注意风险控制，严格控制仓位和风险，以避免因为单一题材的炒作而造成风险。

如何推断热点的持续性

判断热点的持续性需要从多个方面入手。首先，要观察量能，热点的持续性需要伴随着持续均匀的量能，缩量和爆量都需要小心。因为缩量可能意味着资金正在流出，爆量则可能意味着热点即将见顶。

其次，要关注热点背后的板块和资金。题材的背后是板块，板块的背后是资金。通过观察板块的表现和资金的流向，可以判断热点的持续性。如果资金持续流入，板块表现不错，那么热点就有可能持续。

再其次，要关注热点的消息是否能够持续发酵，媒体的报道和渲染也是对热点最好的广告。如果热点的消息能够持续出现，并且媒体也持续报道，那么就有可能吸引源源不断的资金进场追逐套利。

　　在盘面上，持续性的体现是持续均匀的放量。如果热点持续放量，那么就有可能持续一段时间。但是，如果出现缩量加速和持续放量后的再次爆量，那么就需要加倍警惕了，因为这可能是热点即将见顶的信号。

　　最后，需要强调的是，投资者需要保持冷静理性，不要盲目追涨杀跌。同时，也需要合理把握仓位和风险，切勿冒险。

第十六章

如何通过风险推断保持成功率

　　风险推断是指通过分析市场的情绪变化和题材炒作的趋势演进，来预测市场的风险和投资机会。在题材炒作的趋势演进中，重点观察从分歧到一致的惯性冲顶的过程。当一个题材炒作被市场广泛认知形成一致看法和认同时，这个时候往往是题材炒作到了巅峰期，投资者应该避免在这种高风险阶段的冲动交易，更不用在题材炒作的消退期进场成为接盘侠。

　　投资者可以通过以下几个方面来通过风险推断保持成功率。

　　（1）观察市场情绪。市场情绪是推动股市波动的重要因素。投资者可以通过观察市场情绪的变化，了解市场的热点和关注度的变化，以及市场的风险和机遇。

　　（2）分析题材炒作的趋势演进。题材炒作的趋势演进是市场高低切换的重要表现形式。投资者可以通过分析不同题材炒作的趋势演进，把握市场的风险和机遇，并选择合适的投资策略。

（3）审慎决策，避免盲目跟风。投资者在决策时应该审慎，避免盲目跟风，避免在题材炒作的巅峰期或消退期进行冲动交易。

（4）管理仓位，控制风险。投资者在投资时应该管理好自己的仓位，合理控制自己的风险水平，降低投资的风险。

总之，通过风险推断保持成功率需要投资者具备较强的分析能力和市场敏感性，能够及时抓住市场的风险和机遇，并在投资决策时保持冷静和审慎，避免盲目跟风，控制好仓位和风险，以此实现投资收益的最大化。

如何推断才能看准大市

想要题材推断的成功率，投资者需要具备宏观的大格局和微观的洞察力。在宏观层面，投资者需要关注大盘是否处于多头行情阶段，这有助于避免遭遇系统性风险。但是，目前市场上通行的市场分析方法往往是先宏观后微观，这种方法存在一定的弊端。

事实上，大盘是由板块构成的，而板块的启动是由各板块的龙头股决定的。因此，在微观层面，投资者需要关注各板块的龙头股，这有助于判断板块的走势和大盘的走势。经济面的转暖或者一个利好消息，在股市中的首个着力点一定是龙头股，随后才是板块，最后大盘才会在板块带动下走出行情。这就是自上而下和自下而上的区别。

投资者需要认识到龙头股代表赚钱效应，它是市场人气和信心的重要代表。当龙头股表现优异时，它能够带动整个板块的走势，同时也能够带动大盘的行情。相反，当龙头股表现不佳时，它也可能带动整个板块的下跌，进而影响大盘的走势。因此，投资者需要注意关注龙头股的表现，了解它们的基本面和市场情绪，这有助于更好地把握市场走势。

最后，投资者需要根据自身的风险偏好和投资目标，制定适合自己的投资策略和仓位管理。不要盲目追涨杀跌，要理性投资，避免过度风险和情绪影响。

止损犹豫不决怎么办

止损是投资中的一环。面对这个问题，投资者首先需要认识到人都会犯错，没有百战百胜的将军，当投资者把资金投入个股时就承担了风险和收益的两面。当发现错误时，投资者需要果断止损，尤其是短线客不要存有侥幸心理。犹豫不决，会导致恐惧和压力等负面情绪的产生，从而影响投资者的判断和决策。即便是长线投资者，如果发现个股基本面逆转或暴雷，截断亏损也是避免伤及元气的合理策略。

对于题材选手来说，止损更是必需的。因为不止损就存在深套的可能性。即使一次操作出现了止损后价格涨回来的情况，投资者也不要否定止损这个动作。需要看的是在多次操作中，止损是否对投资者的总体表现有所帮助。这涉及系统思维和概率思维的应用。当样本积累足够多时，如果不止损，深套的发生是必然的，只是时间问题。因此，投资者需要在短线操作中养成止损的习惯，避免深套的发生。当然止损是不得已的手段，重点还要看成功率。

游资亏损第二天必割的做法也是为了避免深套的发生。这种做法可能会导致割错，但总体来说是正确的。侥幸是投资中的魔鬼，投资者需要用纪律来保持清醒的头脑，避免被情绪左右。因此，建立起正确的投资心态和纪律，是投资者在止损割不下手时应该思考的问题。

更重要的是，建立价值投资理念，在长期主义的思维框架中，股价的短期波动则可以忽略不计。

如何克服满仓梭哈的冲动

满仓梭哈是一种常见的投资冲动，但对于大多数投资者来说，这种行为往往会导致无法控制的风险。如何克服满仓梭哈的冲动，需要投资者有正确的投资观念和策略，并且需要建立一个具备赢面和盈亏比优势的交易系统。因为一个交易系统是否具备赢面和盈亏比优势是决定收益曲线能否持续向上的最重要因素，缺乏交易系统的随机交易很难有稳定盈利的能力。

仓位对收益率曲线的影响本质上是波动率，单个标的越重，会导致收益率曲线波动率越大，而投资标的越分散，标的之间关联越低，则收益曲线的走势越平滑。因此，投资者需要建立一个适度分散的投资组合，避免过度集中仓位，以降低风险，除非您发现了值得托付的投资标的，即便如此也需要分步式建仓，做足您的"安全垫"。同时，投资者还需要了解自己的风险承受能力，从而控制仓位的大小，避免满仓梭哈的行为。

交易系统的重要性也不可忽视。一个有赢面的交易系统可以帮助投资者在市场中快速发现机会，同时也可以帮助投资者控制风险。因此，投资者需要根据自己的投资风格和目标，建立一个适合自己的交易系统，并严格执行。只有这样，才能在投资中获得稳定的盈利。

最后，投资者需要认识到，不论是分仓还是满仓，情绪化的投资者的收益曲线都是稳定向下的。因此，投资者应该建立正确的投资观念，等待适合自己的投资机会出现，并严格执行自己的交易系统，从而获得长期稳定的收益。

第十七章

个性化投资风格的优化与迭代

在投资中，保持个性化投资风格的优化和迭代是非常重要的。这需要投资者不断扩大自己的能力圈，包括对市场的理解和对新事物的认知。只有保持与市场一起进化的能力，才能更好地适应市场的变化和投资环境的变化，从而获得更好的投资收益。

具体来说，投资者可以通过以下几个方面来保持个性化投资风格的优化和迭代。

（1）不断增强投资理念。投资理念是指投资者在进行投资时所坚持的一些基本信念和原则。投资者应该不断增强自己的投资理念，保持自己的投资风格，并在实践中不断优化和迭代。

（2）加强市场分析能力。投资者应该加强自己的市场分析能力，不断扩大自己的投资视野，了解市场的趋势和动向，把握市场变化，以此来调整自己的投资策略。

（3）关注新事物。投资者应该关注新事物的出现，及时了解新技术和新产业的发展趋势，以此来发现新的投资机会。

（4）学习和交流。投资者应该不断学习和交流，与其他投资者分享经验和观点，不断吸取他人的智慧，从而不断优化和迭代自己的投资风格。

总之，保持个性化投资风格的优化和迭代需要投资者具备较强的市场分析能力和学习能力，以及敏锐的市场洞察力。只有不断扩大自己的能力圈，保持与市场一起进化的能力，才能更好地适应市场的变化和投资环境的变化，从而获得更好的投资收益。

好的盘感多久能训练出来

库克这样的 NBA 球员，他们的投篮准确度不仅靠练习和技能，还有一部分是天赋。同样的道理，盘感也有一部分是天赋，是难以被训练的。不过，大部分人可以通过长期反思总结和经验积累，逐渐养成自己的盘感。

具体到时间上，能否训练出好的盘感并没有一个明确的时间表。这取决于个人的努力程度、学习能力和天赋。但是，一般来说，要想养成好的盘感，需要至少经历几个市场周期，并在不断的实践中总结和反思，逐渐形成对市场的理解和感觉。

此外，投资者还需要具备良好的心态和稳定的情绪，以便更好地运用自己的盘感作出决策。

总之，盘感是一种在长期交易经验的基础上形成的反应系统，需要通过不断的实践和反思来培养和锻炼。每个人的情况不同，所需的时间也不同，但只要在正确的方向上付出努力，并保持稳定的心态，就有可能养成良好的盘感。

高手与普通散户的最大区别是什么

高手与普通散户最大的区别在于能否抵御市场中无时不在的诱惑，恪守自己的交易信念。高手能更好地控制自己的情绪和行为，不被市场情绪所左右，坚守自己的交易系统和原则，从而获得更好的交易结果。

交易市场存在的险恶在于，市场波动、行情变化和新闻事件等都有可能影响投资者的情绪和决策，使得投资者作出错误的决策。因此，投资者需要有强大的自控力和执行力来应对市场的不确定性和诱惑。自控力和执行力是决定交易成败的两大关键要素之一，缺乏这些要素的投资者往往难以在市场中取得成功。

在实际的交易过程中，投资者需要注意筛选机会，只买看得懂的股票，避免盲目跟风或者听信市场传言。同时，投资者需要建立自己的交易系统和原则，并严格执行，不被市场情绪所左右。只有坚持交易原则、掌握自控力和执行力，并且严格遵循自己的交易系统，才能在市场中获得成功。

最后，投资者需要认识到，股市是淘汰机会做减法的地方，因为市场中存在大量的机会，而投资者的资源和认知是有限的。因此，投资者需要有选择地抓住适合自己的机会，避免盲目跟风和过度交易。只有做到淘汰不属于自己的机会，抓住真正适合自己的机会，才能在市场中赚取稳定的利润。

导致股市失败的人性弱点有哪些

导致股市失败的人性弱点有很多，包括贪婪、恐惧、冲动、自负、盲目跟风等。这些人性弱点会导致投资者作出非理性的决策，从而产生亏损。

投资者经常会出现"人心不足蛇吞象"的心态，想要把握市场上所有的机会，结果却容易被市场波动和风险所淹没。此外，投资者往往会受到自己的情绪和心理因素的影响，比如看到别人赚钱产生的踏空心理、连续成功之后的信心膨胀、大亏之后想要翻本的赌徒心理等。

为了避免这些人性弱点对自己的交易产生影响，投资者需要遵循一些交易原则和规则。首先，投资者需要制定自己的交易计划和风险管理策略，根据自己的情况制定出个人化的投资方案。其次，投资者需要有充分的市场知识和技能，能够对市场趋势和风险进行准确的判断和预测。最后，投资者需要保持理性和客观，不受情绪和外界因素的影响，遵循自己的投资原则和交易系统，做计划内、系统内的交易。

总之，投资者需要认识到投资市场是一个战胜自我的地方，要克服自己的人性弱点，坚守交易原则和规则，建立个性化的投资风格，并遵循各项科学的推断范式和决策逻辑，保持理性与客观，才能在市场中获得成功。

投资者不可或缺的核心能力

　　股市个人成功在某种意义上确实可以被视为个人英雄主义的诠释。在股市中，投资者们要坚持持续学习、分析、预测、执行等过程，从而不断优化自己的投资方法，采取更合理、更优化的投资策略，最终获得较好的投资回报。这个过程中，个人的奋斗精神、毅力和勇气起到至关重要的作用，他们必须在激烈的智力竞争中不断前行，不畏困苦与失败，始终坚持自己的信念和理念。

　　历史上，很多著名的股票投资巨头都是拥有个人英雄主义精神的代表人物，如巴菲特、索罗斯等。他们在股市中不断探索、实践、创新，建立起自己的股票投资理念和方法体系，赢得了市场和投资者的高度认可。

　　巴菲特和索罗斯的投资风格截然不同，但是他们的成功都离不开超群的推断力。巴菲特被誉为价值投资的大师，他的投资理念是寻找那些具有真正内在价值的公司，投资那些业绩持续增长、市场地位稳固、管理层优秀的企业，并长期持有这些公司获得回报。巴菲特在寻找这些价值公司的过程中十分注重公司财务信息和基本面分析，认为只有真正理解一个公司的商业模式和运营情况，才能进行更为准确的投资决策。这需要他拥有非常高超的推断力，能够在繁多的财务和市场信息中找出重要的、真正有价值的信号。

而索罗斯则是一位典型的对冲基金经理，他主张对市场的错误进行短期投机，通过预测全球宏观经济环境的变化，进行局部区域性投机和利率交易，把握市场的短期走势，实现高额对冲收益。索罗斯在定位市场长期趋势和投资策略时也极为擅长，这同样需要他具备超群的推断力，能够精准判断市场的走势和投资机会。

总之，巴菲特和索罗斯的成功之处既在于他们精湛的投资技术和经验，也在于他们在推断力方面的天赋和努力。在投资市场中，超群的推断力是非常关键的一环，只有能够深刻地理解市场、公司和经济，才能作出准确的判断和决策，实现更为优异的投资回报。

推断力新范式在股票市场上创新运用了一种思维方式和研究方法，通过对股市非线性复杂系统的推断与分析，阐述了股市基本面和投资者行为及心理因素之间的相互作用。与传统股市理论相比，推断力新范式更加具体实用且高效。因为它更聚焦于洞察投资决策过程中的真实心理变化，并据此作出更加合理有效的分析和投资决策。在复杂因素及最后的行为和心理的角力过程中打开了一扇窗。

推断力研究发现，在复杂的市场环境下，不能仅仅基于过去的经验和信息就对股价作出过于明确的预测，因为市场的环境随时可能发生变化，新的因素也可能不断涌现，这需要客观且频繁的分析和研究，同时也需要在出现新的因素时及时调整自己的观点，以进化的思维来更新自己的预测和分析。所以股票分析和决策应该基于推断能力优化迭代的科学范式，既包括对外部环境的快速监测和分析，也包括自身的不断学习和优化提升，进而拥有超群的推断力并锤炼为自己的个人理性决断和投资风格，最终走向股市的终极成功之道。

对于以上论断，如果投资者以索罗斯为榜样，笔者认为您可以照单全收，因为短期交易的原理就是和市场一起进化，更关注新鲜出笼的各种层出不穷的机会。如果投资者以巴菲特为榜样，那么您需要用批判精神，至多是部分地接受以上观点，因为巴菲特也需要抓住新的投资机遇，但是，区别在于他更懂得拒绝诱惑。在巴菲特眼中和实践上，他的成功不是频繁地与机会周旋，而是在他的投资生涯中的那几个，仅仅是几次重大推断和决策，然而，他取得了决定性的胜利。

推断力的终极形态是心力，也可以说是一种信仰。例如在股市投资中，一位投资者如果把自己的推断力提升到了心力的层面，就能够在不可动摇的层次上坚信自己的选择，从而获得更好的投资收益。

这就是说，当面对来自股市的种种压力和不确定性时，投资者需要在自己的内心深处建立起一种信仰，在这种信仰的支持下坚定不移地投资。信仰可以帮助投资者克服股市行为学中的诸多弱点，如认知偏差、从众心理、情绪化等，从而在自己的投资路上越走越稳。

因此，当本书逐渐进入尾声，投资者对推断力新范式的理解也是逐渐深入并接受了的。然而，大道至简，深度思考不是目的而是手段，是从简单到复杂又复归简单的过程。接下来，我们将通过黄金推断链和五种推断模式的归纳，并通过推断案例的解读，来实现推断力新范式落地运用的效果，并且使投资者在推断力新范式加持下，建立超凡的心力，成就卓越的投资梦想。

黄金推断链的五个环节

股市推断链是指股市投资者在进行投资决策时，基于信息和数据，通过逻辑推断得出预测股价走势和行情变化的过程。

具体来说，股市推断链一般由以下几个环节组成。

（1）收集信息和数据。投资者需收集和获取一定数量和质量的股市信息和数据，如公司财务报告、股价走势图、市场分析报告等。这些信息和数据将成为推断的基础。

在这一环节，投资者需要避免出现信息瓶颈。信息瓶颈理论认为投资者在面对大量的信息时会出现信息瓶颈，导致他们无法获得足够的信息来作出最优的投资决策。

（2）分析信息和数据。在收集信息和数据的基础上，投资者需要进行分析和评估，理解市场背景和趋势，分析公司的财务状况、经营战略、竞争优势等方面的信息。在此基础上，投资者可以进行投资选择和决策。

在这一环节，投资者需要避免确认偏差，确认偏差理论是指人们倾向于寻找和接受那些与自己现有信念相符的信息，而忽略那些与之不符的信息。在投资决策中，投资者通常会更关注那些支持他们现有信念的信息，而忽略那些可能对他们的投资决策产生负面影响的信息。

（3）推断股价走势和行情变化。投资者可以通过逻辑推理，根据信息和数据的分析结果，得出对应的预测结果，如股价走势和行情变化等。这一步也是整个推断链中最为关键的一环。

在这一环节，投资者需要克服从众心理，从众心理是指人们倾向于跟随大众的行为和决策，而不是独立思考和行动。在投资决策中，投资者通常会受到市场舆论和其他投资者的影响，从而导致他们采取不利于自己的投资策略。

（4）验证和评估预测结果。为了验证预测结果的准确性和可靠性，投资者需要根据市场实际情况进行验证和评估。如果验证结果与预测结果相符，投资者可以按照预测结果进行具体的投资操作；如果验证结果与预测结果不符，则需要检查推断环节中是否有漏洞或失误，并及时调整投资策略。

在这一环节，投资者需要避免社会比较，社会比较理论是指人们倾向于将自己与他人进行比较，从而影响他们的决策和行为。在投资决策中，投资者通常会将自己的投资表现与其他投资者进行比较，从而导致他们产生焦虑和压力，影响投资决策的效果。

（5）调整投资策略。根据验证结果和实践经验，投资者还需不断地调整自己的投资策略和决策方式，以适应市场的变化并规避风险。

在这一环节，投资者需要避免反应过度，反应过度理论认为人们在面临风险时会产生过度的反应，导致他们作出过于保守或过于激进的投资决策。例如，当市场出现剧烈波动时，投资者可能会因为过度反应而抛售股票，或者因为过于乐观而盲目追涨杀跌。

总之，股市推断链是一个完整的逻辑过程，需要投资者具备一定的信息收集和分析能力，以及逻辑推断和判断能力，同时也需要不断验证和调整投资策略，以实现目标收益和风险控制的平衡。

常用的五种推断模式

超群的推断力是指投资者根据多种推断方法进行分析和预测，从而提升对股市的辨识力和判断力，作出更客观、更理性的投资决策，进而提高股市竞争力。其中，业绩推断法、题材推断法、强弱推断法、跨市推断法和内观推断法是五种常用的推断方法。

1. 业绩推断法

业绩推断法是指通过分析公司业绩、财务报表等数据，推断该公司未来的价值变化，为股票的投资决策提供依据。该方法对于重视基本面、长期投资的投资者较为适用。

下面以基本分析为例，介绍业绩推断法的具体步骤。

（1）分析公司的业绩。投资者需要仔细研究公司的历史业绩，了解公司的盈利情况、盈利增长率、市场份额等信息，同时需要关注公司的管理层、产品市场竞争力等方面的情况，通过竞争态势分析评估公司的优劣势。

（2）研究财务报表。投资者需要准确阅读公司的财务报表，分析公司的财务状况。包括分析公司的利润表、现金流量表、资产负债表等多方面的财务数据，以此评估公司的经营状况，分析企业成长性和盈利能力等。

（3）确定评估指标。投资者需要依据分析结果，确定评估指标。常用的评估指标包括市盈率、市净率等。

（4）比较估值。投资者需要根据公司历史估值、行业平均估值等因素，综合考虑，得出合理估值，将其与当前市场价进行比较，确定是否具有投资价值。

（5）制定投资策略。根据业绩推断法的分析结果，制定相应的投资策略，包括合理的买入和卖出点位、适当的投资风险控制等。

例如，投资者选择一家企业进行业绩推断分析。该企业是一家新能源企业，近期公告了业绩报告，营收和净利润均增长

20%以上，同时增加研发投入，推出了新的高端产品。投资者分析该企业的业绩、财务报表，评估企业的优劣势，并根据市盈率等指标比较估值，得出结论，该企业具有投资价值，随后制定相应的投资策略，如买入企业股票，以长期投资的方式获取收益。

2. 题材推断法

题材推断法是指通过研究各种资讯和事件，推断相关题材与概念股的走势变化，寻找投资机会。该方法对于短期炒作和高风险投资者较为适用。

下面以市场分析为例，介绍题材推断法的具体步骤。

（1）了解市场热点和新闻资讯。投资者需要通过阅读新闻资讯、对市场热点进行跟踪和了解，寻找热门、受关注的行业和领域。

（2）分析题材相关企业。分析题材相关企业的财务报表、经营情况、近期成长状况及市场份额等，确定热门题材中的领军企业，以及企业的市场竞争力等。

（3）研究股票相关因素。分析该企业的上市和流通情况，股票价格走势、成交量、市值等，以及股票与行业、大盘指数等相关因素的关系，并观察股票市场行情，判断市场趋势和走势。

（4）判断投资时机。在充分分析市场热点、企业业绩及走势基础上，根据个人风险偏好和预期收益率，确定投资时机，采取适当的投资策略。

推断力：写给中国投资者的股市行为学

（5）风险控制。题材推断法投资股票具有短期性、大起大落的特点，投资者应增强风险意识，合理控制投资风险，避免盲目追涨杀跌，适时止损。

例如，生成式大模型形成风潮，市场对于人工智能的题材非常关注。投资者可以根据题材推断法的分析流程，先了解人工智能相关的新闻和政策，分析相关企业的情况，包括财务状况、经营情况、产品竞争力等；接下来进行股票研究，了解该公司的上市和流通情况、股票价格走势等；最后根据市场热点和个人风险偏好，制定相应的投资策略，如适当买入相关人工智能股票，以短期交易的方式获取收益。同时还要注意合理控制风险，及时止损。

3. 强弱推断法

强弱推断法是指通过比较不同公司或行业之间的强弱优劣，推断行业和投资品种的走势变化，决策投资方向。该方法对关注行业和板块轮动的投资者较为适用。

强弱推断法是一种通过分析各股票的市场表现及技术指标，识别强势股和弱势股的方法，以此判断买卖时机，并采取相应的投资策略。该方法适用于短期交易和技术分析投资者。下面以股票投资为例，介绍强弱推断法的具体步骤。

（1）分析技术指标。投资者需要使用各种技术指标，如均线、相对强弱指标、动量指标等，评估股票的走势趋势，找出趋势较强的股票。

（2）识别强势股和弱势股。根据技术分析和研究，将股票根据走势、涨跌幅、成交量等指标划分为强势股和弱势股。强势股通常表现为涨幅较强、成交量较大、持续性较好；而弱势股则表现为涨幅不大、成交量不足等情况。

（3）判断市场趋势。通过大盘、板块和个股强弱股的分析，评估市场的总体趋势，并判断当前市场机会点和风险点。

（4）分析竞争态势。评估市场环境后，根据强势股市场表现的情况，再从公司市场竞争地位和态势的角度进行逻辑验证。包括公司的创新力、产品力、市场力、销售力和品牌力等方面，全面评估公司的竞争地位、竞争优势，以及未来市场发展空间。

例如，投资者可以根据强弱推断法的分析流程，使用相对强弱指标、成交量等技术指标分析股票，找出表现最为强劲和领先的股票，以及表现较为弱势的股票。在了解市场总体情况后，制定相应的投资策略，如在强势股的涨幅较强时，适当加仓，而在弱势股下跌或者投资心态不佳时，则适当减仓或者止损，以达到投资长期收益的目标。

4. 跨市推断法

跨市推断法是指通过关注国内外多个市场，特别是与中国市场有密切关系的市场，推断全球股市走势，对于全球市场整体风险有比较好的预判，寻找可能的机会和风险因素。

跨市推断法是一种通过分析不同市场之间的相关性，找到有投资潜力的市场和股票的方法。它侧重于分析不同市场和行业之间的联动情况，以发现相互关联的投资机会。下面以股票投资为例，介绍跨市推断法的具体步骤。

（1）研究长期趋势。首先需要对各个市场的历史走势进行长期的研究，比较它们的相关性和波动性。然后通过了解各市场的历史数据，包括短期和长期的变化，评估市场发展趋势和关联性。

（2）寻找相互关联的市场。通过分析不同股票、不同行业和不同市场之间的相关性，找出行业、市场之间的联动情况。例如，中国股票市场和美国股票市场之间的联系，或者是紧密关联的能源市场与工业市场之间的联系。

（3）确定交易时机。通过跨市推断法，确定在下跌的市场中买入，并在上涨的市场中卖出。比如，如果美国股市出现下跌，中国股市也可能出现下跌，但是能源市场可能出现上涨。这就为投资者提供了买入美国股票或中国股票，以及买入能源股票的机会。

（4）消费市场。跨市推断法还可以利用消费市场研究来发现可选消费品和快消品上市公司的投资机会和投资潜力。当消费市场出现某种消费时尚和风潮时，通常对应上市公司也是处于业绩爆发期，这是一个更为直观或易于关联的投资良机。

当涉及不同市场之间的关联时，股市、商品市场和期货市场之间的联系是原材料价格下降使得商品生产成本降低，股票价格可能会升高；或者商品价格升高将推动相关股票的盈利增长。跨市推断法可以帮助投资者添加不同市场的投资组合来控制投资风险和获取更大的利润。

假设某个投资者注意到黄金价格上升，他可以分析与之直接相关的行业和市场，发现与黄金价格上升相关的行业和公司可能将获得更高的盈利增长。通过对这些市场的分析，投资者可以选择在这些行业和股票中投资，并从中获得更高的回报率。

掌握跨市推断法的关键是收集和分析市场数据，这需要深入的市场知识和技能。了解股市、消费市场、商品市场和期货市场之间的联系，确认有用的趋势和关联机会，利用各种投资工具来构建一个强大的跨市投资组合，也可以帮助投资者在不同市场中找到有价值的逻辑推断链。在不确定中发现有价值的高确定性的趋势，并采取行动获得投资收益。

5. 内观推断法

内观推断法是指通过对自身投资经验、行为和偏好的自我了解，推断个人在不同市场环境和情况下的投资表现和行为，不断更新投资认知，提高决策的客观和理性。

内观推断法也可以用来指代投资者进行自我反省和情绪控制等方面的方法。通过意识和控制个人主观偏见和行为偏差，抑制情绪波动，投资者可以更好地理性思考和决策，从而更好地应对市场波动和风险。这种方法涉及个人心理和情绪方面的特点，需要投资者学习并改进自己的投资行为和习惯。

以下是内观推断法在投资领域中的应用方法和示例。

（1）自我反省。自我反省是指投资者时刻关注和审视自己的投资行为，包括投资决策的动机、决策的理由及后果等。通过反思和总结之前的投资经验，投资者可以更好地理解自己的投资习惯和行为偏差，以及如何扭转不利的投资趋势。比如，某位投资者在过去的一段时间里一直选择追高买入股票，结果经常遭受亏损，经过反思后，他意识到自己的决策方式存在盲目跟风的成分，于是开始探索更科学、更理性的投资方法。

（2）意识情绪波动。投资过程中，情绪波动是普遍存在的。为了避免因情绪而导致决策失误，投资者需要时刻关注自己的情绪变化，采取适当的控制措施。比如，某位投资者因为股票价格波动过大，情绪波动明显，没有控制好自己的情绪，最终导致重仓股票亏损。意识到这一点后，他开始放慢交易节奏、逐渐降低仓位、调整投资策略，同时控制自己的情绪波动，降低风险，最终获得较为稳定的收益。

（3）克服主观偏见。在投资过程中，因为自身的经验和认知有限，投资者很容易被主观偏见所影响，从而作出错误的决策。为了克服这一问题，投资者需要站在对方的角度出发，全面、客观地考虑各种因素。例如，某位投资者在进行短线操作时，常常会被自己的预期收益所迷惑，从而盲目跟随市场热点。但由于有时候市场的变化太快，他的投资往往会遭受亏损。通过克服主观偏见，这位投资者开始更注重市场趋势研究，结合自己的实际情况，选择适合自己的投资策略，避免了跟风盲目投资的风险。

总之，内观推断法在投资领域中具有重要的作用，可以帮助投资者提高自身的认知水平和决策能力，并克服个人偏好的固化风险，保持对新生事物和新兴机会的求知欲和想象力。

综上所述，投资者可以根据自己的风险承受能力、投资风格和优劣势等因素，选择较为适合自己的投资方法或者综合运用几种推断方法，加强股市分析和决策能力，提高股市竞争力。同时应该基于综合的分析和预判，作出高质量投资决策。

推断案例：华为智选车第一伙伴——赛力斯

2023 年 9 月 25 日，华为新品发布会隆重召开，史无前例的直播阵容包括人民日报、新华社等超 140 家重量级媒体。此前发布的华为 Mate60pro、Mate60pro＋、X5 等各款手机超预期大卖，一机难求。中国华为创造了历史，并宣告了美国制裁华为的图谋以失败告终。华为霸气突围为中国赢得了高质量、高水平自立自强的科技创新的关键一役，将对中国资本市场产生深远影响。

人类文明是一曲生产力跃升的赞歌。蒸汽飞腾驱动齿轮，磁电相声划破长空，信息互联跨越山海，数字变革颠覆想象，华为的雄心和高屋建瓴，将成为第四次工业革命的弄潮儿，一个属于华为的万物智联和人工智能时代，让中国挺起了高科技突围和创新的脊梁。

华为带来了高端消费电子和智能网联电动车，以及高端智能制造的中国创造和全球竞争力，万物智联会无处不在，多样性计算将无所不及，融合数字技术，点燃跃升引擎，助推行业数字化，构建繁荣生态，这些为华为产业链相关上市公司带来了数以万亿计的市场规模和黄金发展期。

中国特色社会主义进入新时代。华为带领一众中国 5.5G 通信和芯片半导体及先进制造业企业群的崛起，成为中国经济结构转型和产业升级的有生力量。一个新型工业化社会主义现代化强国的宏伟图景，随着华为产业链的自主创新和全面突围，为中国资本市场打开了无限可能。

赛力斯是华为首批智能电动车全栈智能解决方案的合作伙伴之一，并成为华为智选车模式的第一个深度合作伙伴。华为高端智能手机王者归来，一再调高出货量，"遥遥领先"成为新媒体热词，为问界新 M7 带来了华为的热度和流量。9 月 27 日问界新 M7 正式发布，上市 45 天累计大定突破 70000 台，产能严重告急，一车难求；预售价在 50 万～60 万元的问界 M9 仅凭效果图和少量配置信息便赢得 15000 台的预订量。

自问界新 M7 发布以来，华为就开始了"智驾比人驾更安全"的市场教育。推断力新范式认为，华为提出的智驾概念，将会成为一个划时代的潮流。华为智驾车主体验场景和各种极限测试刷屏，问界智驾版凭借无图智驾优越性能遥遥领先，问界新 M7 和问界 M9 成为现象级爆款。这一火爆颠覆了消费者认知。华为很可能为中国赢得电动化、智能化和网联化在全球范围内智能电车的定义权和标准权。这将终结西方资本财阀控制百年的汽车产业供应链的垄断权，意味我们将主导未来世界 30 年智能电车的产业格局，并将在中国建立和完善一个崭新的智能汽车产业供应链体系，为中国赢得一场自主科技创新和产业升级的决定性胜利。

第十八章　投资者不可或缺的核心能力

下面我们以赛力斯为例用五种常用推断法展开分析。

1. 业绩推断法

根据太平洋证券研究报告，赛力斯于 2019 年展开与华为的合作，依托完备的产业链历经 4 年的研发耕耘，已成功打造 AITO 问界 M5 增程版和纯电版、问界 M7 和问界 M9 等智能电动车型。预计爆款车型向上突破，公司 2023 年至 2025 年营业总收入分别为 396.27 亿元、1108.57 亿元、1632.17 亿元，同比分别增长 16.19%、179.75%、47.23%，归母净利润分别为 -27.75 亿元、-11.00 亿元、16.11 亿元，同比分别增长 27.58%、60.34%、246.41%（见表 18 - 1）。按可比上市公司市值看，赛力斯 2025 年业绩扭亏为盈，二级市场上公司市值存在明显的提升空间，公司股价有望迎来"戴维斯双击"的趋势性行情。

表 18 - 1　　　　　　　盈利预测和财务指标

项目	2022A	2023E	2024E	2025E
营业收入（百万元）	34105.00	39626.60	110857.37	163216.90
（+/-%）	104.00	16.19	179.75	47.23
归母净利（百万元）	-3831.87	-2774.95	-1100.60	1611.36
（+/-%）	-110.09	27.58	60.34	246.41
摊薄每股收益（元）	-2.68	-1.84	-0.73	1.07
市盈率（PE）	—	—	—	62.25

注：摊薄每股收益按最新总股本计算。
资料来源：Wind，太平洋证券。

2. 题材推断法

2023 年 9 月以来，华为产业链核心受益股成为二级市场一道亮丽的风景线，中国华为成功突破美国高科技封锁，赢得资本市场满堂喝彩。赛力斯也乘风而起，股价从 9 月 14 日的 41.46 元起步，至 10 月 27 日收盘价 79.80 元，26 个交易日上涨 92.47%，日成交额显著放大，表明主流资金对问界新 M7 和问界 M9 爆红的未来市场前景抱有强烈预期。

此次华为产业链成为市场热捧对象，恰是我们 A 股市场未来走出盘局的重要契机。华为产业链核心受益股成为二级市场价值发现的利润富集地。我们从市场数据看，10 月 23 日霸榜成交额前五名的全是华为链核心股：赛力斯全天成交 83.49 亿元位居第一，股价以涨停报收（6 天 4 板）；第二名至第五名分别是润和软件成交 59.75 亿元、收盘涨 4.73%（4 天 1 板 20CM），张江高科成交 56.85 亿元、收盘涨 6.41%（22 天 6 板），欧菲光成交 56.59 亿元、涨停报收（6 天 6 板），华力创通成交 54.39 亿元、收盘涨 1.91%（21 天 4 板 20CM）。

我们还可以从与华为产业链高度关联的分类指数来看。10 月 23 日华为汽车全天成交 376 亿元，智能手机成交 601 亿元，消费电子成交 424 亿元，5.5G 概念成交 46.41 亿元，仅这四个分类指数对应的全天成交额合计 1447.41 亿元。数据表明主流资金参与度极高，华为产业链在二级市场形成虹吸效应，市场人气集中在一个方向上，激起了千层浪。

3. 强弱推断法

行业塑造力是一个伟大企业的重要伴随。商业历史反复证明了一个事实，就是谁有能力定义一个行业，谁就是无可争议的老大。无须高清地图的智驾体验是这次华为重新定义智能电车的核心卖点。问界新 M7 和 M9 配备华为 ADS2.0 高阶智能驾驶系统，将会在 2023 年 12 月支持覆盖全国的智驾路线。此刻华为已经用"智驾"新概念代替了"辅助无人驾驶"并立即得到业界广泛认可。无图商用智驾是华为重新定义智能电车并再次遥遥领先的撒手锏。而赛力斯是华为智选车的第一个重要伙伴，因此也必将成为最大受益者之一。

首先，赛力斯在产能上将突破百万辆规模。赛力斯汽车超级工厂是赛力斯汽车与重庆两江新区合作项目，是按照中国制造 2025 标准，以数字化、智能化为核心驱动的生产基地，是全球范围内产量最大的新能源汽车智能制造基地之一。问界 M9 就在这个世界一流的超级工厂制造，全部达产一年产能 70 万辆，特斯拉在上海的超级工厂将棋逢对手，加上赛力斯已有两个智能工厂 30 万辆的产能，赛力斯一年产销规模将达到 100 万辆以上。赛力斯和华为一起创造了高速切入智能电车领域的一个新奇迹。这为二级市场挖掘赛力斯投资价值带来了巨大的想象空间。华为赛力斯直接对标特斯拉，赛力斯携手华为全力构建具有全球竞争力的万物智联汽车生态，成为"智驾比人驾更安全"的先行者和领导者。

其次，智能电车作为大宗可选消费品，动辄几十万元均价。倘若问界系列成为划时代的消费潮流，对赛力斯意味营收规模以千亿元计。按照赛力斯目前两个生产基地加一个超级工厂的百万辆产能，未来两年产销量按设计产能的 50% 计，其产销规模就可以达到 1500 亿元左右。随后几年假设逐步达到满产满销，产销规模将有望超过 3000 亿元，对赛力斯这将是一场漂亮的翻身战。问界新 M7 爆火将成为一个崭新的里程碑。

最后，二级市场上赛力斯每日成交额维持在 50 亿元以上的高水平，超过百亿元的日成交额亦是时有出现，并且在日成交额排行榜上常常是位居前列。北向资金的持仓亦是屡创新高，10 月 26 日沪深港通持股 2894.60 万股，持仓市值 23.89 亿元，持仓占流通股比例为 1.92%。摩根士丹利持仓 5.99 亿元，增持 1926.41 万元。赛力斯二级市场交投活跃，表现抢眼。

4. 跨市推断法

赛力斯公司在二级市场上的表现和 AITO 问界 M5/M7/M9 在汽车消费市场的表现相得益彰。问界超千家 AITO 品牌专卖店，加上已有超千家华为门店销售问界汽车，华为问界智选车为消费者提供了覆盖广泛的体验渠道。尤其是问界新 M7 和问界 M9 产品发布会造势以来，问界 M5 智驾版各种车主智驾体验视频和各种极限测试视频在新媒体热度持续上升，这有利于华为赛力斯智驾概念快速颠覆消费者认知，占领消费者心智。我们可以想象，随着问界新 M7 和问界 M9 的交付量越来越大，满街跑的问界智驾车和车主智驾体验的各种刷屏，一个现象级消费风潮，可能成为华为赛力斯在智驾领域遥遥领先的又一标志。

在华为超一流的科技创新力和市场号召力及流量的加持下，华为赛力斯的携手可能成为一个"双赢"合作典范。华为高端智能手机和华为智能网联电动车以及 5.5G 通信和算力基座激活了我国消费电子产品和智能电动车及芯片半导体全产业链，并且带动万物智联和人工智能应用场景的加速落地，中国乃至全球消费市场的华为旋风方兴未艾。而华为赛力斯成为合作典范，为问界汽车抢占市场份额带来了先入优势，我们可以预见，AITO 问界的品牌价值不可限量，这也为二级市场带来更多想象空间。

5. 内观推断法

相信就能看见。用我们的心界打开眼界，万万不要被眼界限制心界。资本市场高手云集，他们凭借超凡想象力，总是能够前瞻性认知新事物带来的投资潜力。推断力新范式在这一关键问题提出了独特的思维框架和解决方案，正是从这一视野坚持我们的不懈努力。

尽早发现并认知华为高科技突围对 A 股市场所产生的深远意义，关乎投资者是否能够拥抱这一财富盛宴的历史性机遇。我们需要观察市场对问界智能电动车爆火以来的反响，市场高涨的热情意味着这很可能是一个有价值的可靠趋势。我们也需要及早认知，从心灵和情感接受智驾这一划时代的消费潮流，或许已经扑面而来。

与时俱进，我们一直坚持深度的推断和演绎，加持一双发现的眼睛。克服与市场一起进化的障碍显得尤为重要。

中国华为的胜利不只是一部手机，一台汽车，它意味着中国高科技产业链的全面崛起，更标志着中国经济将进入高质量可持续发展之路，加速了中国经济结构转型和产业升级的步伐。

华为此役迎来了决战时刻。这很可能终结西方资本财阀控制了上百年的汽车产业链供应体系。这是新旧汽车产业供应链体系的一场战争，将决定未来几十年的世界格局。尤其科技产业已经越来越成为各行各业融合的内驱力及决定性生产力。只有中国华为在 ICT 领域的沉淀和自主创新力，才能够在这场对决中赢得中国领导权，这对面向世界未来的电动化、智能化、网联化的中国汽车产业供应链体系具有里程碑意义。

华为将作为智能电车的领导者开启一个换车时代，不仅会逐步淘汰燃油车，而且还会主导新能源车企电动化之后的智能化和网联化进程，这是一个至少 30 年的历史性的长景气周期。

这一历史时刻，华为硬刚美国"掐脖子"的 6 家全球科技巨头。华为手机重回巅峰碾压苹果；高通芯片受海思芯片强力阻击；在操作系统上，华为鸿蒙和欧拉万物互联生态超越微软；华为的智驾电动车直接对标特斯拉；盘古大模型代表的人工智能及算力让 OpenAI 和英伟达面临一个强有力的竞争者。然而，这场一挑六的硬刚才刚刚拉开帷幕。此前华为链相关上市公司在二级市场的强劲表现，其边际定价效应将纵深发展。

华为高科技对美国"掐脖子"的突破，不仅体现在技术创新上，还融合了万物互联和人工智能等前沿科技，为中国经济结构转型升级和科技创新带来了坚实基础和广阔前景，其深远意义是中国将有望成为第四次工业革命的主导力量之一。我们缺席了第一次、第二次工业革命，参与并分享了第三次工业革命的硕果，然而，随着国家逐渐推动数字经济和创新驱动的发展，华为作为中国科技龙头承载着大国崛起的重任和使命。华为不仅在国内市场取得巨大成功，也在全球范围内树立了高科技形象。其技术实力和全球化运营能力，伴随华为产业链链式传导效应的溢出，为中国资本市场带来了无限的可能性。

首先，华为的发展带动了国内相关产业的发展。作为全球领先的通信设备制造商，华为的技术和产品应用于全球各个地方的网络建设和通信运营。

其次，华为成功占领高端智能手机市场，取得了巨大的市场份额。作为中国最大的智能手机制造商之一，华为的高品质和持续创新引领了整个行业的发展。华为的手机销售额不断攀升，带动了高端消费电子产业链的增长，也增强了中国手机产业的全球竞争力。

最后，华为积极推动云计算、人工智能等新兴领域的发展，为中国资本市场提供了更多的投资机会和增长点。华为的投资和合作项目，不仅涉及通信设备和智能手机，还包括了云计算、物联网、大数据、智慧能源、智慧交通、智慧医疗、智慧教育、智慧环保和高端制造等领域。这为国内投资者提供了更多的选择，也为中国资本市场的发展带来了更多的机会。

综上所述，华为的成功突围不仅推动了华为产业链相关上市公司的技术升级和竞争力，提高了劳动生产率并创造了更多的就业机会，成为经济链传动系统的一场核聚变，更为中国资本市场带来了崭新的投资机遇和财富盛宴，华为的成功经验也鼓舞着中国其他产业和企业，并将为中国资本市场掀开"国运牛"的序幕，成为以中国式现代化全面推进中华民族伟大复兴的重要引擎。

以上赛力斯个股分析仅是推断案例解读需要，不构成任何投资建议，涉及个股分析的资料和数据来源均为东方财富网（https：//www. eastmoney. com/）的公开信息。

第十九章

后注册制时代前景展望

　　从第一只股票发行到股票市场的正式成立，再到股票市场的日益壮大，中国股票发行制度经历了多次的发展与变迁。而现在，随着股票市场的不断发展，股票发行步入了全面注册制的新时代。

　　IPO 制度是资本市场的基础制度，经历了从计划到市场的渐进式改革，主要包括审批制、核准制和注册制三大阶段。在新股发行价格的决定机制方面，经历了行政化定价、市场化定价和累计投标询价阶段的演变。在 IPO 发审制度的历史演变过程中，市场化程度逐步提高，投资者和发行人的角色逐渐平衡。全面注册制的实施将进一步增强市场的发现价格能力，提高发行人的质量要求，促进市场的健康发展。

中国股票发行审核制度的发展历程

1. 审批制（1990~2001 年）

审批制是上市公司股票申请上市须经过审批的证券发行管理制度。是完全计划发行的模式，实行额度控制。拟发行公司在申请公开发行股票时，要经过地方政府或中央企业主管部门，向所属证券管理部门提出发行股票申请，经证券管理部门受理，审核同意转报证券监管机构核准发行额度后，可提出上市申请，经审核、复审，由证监会出具批准发行的有关文件，方可发行。虽然有资料显示我国从 1990 年就开始了审批制，但那时新股发行和上市的审批权归属于不同的政府部门，直到 1993 年 4 月 22 日国务院发布《股票发行与交易管理暂行条例》，才确定由 1992 年成立的证监会统一审批股票的发行。

审批制包含了两个阶段。

（1）额度管理阶段（1990~1995 年）。1993 年 4 月 25 日，国务院发布了《股票发行与交易管理暂行条例》，标志着审批制的正式确立。在审批制下，股票发行由国务院证券监督管理机构根据经济发展和市场供求的具体情况，在宏观上制定一个当年股票发行总规模（额度或指标），经国务院批准后，下达给国家计划委员会（以下简称"国家计委"），国家计委再根据各个省级行政区域和行业在国民经济发展中的地位和需要进一步将总额度分配到各省、自治区、直辖市、计划单列市和国家有关部委。省级政府和国家有关部委在各自的发行规模内推荐预选企业，证券监管机构对符合条件的预选企业的申报材料进行审批。企业需要经历两级行政审批，首先向其所在地政府或主管中央部委提交额度申请，经批准后报送证监会复审。证监会将对企业的质量、前景进行实质审查，并对发行股票的规模、价格、发行方式、时间等作出安排。

（2）指标管理阶段（1996～2000年）。1996年，国务院证券委员会发布了《关于1996年全国证券期货工作安排意见》，推行"总量控制、限报家数"的指标管理办法。股票发行总规模由国家计委、国务院证券委员会共同制定，证监会在确定的规模内，根据市场情况向各省级政府和行业管理部门下达股票发行家数指标，省级政府或行业管理部门再根据指标来推荐预选企业，证券监管部门则会同意符合条件的预选企业上报申报材料并进行资料的审核。

1997年，证监会下发了《关于做好1997年股票发行工作的通知》，同时增加了拟发行股票公司预选材料审核的程序，地方政府或中央企业主管部门推荐的企业将由证监会进行预选，这也改变了原本在两级行政审批下单纯由地方推荐企业的做法，开始由证监会对企业进行事前审核。

2. 核准制（2001～2023年）

1999年7月1日，我国正式开始实施《中华人民共和国证券法》（以下简称《证券法》），其中第十一条规定，"公开发行股票，必须依照《公司法》规定的条件，报经国务院证券监督管理机构核准"。1999 年 9 月 16 日，中国证监会发布《中国证券监督管理委员会股票发行审核委员会条例》，正式设立股票发行审核委员会，即发审委。

2000 年 3 月 16 日，中国证监会发布《股票发行核准程序》，这标志着我国股票发行体制开始从审批制转变为核准制。2001 年 3 月 17 日，股票发行核准制正式启动，相对于审批制，核准制下行政审批权力弱化，发行过程的透明程度也大幅提高。

1999 年 7 月 1 日正式实施的《证券法》明确了核准制的法律地位。1999 年 9 月 16 日，证监会推出了股票发行核准制实施细则。随后，证监会又陆续制定了一系列与《证券法》相配套的法律法规和部门规章（如《中国证券监督管理委员会股票发行审核委员会条例》《中国证监会股票发行核准程序》《股票发行上市辅导工作暂行办法》等），这些法规和规章共同构建了股票发行核准制的基本框架。

新的核准程序包括：第一，省级人民政府和主管部委批准改制设立股份有限公司；第二，拟发行公司与有资格的证券公司签订辅导（保荐）协议，报当地证管办备案，签订协议后，每两个月上报一次辅导材料，辅导时间为期一年；第三，辅导期满，拟发行公司提出发行申请，证券公司依法予以推荐（保荐）；第四，证监会进行合规性初审后，提交发行审核委员会审核，由发审委专家投票表决，最终由证监会进行核准后，决定其是否具有发行资格。核准制的重心在于强制性信息披露，旨在强化中介机构的责任，减少行政干预。

（1）通道制（2001~2004年）。核准制的第一个阶段是通道制。2001年3月17日，证监会宣布取消股票发行审批制，正式实施股票发行核准制下的通道制。2001年3月29日，中国证券业协会对通道制作出了具体解释：每家证券公司一次只能推荐一定数量的企业申请发行股票，由证券公司将拟推荐企业逐一排队，按序推荐。所推荐企业每核准一家才能再报送一家，即"过会一家，递增一家"（2001年6月24日又调整为"每公开发行一家才能再报一家"，即"发行一家，递增一家"），具有主承销资格的证券公司拥有的通道数量最多8条，最少2条。到2005年1月1日通道制被废除时，全国83家证券公司一共拥有318条通道。

通道制改变了由行政机制遴选和推荐发行人的做法，使主承销商在一定程度上承担起股票发行的风险，同时也获得了遴选和推荐股票发行人的权利。

（2）保荐制（2004~2023年）。保荐制起源于英国，全称是保荐代表人制度，西方证券市场主要使用于创业板，我国在当时将其引入并同时实行于主板和创业板市场也是一种全新的挑战。中国的保荐制度是指有资格的保荐人推荐符合条件的公司公开发行证券和上市，并对所推荐的发行人的信息披露质量和所做承诺提供持续训示、督促、辅导、指导和信用担保的制度。2003年12月，证监会制定了《证券发行上市保荐制度暂行办法》等法规，这是适应市场需求和深化股票发行制度改革的重大举措。其主要内容包括：建立保荐机构和保荐代表人的注册登记管理制度；明确规定保荐期限；明确划分保荐责任；引进持续信用监管和"冷淡对待"的监管措施。

保荐制度的重点是明确保荐机构和保荐代表人的责任并建立责任追究机制。与通道制相比，保荐制度增加了由保荐机构和保荐人承担发行上市过程中连带责任的要求。保荐人的保荐责任期包括发行上市全过程，以及上市后的一段时期（比如两个会计年度）。2004 年 5 月 10 日，首批共有 67 家证券公司、609 人被分别注册登记为保荐机构和保荐代表人。

3. 注册制（2019 年至今）

证券发行注册制是指证券发行申请人依法将与证券发行有关的一切信息和资料全部公开，制成法律文件，送交主管机构审查，而主管机构只负责审查发行申请人提供的信息和资料是否履行了信息披露义务的一种制度。注册制最重要的特征在于：在注册制下的证券发行审核机构只对注册文件进行形式审查，不进行实质判断，投资者依据披露信息自行做出投资决策。美国和日本等比较发达的国家是注册制的代表。

2015 年 12 月 9 日的国务院常务会议通过提请全国人大常委会授权国务院在实施股票发行注册制改革中调整适用《中华人民共和国证券法》有关规定的决定草案。草案明确说明，在决定施行之日起两年内，授权对拟在上海证券交易所、深圳证券交易所上市交易的股票公开发行实行注册制度；27 日，国务院实施股票发行注册制改革的举措获得全国人大常委会 2 年授权，2016 年 3 月起施行。2018 年 11 月 5 日，习近平主席在上海举行的首届中国国际进口博览会开幕式上宣布，将在上海证券交易所设立科创板并试点注册制；2019 年 6 月 13 日，科创板正式开板。

2019 年 12 月 28 日，十三届全国人大常委会第十五次会议审议通过了修订后的《中华人民共和国证券法》，并于 2020 年 3 月 1 日起施行，本次《证券法》修订最引人注目的一点是全面推行证券发行注册制度。

从我国股票发行审核制度的发展演变历程看，股市的初心是让更多的优质的企业上市，让投资者能够分享这些优质企业的红利和国民经济增长的财富机会。一切改革都围绕这个初衷。在把已上市企业监管好之余，配合落实完善的退市制度，实现上市企业的优胜劣汰，更重要的是通过全面注册制引入新鲜血液。

随着中国资本市场从"审批制"向"注册制"转变，中国股市的前景未来可期。后注册制时代，中国股市的发展趋势主要体现在以下几个方面。

首先，注册制将更加有包容性，同时使得股市更加规范和透明。过去，中国股市存在很多问题，如发行审核周期长、审核标准高，审批环节产生寻租、信息披露不规范不及时等，这些问题都会影响市场的稳定性和投资者的信心。而注册制的实施可以使得公司的发行更加透明和规范，让真正需要资金又有创新活力的企业上市，提高公司的质量和透明度，为投资者提供更多的可靠信息，从根本上解决了过去的问题。

其次，注册制可以促进市场的多层次发展，为不同类型的企业提供更多的融资渠道。注册制的实施可以使得企业的融资更加便捷和灵活，不仅可以通过 IPO 融资，还可以通过股权融资、债券融资、私募融资等多种方式进行融资。这样可以使得企业更加容易获得资金支持，从而推动公司的发展和壮大。

最后，注册制还可以促进市场的国际化和企业国际竞争力的提升。随着中国资本市场的不断开放，越来越多的外资机构进入中国市场，这将会进一步推动中国股市向国际化方向发展。与此同时，中国企业也将面临更加激烈的国际竞争，这将促进中国企业的提升和优化，从而推动整个市场的发展。

综上所述，后注册制时代，中国股市的前景非常广阔，将会促进市场的规范化、多层次、国际化，为投资者和企业提供更多的机会和发展空间。

中美股市注册制后的市场行情表现

作为投资者更为关心的，是后注册制时代中国股市何去何从？我们先从美国实行注册制后股市的历史表现来展开阐述。

1933 年美国实行了注册制。从结果来看，美国实行注册制后股市走出了长期牛市，迄今出现了百倍涨幅。但是从过程来看，美国实行注册制后的股市表现也是一波三折。此前美国经历了"咆哮的 20 年代"，20 世纪 20 年代是一个经济快速增长的时代、是一个技术进步巨大的时代，汽车对经济与社会发展产生了广泛影响，汽车工业快速成长为首屈一指的大产业。1920 ~ 1929 年 10 年间，道琼斯工业平均指数从不到 70 点涨至最高 380 点，上涨幅度超过 4 倍，然后就有了 1929 年的大崩盘。

1929 年 9 月至 1932 年 6 月，在实行注册制前，美股经历了一场大熊市，持续的时间长达 33 个月，跌幅达到了 89%。但由于当时美国政府奉行不干预的自由主义经济政策，没有在股市暴跌时采取实质性的干预措施，从而导致了经济危机。道琼斯平均工业指数从 381 点下跌至 44 点，"股灾"的背景是股市泡沫化，经济周期由升转降，货币紧缩，杠杆收紧。美国实行注册制可以说是从熊市见底开始，同时经历了 1933 ~ 1937 年的疯牛和 1937 ~ 1942 的慢熊，之后才进入了一轮百倍的长期牛市行情。而且这样的慢牛行情也不是只涨不跌的，而是以 2 ~ 4 年为一轮风格周期的转变进行的，并且当风格落幕后也会出现几个月到 1 年不等的调整周期，从而进入下一个风格。

数据显示，美国施行注册制后，退市率是每年 4% ~ 10%。如果按照这个退市率，我们 A 股 5000 只左右的股票，每年要退市 200 ~ 500 家公司。到了 1945 年，美国股市散户比例是 93%，现在美国股市散户比率不到 10%。所以，注册制改革的开启并不代表着立刻会进入慢牛；注册制改革实施后并不会立刻就去散户化；注册制改革的开启依然不会改变牛熊市根据估值高低切换的规律，美股也是以风格转变的形式接棒上涨，而不是一种风格走到底。

所以，后注册制时代，中国股市怎么走？首先，我们看到了中美实行注册制时的股市情形有一定的相似性：（1）注册制前经历了一场大熊市的挤泡沫阶段；（2）监管措施和市场机制的建设进入正轨，从无序走向有序；（3）投资者经历了股市投机的惨痛洗礼；（4）国民经济从高速增长向质量增长转变，进入"减速增质"的新增长模式周期。

其次，中国股市当前处于一个相对安全的入场时机。一方面，根据巴菲特指标，中国股市市值与 GDP 的比率为72.54%，处于被低估水平，长期来看是一个安全边际较高的入场时机。另一方面，从历史估值的角度来看，滚动市盈率中位数处于历史数据和近 10 年数据的中位偏低区域，上涨潜能大于下跌风险。但是也需要注意，市场可能维持横向震荡的箱体运动，需要留意趋势线和支撑位的变化，及时调整投资策略。从动量分析和情绪周期来看，目前市场情绪相对偏谨慎，成交量处于相对平稳水平，情绪宣泄主要在题材炒作和热点轮动。从长期均线偏离与支撑来看，大盘当前处于长期均线的支撑区域，处在"20 年线不败定理"的底部区间。目前尚未出现主涨板块持续引领的行情，市场处于震荡筑底的过程之中。倘若出现突发事件或重大利好，市场可能会出现一定程度的波动，但大盘下跌空间有限，出现反弹或反转行情的概率较大。总之，投资者需要做好风险管理和资产配置，注意市场变化和风险，以保证投资回报率的最大化。

最后，中国股市实行注册制后，是否能够出现美国股市的长期牛市，其影响因素和条件比较复杂，重点要看：一是注册制后市场机制的重塑，尤其是股市"优胜劣汰"机制的形成；二是上市公司的质量增长、盈利表现以及是否出现具有全球竞争力的优秀和领军企业；三是投资者与资金结构是否出现根本性转变，机构投资者和长期资金的市场主导权逐步替代游资、散户的短期化行为；四是重塑股市文化，让价值投资理念深入市场和人心，五是政府秉持积极股市政策，严厉打击市场操纵、财务造假、恶意侵害中小投资者权益的行为，加大惩罚力度，塑造更加"公开、公平、公正"的市场生态环境。

总之，全面注册制落地，中国资本市场的未来更加充满希望和憧憬。

"市值即身价"与"市值即责任"

股市的合理估值和溢价是资本市场优化资源配置的基础，也是激励创业者和创新者的重要手段。然而，由于历史原因，我国上市公司常常存在套现冲动过强的问题，这容易损害投资者的信心。股市的资本配置和溢价功能是市场对创业者和创新者的奖赏，但不意味着为了造富而让他们套现，更不应该屡屡将筹码高位丢给股民。因此，上市公司应该以市值为责任，带领投资者走向共同富裕的大道。这是企业家精神的担当。

将市值视为身价，肆意套现，是股市中无视投资者权益的行为，创造股东回报是企业家的天然责任。企业家精神要求上市公司为二级市场投资者创造长期正向回报的价值，而不应简单地将投资者的损失归咎于市场波动。如果上市公司既不分红、业绩下滑，股价也不上涨，那么二级市场投资者又怎么会有长期投资的信心呢？在我国股市 30 多年的发展历程中，投资者饱受高位减持、套现、造假、操纵市场的侵害，这样的情况会使投资者失去持有股票的信心，股票也不再被视为长期投资，而是被当作筹码来回买卖。这些问题都有深层次的多重原因。

"投机市"现象与上市公司实控人、大股东、经营管理者的企业家精神缺位和股东回报意识淡薄有着千丝万缕的联系。上市作为对创业创新的奖赏，企业也对其负有创造回报的责任。上市公司作为价值主体，只有担负起价值创造的责任，资本市场才能实现共同富裕，从而促进中国资本市场的健康发展和企业家精神的增进。在这个过程中，上市公司实控人、大股东、经营管理者都有不可推卸的责任和义务，他们需要积极承担并推进投资者权益的深化。同时，股市参与各方也都应当共同推进这一进程，共同促进全社会的价值创造与共同富裕。

资本圈有一个流传已久的说法："投对人可能会有几十倍甚至上百倍的回报。"这个说法强调了企业家精神的重要性，即选择一流的团队，而不是一流的项目二流的团队。一个项目无论是从 0 到 1，还是从 1 到 N，都需要面对无数困难，解决了一个问题，又会迎来新的挑战。而那些能从艰难的创业中脱颖而出并取得长期成功的企业家通常具备三个特点：第一，不屈不挠的精神；第二，能够打破常规；第三，有抱负和胸襟。其中，抱负是以事业为导向；胸襟则是财散人聚，吸引人才共同为事业成功而努力。

华为的任正非是企业家精神的代表人物。虽然个人持有不到百分之一的股份，但他成就了数以万计的员工，将华为打造成为全球科技巨头。是以事业为导向的企业家精神的体现。

资本市场给予创新、创业成功者最大的奖励就是通过 IPO 和再融资，让企业获得持久的资本推动力。但是，资本赋能也可能带来两极分化。一种是坚守主业，带领企业实现跨越式发展，最终成为企业家；另一种是经不起资本诱惑，玩弄资本手段，蜕变为资本玩家。只有前者才是能够为二级市场投资者带来十倍、百倍回报的好企业。

有一些企业控制人，他们因为缺乏企业家精神，将企业带上了不归路。他们盲目扩张，通过并购输送利益，甚至进行财务造假、恶意操纵股价和转移掏空资产等行为，严重侵害了中小投资者权益。

因此，资本市场需要企业家精神。只有具有企业家精神的企业家才能带领公司实现跨越式发展，从而为二级市场投资者带来回报。企业家精神包括以事业为导向，坚守主业，砥砺创新，担当社会责任，创造长期回报，实现共同富裕等方面。

资本市场呼唤企业家精神，保护中小投资者权益要落到实处，塑造价值投资理念和形成长期主义思维的土壤。只有提高上市公司整体质量，二级市场成为实现正向回报的场所，才能让资本市场迈向共同富裕，实现资本市场的正本清源。

股权观念和股市文化的发展方向

中国股市短期化行为和投机炒作现象，除了市场机制和上市公司质量以及投资者和资金结构的深层次问题，也是由股权观念缺位和旧股市文化的影响所导致的。为了改变这种现象，需要从根源入手，建立健康健全的股权观念和新股市文化，加强市场引导，提高投资者的投资理财知识和风险意识等措施。

首先，需要加强股市教育，鼓励价值投资理念，让投资者了解企业的基本面和长期发展前景，而不是盲目追涨杀跌。政府可以加强对股市教育的投入和管理，建立健全的投资者教育体系，加强对中小投资者的保护和引导，提高投资者的投资理财知识和风险意识。

其次，需要改变股市媒体的导向，引导公众理性投资。股市媒体应该关注企业的基本面，以客观、真实的方式报道市场动态和投资机会，而不是诱导投机行为。媒体应该承担起守护公众利益的责任，避免刻意夸大市场波动和短期涨跌，误导投资者。

最后，加强市场监管，打击违法违规行为，维护市场秩序。政府应该制定更为严格的监管规定，加强对上市公司的督导和监管，加强对投资机构和从业人员的管理，打击市场操纵和内幕交易等违法违规行为，维护市场公平和透明。

总之，健全股权观念和改变股市文化需要长期的努力和探索，需要政府、投资者、媒体和市场监管机构的共同努力。只有建立健康的股市生态，才能实现中国股市的长期健康发展。

除了加强股市教育、改变股市媒体导向和加强市场监管等措施，还可以通过以下具体举措更好地实现股权观念与股市文化的根本性转变。

（1）加强信息披露和透明度。上市公司应该加强信息披露，及时公布经营情况和财务状况，提高市场透明度，减少投资者的不确定性和风险。政府应该加强对信息披露的监管，券商等中介机构应该加强对上市公司的财务审计和日常辅导。

（2）建立健全的股东权益保护机制。投资者的股东权益应该得到保障，上市公司应该建立健全的股东权益保护机制，包括建立有效的投票权机制，保障股东在重大决策中的话语权，加强对控股股东和管理层的监管，避免他们利用其控制权谋取私利，损害小股东权益。

（3）加强交易制度和风险管理。政府和交易所应该加强对交易制度和风险管理的监管，建立健全的交易制度和风险管理机制，包括融资融券、股票期权等金融衍生品的监管，避免过度杠杆化和投机行为，减少市场波动和风险。

（4）建立健全的退市机制。政府和交易所应该建立健全退市机制，加强对公司的退市审查，及时清理亏损企业和潜在的欺诈企业，维护市场诚信和健康发展。

以上这些具体举措可以帮助加强市场监管，提高股市透明度和风险管理能力，促进投资者理性投资和企业健康发展，保障市场公平、透明和稳定。同时，这些措施的实施需要政府部门、上市公司、投资者、交易所等各方的共同努力，实现市场观念与股市文化的根本性转变。

第二十章

结论和展望

本书以股市行为学为主题，深入探讨了推断力和推断成本分析范式的理论和实践，并在本土化研究中探索了中国股市大众行为和市场特征。我们初步解释了中国股市"投机市"的背景和原因，以及投资大众情绪化和"羊群效应"的表现。同时回顾了中国股市的重要里程碑事件和发行制度的变迁，并对后注册制时代中国股市的未来作出了展望。

通过本书，读者可以更好地理解股市行为学推断力新范式的应用，并在投资中提高推断力，实现投资回报的最大化。本书的主要贡献是将股市行为学的理论和实践应用到中国股市中，解析了中国股市的市场特征和投资行为，让读者更好地理解中国股市的独特性和特殊性，并为投资者个性化风格的建立提供了路径和指导。

我们认为，未来中国股市的发展将越来越注重市场机制的改革和完善，而不是简单地通过政策干预来影响市场走势。同时，随着互联网、人工智能等技术的发展，股市投资的方式也将发生巨大变化，投资者需要不断更新知识和技能，适应新的投资环境。在未来的研究中，我们需要进一步完善股市行为学推断力的理论和模型，注重其实战性的应用和推广。同时，我们也需要关注新技术的发展，如人工智能和大数据等，更好地利用这些新技术来提升股市行为学的研究和应用水平。

总之，本书的研究成果和发现为投资者提供了有益的信息和知识，帮助他们更好地理解和应对股市的波动。我们希望未来的研究能够进一步提升股市行为学理论和应用的水平，为投资者个性化风格提供更好的决策支持和帮助。

全书的研究成果和发现

在本书的研究中，我们提出了股市行为学推断力新范式，并建立了一个推断力和推断成本分析框架，分析了它们对投资者决策行为和市场行为的影响。

在结合中国股市的本土化研究中，我们发现了一些重要的研究成果和发现。首先，我们发现中国股市的投资者和资金结构呈现出"投机市"特征，这与投资者推断力不足和推断成本过高有着必然的联系。推断力不足是股价未能充分反映所有有用信息的原因之一，这降低了市场效率，导致人们倾向于利用心理捷径降低推断力要求，利用题材、概念等简单化推断，从而造成股价过高的波动率和市场博弈性的增加。而推断成本过高，则主要是因为投资者获取充分信息的及时性、完整性和可靠性面临挑战，并且试错代价或成本过高，导致市场信心不高，增量资金进场意愿不足。

因此，我们需要进一步提高投资者的推断力和降低推断成本，从而提高市场效率和投资者的决策质量。我们可以通过提高投资者的信息获取能力、加强投资者教育和培训、提高市场透明度和监管力度等方式来实现这一目标。同时，我们也需要注意股市行为学推断力新范式的本土化研究，更好地理解和应对中国股市的市场特征和投资行为。

在中国股市的大众行为中，我们发现了一些重要的特征。情绪化和"羊群效应"与投资者推断力不足和推断成本过高有着必然的联系。中小投资者的投资理财知识普遍不足，全社会金融素养有待提高，在各种纷繁复杂的信息中，他们难以作出正确的决策，只是通过题材、概念等简单化推断，缺乏对市场本质的理解和对股票价值的研究。这形成了短期化持股的情绪化操作和盲目跟风的"羊群效应"，加剧了试错代价或成本的攀升。

因此，我们需要加强中小投资者的投资理财知识和能力的培养，提高他们对股市本质和股票价值的理解和分析能力，降低他们的情绪化和"羊群效应"，从而提高市场效率和投资者的决策质量。

本书结合中国股市的市场特征和波动规律，通过边际定价效应对股价形成机制的解释，提出了两个实用模型——股市顶底六步法和投资增效闭环，并配合了全面细致的 A 股情境描述，如情绪周期、龙头效应、打板原理、信息反应情境四种类型等。同时，书中还给出了细致入微的场景刻画，如"集散离合"强弱转换、"20 年线不败定律"以及"价、量、线"技术三宝等，这些方法论为投资者提高推断力和降低推断成本提供了高效实用的工具，并介绍了黄金推断链的五个环节和常用的五种推断法，用案例法为投资者个性化风格的建构提供了帮助。

这些实用模型和方法论的提出，有助于投资者更好地把握市场波动，从而更加精准地判断市场走势，尤其对于中小投资者来说，能够降低投资风险，提高投资效益。同时，这些模型和方法也能够帮助投资者更好地理解市场的运作规则和市场行为，进一步提高投资者的投资水平和市场认知，促进市场的健康发展。

本书的股市行为学推断力新范式研究还处于起步阶段，可能存在不足和缺陷，而且由于条件限制，还没有进行更多的调查和论证，这就意味着可能会出现错误的判断。因此，我们需要读者给予批评指正，以便更好地完善和提高这一理论。

正是因为这种理论研究还处于起步阶段，所以我们需要更加谨慎和严谨，不能轻易地做出断言和判断。我们需要通过更多的实证研究和数据分析，以及理性、科学的思考方式，来不断完善和提高这一理论。同时，我们也需要关注和借鉴其他领域的理论和研究成果，以便更好地改进和发展股市行为学推断力新范式。

总之，我们需要保持谦虚和开放的态度，不断探索和发现，不断完善和提高股市行为学推断力新范式，以便更好地为投资者提供实用、有效的指导和帮助。

推断力理论未来方向和研究重点

未来，股市行为学推断力新范式的发展方向和研究重点可以聚焦于以下几个方面。

首先，应深入研究多维度推断力。尽管目前已有一定的研究成果，但作为一个新兴的研究领域，推断力新范式需要在更多维度的推断方面展开深入探索。除了信息、情感、行为和认知等方面，还需要研究更多维度的推断，以更好地理解和预测人类行为和决策过程，进一步提高推断力新范式的应用价值。

其次，未来的研究应该致力于大数据和人工智能的应用。随着技术的快速发展，大数据和人工智能已成为推断力研究中的重要工具。未来，研究者可以进一步深化这些工具的应用，利用新兴技术和算法来更好地发现人类决策背后的规律和趋势，从而提高推断力的准确性和实用性。

再其次，未来的研究也应该着眼于个体化推断力的研究。每个人在认知、情感和行为方面都有其独特性，因此推断力新范式也需要更加关注个体化的推断力，以更好地满足人们的个性化需求。尤其是在本土化方面，需要深入研究中国股市大众行为，探索更深入的本土化人文结合，以提升推断力新范式的适用性和实用性。

最后，在未来应该推进跨学科的研究。推断力新范式本身就是一个跨学科的领域，未来的研究可以进一步拓展到更多的学科领域，如心理学、社会学、经济学和计算机科学等。跨学科研究将有助于更好地理解和应用推断力新范式，同时也能够实现更加广泛的应用，进一步提高推断力理论的实用价值。

总之，股市行为学推断力新范式的未来发展将更加注重实践和应用，同时结合多学科的融合，将为股市行为学的研究和应用带来更多的机遇和挑战。

克服人性弱点的股市心法

"空"，最初是佛教中的一个概念，指的是"空性"，即一切事物本质上的空无。在佛教中，"空性"是一种世界观，它认为所有的现象都是短暂和无常的，都是由无数因缘条件的聚合和变化而成，不存在实质或永恒的存在。因此，佛教强调应该超越物质世界的现象界，进入无我无欲的精神界，追求真理和智慧。

在股市中，我们可以将"空"的思想应用到投资决策中。股市中的日常价格波动都是暂时的，随着时间的消逝而消逝，与其执着于暂时的市场变化和投资收益，不如关注长期价值和稳健的投资策略。这样可以帮助投资者远离冲动性交易和过度执着的情绪，保持理性和客观的视角，从而更好地进行投资决策。

在投资中，我们可以将"空"的思想与长期投资策略相结合，长期投资策略意味着持有股票的时间越久，获得回报的概率就越大，市场波动可以在长时间内被平均分布。尽管市场可能发生暂时的波动和下跌，但长期来看，股票市场的总体趋势是上涨的。

1. 主级正向波与长期价值

在股市中，技术分析和基本分析都有其独特的任务和价值。技术分析的主要任务是发现主级正向波，即股票价格的上升趋势，而基本分析则主要关注公司的长期价值。在一个有效市场中，公司的长期价值在图上必然表现为一条韵律优美、节奏清晰的抛物线上升通道，这背后则自然是一组漂亮的边际增长数据。这一经验事实表明，不正确的预测通常是由于不正确的辅助假设所导致，而不是由于不正确的理论。即是说，如果您的长期投资失效，是因为您没有找到具有边际增长潜力的优质成长股。因此，面对不正确的预测时，我们通常应该考虑驳回一个或多个辅助假设，而不是驳回理论本身。正确的预测需要正确的辅助假设和理论的支持，只有这样才能更准确地判断市场的走势和公司的价值。

在股市中，投资者可以运用技术分析和基本分析来寻找投资机会。技术分析着眼于股票价格的上升趋势，本质是发现主级正向波，背后是长期增长潜力；而基本分析则主要关注公司的长期价值，通过分析公司的经营数据和竞争态势，寻找公司的长期价值趋势。技术分析和基本分析是一个互为验证的推断过程。

边际增长潜力需要正确的辅助假设和理论的支持。这些辅助假设可以被理解为价值投资者的信念集合，它们形成了一套相互连接、交织在一起的信念体系，将个别的信念嵌合成一个连贯一致的值得信赖的整体。

（1）具有长期价值的上市公司一般是行业龙头或产业巨头，具备行业垄断或寡头优势，具有创造高利润长期盈利增长的潜力。其中还包括一些细分赛道的隐形冠军。

（2）净资产收益率和净利润增长率通常要达到行业的高水准。这是判断公司经营质量是否健康并具有优势的衡量标准之一。

（3）分红率不能低于十年期国债水平（无风险收益率）。长期价值投资需要获得稳定持续的分红回报，分红率是衡量上市公司股东回报水平的重要标准之一。

（4）具备充足的现金流。自由现金流是一家上市公司的血液，它能保障企业正常运营和扩张，同时也是财务健康和利润真实性的重要标准。

（5）具备高门槛的技术和商业壁垒。持续的科技创新、研发投入和模式创新能力是维持企业核心竞争能力的关键，同时也能提高进入门槛，拓宽护城河。

（6）具备良好的社会声誉和充分的社会责任感。管理者诚信经营，维护好投资者关系是基本要求。同时要维护好内外部利益关系群体，保持良好的社会声誉，并承担社会责任，以企业的经营成果积极回馈社会。

以上信念集合形成了卓越公司边际增长潜力的画像。如果一家公司无法保持较高的边际增长潜力，那么它的价值也将难以持续增长。

这些信念集合相互关联。例如，一家公司如果具有高门槛的技术和商业壁垒，往往能够保持较高的净资产收益率和增长率；而充足的现金流也是一家公司能够持续进行科技创新和研发投入的重要保障。因此，这些信念集合是相互依存、相互支持的。

综上所述，边际增长预期作为核心信念，是因为它能够集中体现一家公司未来增长的潜力，同时也能够引导我们关注公司在不同方面的表现，从而形成一个系统性的价值投资标准。

企业的长期稳健发展不仅需要高质量的盈利能力和可持续的增长潜力，还需要关注企业在社会经济发展中所扮演的角色和所做出的贡献。这些贡献和角色将体现公司的长期价值。企业的长期发展建立在社会的广泛期望上，要在时代的召唤下，成为资本市场共同富裕的领路人，而要实现这一目标，企业需要一系列战略规划，铸造边际增长潜力，为公司长期发展奠定坚实基础。而投资者需要慧眼识珠，不拘泥于股价短期波动的假象。

2. 股市中的理念和信仰

价值投资理念正是追求智慧的一种方式。柏拉图是一位哲学家，他的哲学思想广博而深刻，他的理念论是他所有哲学思想的核心。在他看来，终极的理念是"善"，因为理念是真实的存在，独立于事物和人们的认知之外，构成了一个客观、独立的理念世界。这种理念是超越感性的，只有经过长期的追求或者与之共处，灵魂才能突然产生一线光明，如同为飞跃的火花所照亮，然后自己能保持光明不灭。对于价值投资者来说，这种理念的智慧能够帮助我们超越市场波动的表面现象，找到真正的价值所在，从而作出更加明智的投资决策。

柏拉图认为，世界被分为两个部分：可感世界和理念世界。可感世界是我们可以看到、听到、触摸到的世界，而理念世界则是我们无法感知的抽象世界。理念通过赋予形式于原始物质，使得可感世界得以存在。同时，因为理念的完善性，它也成为感性事物运动的动力。对于可感世界里的事物而言，理念既是其本质，又是其发展的目的和运动的动力。这种哲学思想可以帮助我们超越表面现象，发现真正的价值所在。对于价值投资者而言，这种思想也能够帮助我们在投资决策中更加明智。

价值投资的本质是通过在市场中寻找被低估的好公司，获得长期稳健的收益。价值犹如完美理念的圆，它精妙地建构了未来昂头向上的抛物线上升通道，完美地穿越了市场价格波动的无常。所以，股市的终极一局是理念，而不是规则。只有价值投资理念建构的信仰，才是能够建构长期主义的基石。理念世界的光芒穿透了可感世界的苦厄，清澈而不朽。

百年股市证明，价值投资是成功的必由之路。每个人都可以成为自己的价值投资人，这需要正确的指引，实际股市操盘经验越丰富，越能体会追求偶然性的恶果，这不仅会影响股市的长久成功，还会给人生带来苦厄。

股市生活是一场内在的探索之旅。它需要我们用心感受，用灵魂触碰，用信仰前行。成功并不是唯一的目标，而是一个不断追求和发展的过程。我们不应该被震荡阻吓，更不能被波动打败。我们应该用积累的智慧和经验坚定信仰，为未来的成功铺垫道路。不论市场如何变幻，价值是不朽的，我们都要保持长期主义思维，坚定地朝着目标前进。

我看见一束光，是价值成长的力量贯穿古今。

参考文献

［1］马克思：《资本论》，朱登编译，北京联合出版公司 2013 年版。

［2］柏拉图：《柏拉图的精神哲学》，唐译编译，吉林出版集团 2013 年版。

［3］亚当·斯密：《国富论》，陈星译，北京联合出版公司 2013 年版。

［4］凯恩斯：《就业、利息、货币通论》，李欣全译，北京联合出版公司 2015 年版。

［5］熊彼特：《熊彼特经济学全集》，李慧泉、刘霈译，台海出版社 2018 年版。

［6］林毅夫：《新结构经济学》，上海人民出版社 2021 年版。

［7］吴晓求：《股市危机：历史与逻辑》，中国金融出版社 2016 年版。

［8］中国证券监督管理委员会：《中国资本市场二十年》，中信出版社 2012 年版。

［9］赖永海：《金刚经·心经》，中华书局 2013 年版。

［10］赖永海：《坛经》，中华书局 2013 年版。

［11］H. 肯特·贝克：《投资者行为：财务规划和投资的心理学》，苏同华译，北京工业出版社 2019 年版。

［12］理查德·H. 泰勒《行为金融学新进展》，贺京同等译，中国人民大学出版社 2017 年版。

［13］埃里克·佛鲁博顿：《新制度经济学》，姜建强、罗长远译，上海人民出版社 2015 年版。

［14］哈耶克：《通往奴役之路》，王明毅、冯新元等译，中国社会科学出版社 1997 年版。

［15］斯科特·普劳斯：《决策与判断》，施俊琦、王星译，人民邮电出版社 2020 年版。

［16］斯蒂文·G. 米德玛：《科斯经济学》，罗君丽、李井奎译，上海人民出版社 2018 年版。

［17］拉斯·特维德：《逃不开的经济周期：历史、理论与投资现实》，黄裕平译，中信出版集团 2012 年版。

［18］拉斯·特维德：《逃不开的经济周期：趋势、策略与投资机会》，刘洋波、甘珊珊译，中信出版集团 2019 年版。

［19］霍华德·马克斯：《周期》，建位译，中信出版集团 2019 年版。

［20］霍华德·马克斯：《投资最重要的事》，李莉、石继志译，中信出版集团 2019 年版。

［21］罗伯特·赖特：《洞见》，宋伟译，北京联合出版公司 2020 年版。

［22］陈雨露：《世界是部金融史》，北京出版集团 2010 年版。

［23］古斯塔夫·勒庞：《乌合之众》，雨娴编译，内蒙古出版集团 2016 年版。

［24］彼得·考夫曼：《穷查理宝典》，李续宏译，中信出版集团 2016 年版。

［25］威廉·欧奈尔：《笑傲股市》，宋三江、王洋子、韩靖、关旭译，机械工业出版社 2018 年版。

［26］本杰明·格雷厄姆：《证券分析》，丘巍等译，海南出版社 1999 年版。

［27］周金涛：《涛动周期论》，机械工业出版社 2017 年版。

［28］亚当·巴拉塔：《大贬值》，朱晔译，东方出版社 2022 年版。

［29］理查·迪威特：《世界观》，唐澄暐译，夏日出版社 2015 年版。

［30］成素梅：《改变观念：量子纠缠引发的哲学革命》，科学出版社 2020 年版。

［31］纳西姆·尼古拉斯：《黑天鹅》，万丹、刘宁译，中信出版社 2019 年版。

［32］纳西姆·尼古拉斯：《反脆弱》，雨珂译，中信出版社 2014 年版。

［33］威廉·伯恩斯坦：《群体的疯狂》，王兴华译，中信出版集团 2022 年版。

［34］彼得德·鲁克：《创新与企业家精神》，蔡文燕译，机械工业出版社 2019 年版。

［35］刘世锦：《读懂"十四五"》，中信出版集团 2021 年版。

［36］韩康、张占斌：《奔向共同富裕》，湖南人民出版社 2022 年版。

［37］赵迪、蔡晓铭：《股市风云三十年》，首都经济贸易大学出版社 2021 年版。

［38］胡继之：《中国股市的演进与制度变迁》，经济科学出版社 1999 年版。

［39］罗伯特·雷亚：《道氏理论》，何平林、孙哲译，天津社会科学院出版社 2012 年版。

［40］小罗伯特·鲁格劳特：《艾略特波浪理论》，陈鑫译，机械工业出版社 2003 年版。

［41］约翰·墨菲：《期货市场技术分析》，丁圣元译，地震出版社 1994 年版。

［42］欧文·拉兹洛：《自我实现的宇宙》，杨富斌译，浙江人民出版社 2015 年版。

［43］东方财富网（https：//www.eastmoney.com/）。

后　记

　　马克思主义的经典著作中生动阐述了股份制的力量，强调了它在资本集中方面的效率。马克思指出，如果没有股份制的推动作用，也许至今我们都不会看到铁路网络的遍布。股份公司的诞生和股市的发展是经济社会繁荣和发展的重要伴随。资本市场以其资本形成和积累的超凡魔力，渗透到产业发展和科技创新的方方面面，极大地推动了社会生产力的发展，并释放出难以想象的潜力。它促进了丰富的物质产品的创造和市场需求的形成，贯穿于经济社会的生产、分配、交换和消费的循环和演变过程中。

　　如果我们忽略股市的波动，着眼长期发展趋势，深入了解资本市场的内核，我们会发现其中蕴含着一种深层机制，其时刻发挥着能量。的确，提高劳动生产率的途径，或者说唯一的途径，就是将社会资源引导到能够产生最高产出的领域。资本市场的角色恰好是将社会的总储蓄或没有生产性机会的闲置资金引导到以股市为核心的股权资本配置长期形成和积累及增值机制中。

　　中国资本市场正发挥着这一作用，成为实体经济发展和经济社会繁荣的重要推动力。然而，与其潜在能量相比，它远未充分发挥其作用。

在当前的经济背景下，通过以资本市场为主导的股权资本和长期债券配置机制，激活新兴产业和科技创新的投融资活动，引导社会资源集中在具有创新能力和高增长潜力的领域，以促进经济发展、提高劳动生产率，加速中国经济的转型升级和实现高质量发展。这样的资本市场将为资本形成和积累提供高效率和高质量的长期补充机制。

资本市场在支持不确定的创新活动方面有独特的优势，大力发展资本市场是适应经济增长模式转型的一个重要方面。资本市场提供了一个有效的渠道，允许投资者将他们的资金投入各种企业，从而为企业提供资本。这种机制使得企业能够获得更多的资金，形成实体经济创业创新活动的资本形成和积累的长效补充机制，并在经济社会发展中发挥更重要的作用。

总之，集中社会闲散资金，通过资本转化流向前沿科技和优势企业的机制能够促进资本的形成和积累，推动科技创新和经济发展，实现中国经济转型升级和高质量可持续发展，通过财富乘数效应的传导，建立和完善新时代资本市场体系将成为实现社会主义现代化强国"两步走"宏伟目标的重要引擎。因此，在可预见的将来，我对中国经济和资本市场提出十大推断。

第一，中国经济将从以房地产为代表的债务型经济为主的旧模式，转向推进和扩大以新经济为主的资本型经济的新模式，即提高直接融资比例，为创新驱动型经济的发展建立资本积累和增值的长效形成机制。资本市场的战略地位将空前提高。

第二，中国股市将从追求速度进入速度和质量并举的阶段，即从融资市逐步过渡到投资市，股市供给端和需求端的同步改革和质量提升可期，扩张性积极股市政策的一揽子组合拳有希望逐步落地。

第三，中国经济将逐步摆脱对房地产、大基建的路径依赖，转而以新基建携手新一代信息技术和人工智能，大力推进科技创新，大力发展数字经济，实现高端产业链的攻坚和突围，大力发展低碳经济，实现中国经济的高质量可持续发展。未来股市投资方向蕴含其中。

第四，中国特色估值体系将不断深化，国家队将逐步掌握主权资本定价权，或将推出主权资本平准基金，中央和地方国有上市公司将进入长期的估值修复和价值重塑的抛物线通道，其国家信用背书和社会责任贡献的价值将逐步被主流资金认可和青睐。

第五，国有企业和民营企业将通过"双向混改"，依托资本市场做大做强，创造一批具有国际竞争力的领军企业，未来资本市场中，优势企业的兼并收购将日趋活跃，"并购潮"将成为资本市场的一道风景线。

第六，社保基金、保险基金和企业年金等长期资金的投资占比将逐年提升，形成以股市为核心的股权资本配置和长效形成机制的资金适配体系，股市中"核心资产"在长期资金推动下将再次迎来投资机遇。

第七，股市热点和焦点问题有希望得到逐步解决。包括取消印花税、遏制减持套现、恢复 T＋0 交易、取消涨跌停板、提高分红比例、控制发行节奏、强化有效的退市机制、建立和完善投资者赔偿制度、抑制高溢价超募发行、严厉打击内幕交易和操纵市场、严惩财务造假和欺诈上市，等等。

第八，中国股市将有机会再次迎来"储蓄搬家"的场景，楼市和股市是消化总储蓄和剩余收入的两大蓄水池，在楼市已经被"灌满"的背景下，随着市场信心的逐步恢复，股市这个"洼地"将迎来居民"储蓄搬家"的大量"活水"。

第九，2009 年，上证指数 20 年线生成以来，从初始读数1494 点，到 2023 年最新读数 2853 点，累计上升 1359 点，增长幅度 90.96%，年平均回报率 7%。20 年线十三年来屡触不破，遂成"20 年线不败定律"。由此可以推断，上证指数3000 点区域将成为中国股市的"安全底座"，未来一旦形成新一轮牛市或震荡向上的慢牛趋势，大盘具有突破 6124 点历史高位，并且存在过万点的潜力。而上涨模式和时间需要根据更多复杂因素的呈现而定。

第十，新时代资本市场体系将是全体人民共同富裕的实现平台。股市为广大投资者提供了一个通畅的投资渠道，让他们能够分享经济增长的果实。通过直接或间接投资股票，投资者能够分享企业的盈利，从而提高自己的财富水平。资本市场成为共同富裕实现平台还有更多表现形式：一是通过企业中高层管理人员和核心技术人员的股权激励，在初次分配的要素分配中培育和扩大中产阶层，避免初次分配中收入差距的扩大化，在扎实推进共同富裕中，"提低"是基础，"调高"是指引，"扩中"是关键；二是在二次分配中，国有上市公司股权和社保基金、保险基金、企业年金具有全民保障性质，通过国有上市公司股权增值和社保基金、保险基金、企业年金投资股市的增值，为全体人民提供了更好的社会福利和共同富裕的保障；三是在三次分配中，通过政策和机制引导富豪和民营企业捐赠股权、设立慈善基金等形式，将个人财富反馈给社会，也是实现全体人民共同富裕的途径；四是在更长期共同富裕的实现形式上，通过资本市场和科技创新推动下的社会物质生产和财富创造的极大丰富及股权资本的长期增值，可以引入四次分配的全民股权配额，充分彰显社会主义公有制的优越性，实现人民对美好生活的不懈努力和追求。

历经近五年的艰辛，我终于完成了本书的创作。这让我感到非常的欣慰和开心。资本市场的起伏和波动让我有了更多的思考和灵感，而我也一直想写一本关于中国股市的本土化的通俗读物。这本书是我长期积攒的知识与经验的总结，涵盖了传统基本分析、技术分析以及股市行为学理论；尤其是推断力和推断成本分析范式的提出和研究让我受益匪浅，边际定价效应也让我找到了理解股价形成机制的独特视角。尽管个人水平有限，但我仍然努力完成了这本书的构想和写作，这是一项非常具有挑战性的任务。

在过去的 30 多年里，我见证了中国股市的繁荣和发展，也经历了作为股民的艰辛和不易。我想通过这本书，把我在资本市场摸爬滚打中所积累的经验和教训，以及我的思考和认知，进行全面、系统的总结和表达。同时，我也希望通过这本书，让更多的投资者能够更好地认识股市，理解市场的规律和

后 记

行为，提高投资水平和风险控制能力，建立自己的个性化投资风格。

在几经修改之后，这本全面系统、场景丰富的股市行为学通俗读物呈现给了读者。股市行为学是一门涉及多个领域的跨学科研究，包括心理学、经济学、行为科学等。在股市行为学中，投资者的情感、信仰、偏见等因素对投资决策的影响不容忽视。股市行为学是对传统金融理论的补充和完善，它通过实证研究和逻辑推理，揭示了在股市投资中人类面对多变量复杂系统的种种行为特征，对于提高投资决策的准确性和效率有着重要的意义。希望本书能够为股市行为学在国内的发展做出一定的贡献，并为后续研究提供基础和参考。

我非常感谢我的家人，这本书是为了我亲爱的父母、太太、孩子们，以及我的兄弟姐妹而写的。没有你们的支持和爱，我不可能完成这本书的创作。我要感谢经济科学出版社齐伟娜老师、赵蕾老师的帮助和指导，是你们专业和严谨的工作，使得本书以如今的面貌顺利出版。我同时也要感谢大量文献的作者，这些良好的参考使我得以完成这本书的最终版本。感谢读者对我的支持和关注，希望这本书能够带给你们不同寻常的收获。

最后。当您读完本书，我希望您谨记，每次冲动都有潜藏着祸患的可能性，因此我们应该谨慎行事，深思熟虑每一次决定的后果。这本书不会是您赚钱的宝典，但一定是您提高推断力的思维工具。金融投资是一个需要不断学习和实践的领域。没有一种方法能够取代自己的经验和悟性。通过不断的学习和思考，您可以逐渐形成自己的投资方法和策略，从而提高成功的机会。即使是成功的投资者也只能给您一些启示和经验，具体的方法还是需要您自己去根据实际情况进行学习、领悟和探索。

洪仔全

2023 年 5 月 30 日截稿于漳州，10 月 31 日完成最后修订

图书在版编目（CIP）数据

推断力：写给中国投资者的股市行为学／洪仔全著.
－－北京：经济科学出版社，2023.9
ISBN 978－7－5218－4968－4

Ⅰ.①推…　Ⅱ.①洪…　Ⅲ.①股票投资－研究－中国
Ⅳ.①F832.51

中国国家版本馆 CIP 数据核字（2023）第 140694 号

责任编辑：赵　蕾
责任校对：王肖楠
责任印制：范　艳

推断力：写给中国投资者的股市行为学
洪仔全　著
经济科学出版社出版、发行　新华书店经销
社址：北京市海淀区阜成路甲 28 号　邮编：100142
总编部电话：010－88191217　发行部电话：010－88191522
网址：www.esp.com.cn
电子邮箱：esp@esp.com.cn
天猫网店：经济科学出版社旗舰店
网址：http://jjkxcbs.tmall.com
北京季蜂印刷有限公司印装
880×1230　32 开　11.375 印张　230000 字
2023 年 9 月第 1 版　2023 年 9 月第 1 次印刷
ISBN 978－7－5218－4968－4　定价：58.00 元
（图书出现印装问题，本社负责调换。电话：010－88191545）
（版权所有　侵权必究　打击盗版　举报热线：010－88191661
QQ：2242791300　营销中心电话：010－88191537
电子邮箱：dbts@esp.com.cn）